로컬리티의 시간성

필자

장세룡(張世龍, Jang, Sye-yong) 부산대학교 한국민족문화연구소 HK교수(서양사 전공)
최성철(崔成哲, Choi, Seong-cheol) 서강대학교 국제문화교육원 전임강사(서양사 전공)
조현수(趙賢秀, Jo, Hyun-soo) 능인대학원대학교 명상심리학과 교수(서양철학 전공)
차철욱(車喆旭, Cha Cheol-wook) 부산대학교 한국민족문화연구소 부교수(한국사 전공)
양흥숙(梁興淑, Yang, Heung-sook) 부산대학교 한국민족문화연구소 HK교수(한국사 전공)
레이첼 조(Zhou, Y. Rachel) Professor of Faculty of Social Sciences at McMaster University,
Canada(Social Work)

부산대학교 한국민족문화연구소 로컬리티 연구총서 20

로컬리티의 시간성

초판인쇄 2017년 5월 25일 **초판발행** 2017년 5월 30일
지은이 장세룡 최성철 조현수 차철욱 양흥숙 레이첼 조
펴낸이 박성모 **펴낸곳** 소명출판 **출판등록** 제13-522호
주소 서울시 서초구 서초중앙로6길 15, 1층
전화 02-585-7840 **팩스** 02-585-7848 **전자우편** somyungbooks@daum.net **홈페이지** www.somyong.co.kr

값 17,000원 ⓒ 부산대학교 한국민족문화연구소, 2017
ISBN 979-11-5905-166-1 94300
ISBN 978-89-5626-802-6(세트)

이 저서는 2007년 정부(교육과학기술부)의 재원으로 한국연구재단의 지원을 받아 연구되었음(NRF-2007-361-AL0001).

부산대학교 한국민족문화연구소
로컬리티 연구총서 20

로컬리티의 시간성

Temporality in Locality

장세룡 최성철 조현수 차철욱 양흥숙 레이첼 조 지음

책머리에

　이 책은 통상 근대 자본의 시간경영과 국가 차원의 시간정치 차원에서만 논의되는 시간성을 로컬리티라는 다중공간규모에서 미시적으로 검토하며 새로운 시간성 인식을 재구성할 실마리 탐색을 목표로 삼는다. 그 순서는 먼저 시간에 관한 철학을 탐색하고 이어서 시간을 역사화하며 시간의 공간화를 모색하고, 최종적으로 본 총서의 백미라 할 수 있는 주제 곧 로컬 현실에서 작용하는 '다른' 시간'들'을 탐색한다. 현재 비록 근대적 시간성 인식이 보편적 시간의 지위를 차지하고 있지만 로컬리티 연구의 차원에서 미시적 접근은 로컬에 존재하는 시간의 다양성을 발견한다. 생체적 체험에 근거한 시간, 자연 환경이 제공하는 생태적 시간, 전통 사회의 사건 기억을 소환한 시간 인식이 남아 있는 양상, 또한 노년기의 이주활동에서 초국가적 또는 트랜스 로컬 형식으로 작용하는 시간의 활용과 배분 등이 그것이다. 우리는 여기서 근대적 시간성 인식과 충돌 및 협상하며 새로운 시간성 인식이 생성되는 것을 목격한다. 이 총서는 시간성에 관한 기존 이론이 거시적으로 검토했던 역사철학적 방법론을 준거로 삼으면서도 인류학적인 접근도 수용하여 미시적 시간성 인식을 현실에 적용하여 다차원으로 작용하는 시간성의 존재 양상 또는 가능성을 살펴볼 예정이다.

로컬리티의 시간성 탐색은 객관주의적 절대시간을 중심에 두고 사유하는 관점을 넘어 '다수의 시간성'을 인정하는 주관주의적 시간관에서 실마리를 찾는다. 자본과 국민국가가 시간을 경영 관리하는 양상은 로컬리티의 시간성 이해에 기본 전제이다. 국민국가 시간과 전지구화 시간이 중첩되고 상호 침투하는 로컬(커뮤니티)의 일상에서는 일단 국민국가의 '시간정치'를 외피로 삼고, 포드주의 생산방식과 테일러주의 시간운용에 입각한 '시간경영'을 동력으로 삼는 자본의 시간성이 관철된다. 그것은 국가가 성립시킨 일상관례로 규칙화된 공식적인 시간의 구조틀, 국민적 습관과 일상 관례의 지속, 민중문화에서 국민적 시간의 공시화synchronicity, 일상의 활동들이 계열화된 지속적 시공간 인식으로 나타난다. 로컬리티의 시간성 논의에서 자본의 시간과 국민국가의 시간에 전지구화의 시간이 중첩되며 동시성이 강화되는 한편 비동시성의 영역 또한 급속하게 출현하는 양상은 로컬리티의 시간성 인식의 기초이다. 곧 국민국가 중심의 시간에 전지구화의 시간이 침투하면서 혼합, 중첩 및 경쟁하는 다수의 시간성과 비동시성의 시간이 전자를 '탈주체화'하고 후자를 '탈타자화'하는 '상호주체적' 시간의식을 생성시키는 모습을 이해하게 될 것이다.

연구 내용에서 제1부는 시간에 대한 철학사적 성찰을 시도한다. 20세기에 시간에 관한 논의에서 앙리 베르그송과 마르틴 하이데거의 시간관념이 중요하다. 많은 논란이 있지만 전자가 기본적으로 시간을 동질적인 시간-지속으로 이해했다고 알려졌으나 이때 지속은 실재성을 의미한다. 한편 후자는 전자의 시간관을 비판하고 시간을 어떤 존재적 현상에도 선행하는 실존론적-존재론적 기반으로서 이해한다. 본 총서는 1부에서 고대의 아리스토텔레스에서 아우구스티누스를 거쳐 근대에 이르는 시간관을 철학사적으로 검토한다. 곧 시간의 철학을 철학사적으로 검토한 것이다. 그리고 하이데거와 베르그송의 보편적 시간론을 넘어서 로컬리티의 시간성 이해에 질 들뢰즈의 차이의 존재론과 시간 개념의 종합을 시도할 것이다. 들뢰즈의 '시간의 종합' 이론은 '차이의 존재론' 입증을 탐색하며 특히 시간의 세 번째 종합 개념은 모든 동일성의 최종근거인 자아의 자기동일성(정체성)을 해체하는 역할을 한다.

먼저 「시간 철학의 역사적 전개」는 서양철학사에서 시간이란 과연 무엇이었는가를, 철학자들의 생몰연대에 따른 시대 순이 아니라 그들의 주장에서 나타난 시간의 여러 속성과 문제점, 주제 등을 유형화시켜 분류한 개념들을 중심으로 살펴보았다. 시간은 고대 그리스와 로마 시대에는 '천체의 운동'으로, 즉 나름대로 객관적으로 인식되다가, 로마시대 말 성 아우구스티누스에 이르러 현재를 중심으로 주관적으로 인식되는 전기를 맞는다. 주관적 시간인식과 객관적 시간관찰, 이 양대 산맥은 근대를 거쳐 오늘날까지도 줄곧 팽팽한 긴장관계를 유지하며 서양 철학의 전통을 이어가고 있다. 한편 시간과 불가분리의 관계에서 출범한 역사서술에서 시간은 인식문제보다는 역사에서 역할과 활용이라는 '기능'과 '방법'에 초점이 맞추어 논의되었다. 역사적 시간의식은 현재주의와 역사주의로 대별된다. 또 역사연구 분야에서는 역사가들의 작업가설로 기능하는 '시대구분periodization', 역사서술 분야에서는 '연대기'와 '역사서사'와 같은 서술양식에서 각각 시간이 중요한 요소로 활용된다. 이 장은 이러한 고찰을 통해서 역사가에게 시간이란 무엇이고, 시간을 어떻게 대면하고 처리해야 하는가라는 흔히 간과하기 쉬운 문제들을 새롭게 고민했다.

「들뢰즈의 '차이의 존재론'과 '시간의 종합' 이론 ― 차이 발생의 원리로서 시간의 세 가지 종합」은 들뢰즈의 '시간의 종합' 이론이 '차이의 존재론'을 입증하는지를 보여주려는 시도이다. 들뢰즈에게 세계의 변화나 차이를 이해하는 일반적인 방식으로서 존재의 운동이란 어떤 보편적 동일성의 중심을 향해 수렴해가는 구심적 운동이 아니라, 어떤 중심의 성립도 불가능하게 만들며 계속 이탈하고 발산해가는 탈중심화 운동이다. '차이에서 동일성에로, 다자에서 일자에로'의 운동이 아니라 '차이에서 차이에로, 다자에서 다자에로'의 운동, 일자로의 회귀를 자기 앞에 기약하는 헤겔주의적 부정의 운동이 아니라 어떤 중심으로의 수렴도 거부하는 자유롭고 야생적 차이들이 마구 흩뿌려지는 '광란적 분배'의 운동, 이것이 들뢰즈가 보는 세계의 참 모습이다. 특히 시간의 세 번째 종합 명제는 모든 동일성의 최종근거인 자아의 자기동일성을 해체하는 역할을 하고 이를 설명하면서 사용하는 여러 용어 곧 '각운의 중단', '텅 빈 시간', '나르시시즘', '죽음충동', '영원회귀' 등의 의미가 모두 자아의 자기동일성(정체성)을 형성하는 습관의 파괴와 관련하여 이해될 수 있다.

제2부는 로컬시공간과 로컬리티의 시간성을 탐색하며 그 시간성을 내셔널리티의 시간성 및 글로벌리티의 시간성과 연관시켜 검토한다. 이는 로컬리티의 시간성을 이해하는 전제로서 상이한 사회적 과정의 시간, 정보통신공학을 비롯한 기술공학 및 사회경제적 변화가 가져온 공간성 변화에 따른 다양한 시간, 그리고 전 지구적 사건의 동시성 증가가 비동시성의 증가를 함께 가져오는 양상에 주목했다. 한편 로컬 차원에서 다른 체험과 차이의 시간에 관심은 공간 조건의 차이가 공간화 된 시간을 만들어 내는 양상에서 시간의 다수성을 검토한다. 그것은 먼저 다수의 시

간이다. 시간 가운데서 로컬(커뮤니티)의 형성과 갈등, 경계와 공간 분리 및 생산을 가져오는 시간이다. '다수의 시간'은 로컬(커뮤니티)의 시간에서 비동시성의 긍정, 비공시화의 긍정, 분열된 기억의 긍정을 가능하게 만든다. 그리고 포함과 배제의 시간은 과거 시간, 미래 시간, 과거 시간과 미래 시간의 교직에 국민국가의 시간이 개입하여 만들어 내는, 공시화 및 탈공시화de-synchroneity된 시간을 말한다. 이는 '전통적 커뮤니티' 같은 무시간성 또는 역동성의 대상의 시간을 표현한다. 끝으로 일상적 시간 이용. 이것은 일상공간에서 시간을 소비하는 방법, 변화하는 로컬(커뮤니티)에서 시간 생성의 최종 요소로서 '일상의 시간성'에 주목한다.

곧 「로컬리티의 시간성─국민국가의 시간 및 전지구화의 시간과 연관시켜」는 로컬리티의 시간성 논의에서 자본의 시간과 국민국가의 시간에 전지구화의 시간이 중첩되며 동시성이 강화되는 한편 비동시성의 영역 또한 급속하게 출현하는 양상에 주목하며 그것을 로컬리티의 시간성을 인식하는 범주적 기초로 삼는다. 로컬(커뮤니티)의 일상은 국민국가 중심의 시간에 전지구화의 시간이 침투하면서 혼합, 중첩 및 경쟁하는 다수의 시간성과 비동시성의 시간이 전자를 '탈주체화'하고 후자를 '탈타자화'하는 '상호주체적' 시간의식을 생성시키는 양상에 주목했다.

다수의 시간은 시간 가운데서 로컬(커뮤니티)의 형성과 갈등, 경계와 공간 분리 및 생산을 가져오고, 그것이 로컬(커뮤니티)의 시간에서 비동시성의 긍정, 비공시화의 긍정 그리고 분열된 기억의 긍정을 가능하게 만든다. 포함과 배제의 시간은 곧 과거 시간, 미래 시간, 과거 시간과 미래 시간의 교직상태에 국민국가의 시간이 개입하여, 공시화synchronicity 및 탈공시화de-synchroneity 된 시간을 말한다. 이는 '전통적 커뮤니티' 같은 무시간성 또는 역동성의 대상으로서 시간을 표현한다. 한편 일상적 시간 이용에 관심은 일상공간에서 시간을 소비하는 방법, 변화하는 로컬(커뮤니티)에서 시간 생성의 최종 요소로서 '일상의 시간성'에 주목한다.

「농촌근대화와 로컬시간의 재구성」은 1970~80년대 근대화를 경험하는 농촌의 로컬시간을 분석했다. 저자는 로컬시간을 '로컬의 고유한 리듬 혹은 시간'으로 정의하면서 이 시간이 로컬 구성원들의 일상생활 과정에서 만들어지는 것으로, 로컬의 내재적 속성 즉 에너지로 역할을 수행한다고 판단한다. 여기서 로컬시간은 다양하게 존재하며, 로컬외부에서 작동하는 국가시간이나 자본시간과 충돌, 포섭되면서 끊임없이 재구성되고 있음을 확인 가능하다. 이 장은 이와 같은 로컬시간 탐색을 위해서 전라북도 임실군 창인리에 살았던 최내우가 1970~80년대 농촌근대화 과정을 상세하게 기록한 『창평일기』를 분석했다. 창인리 마을사람들은 농업에 종사하였기에 기본적으로 자연환경에 의존적인 시간을 가지고 생체리듬도 이에 일치시킨 시간관을 보유했다. 근대화가 시작되면서 국가가 마을 주민들을 국민으로 급속하게 포섭시켜 갔고 그 방법 가운데 하나가 '시간 지배'였다. 농민들의 생활리듬인 로컬시간은 성과주의로 대표되는 국민국가시간과 충돌하였다. 마을사람들은 국민국가시간에 포섭되기도 하지만, 또한 국민국가시간을 비켜갈 수 있는 자신들의 시간을 구성하려는 시도도 멈추지 않았다. 이 시기에 국민국가시간은 마을사람들의 생활리듬이 더욱 빠르게 작동하도록 만들었고, 한편 성과주의 경쟁 가운데서 경제적으로는 더욱 열악해지는 처지에 내몰려갔다.

제3부 로컬리티 현장에서 시간의 경험은 사건 기억에 관한 시간을 소환하여 사건을 단속적으로 출현시키고, 전근대에 일어난 사건들이 역사

적 현재성의 특정한 시간 축과 만나면서 기억과 재현되는 양상을 검토한다. 이것은 탈근대적 대도시에서 전근대의 역사적 자원이 동원(비동시적인 것의 경합) 또는 오랜 시기 동안 단속적으로 재현되면서 현대 도시에서 동시적으로(동시성) 배치되는 것들이 재현하는 모순과 경합을 살펴본다. 끝으로 트랜스내셔널 또는 트랜스로컬적 시간의 전망에서 중국에서 캐나다로 이주한 노년들이 가족을 위한 배려노동자 역할을 감당하며 직면한 시간을 재성찰한다.

「사건의 기억과 시간의 소환―임진왜란 기념물의 단속적斷續的 출현과 현재성」은 사건과 기억, 기억과 시간의 연결을 시도한다. 역사는 수많은 사건의 집합소 또는 사건의 연속이다. 사건은 누구에게 일어났는가, 어느 때 어느 곳에서 일어났는가 등 사건이 놓여 진 시간과 공간에 따라, 사건을 경험하는 사람에 따라 경합과 갈등을 일으키기도 한다. 국가적 사건은 집단적으로 기억되고 반복적으로 재현됨으로써 로컬 기억이 재현되는 것을 억제하기도 하고 로컬 기억을 포섭하기도 한다. 이 장은 국가적 사건의 대표인 임진왜란이 부산에서 재현되는 양상을 중점적으로 검토한다. 부산에서는 역사적, 국제관계적, 정치적, 사회문화적 여건에 따라 정기적·비정기적으로 임진왜란을 재현해 왔다. 전쟁에 대한 기억이 집단화되고, 국가 주도의 재현사업에 부합된 것이 많고 도시경관으로 자리한 기념물이 산재해 있다. 그 과정과 내용을 살펴보면 집단기억이 함의된 장소의 의미나 가치가 다변화 될 수 있고, 로컬에 내재한 역동성으로 말미암아 기억은 재구성될 수도 있다는 사실을 발견한다. 로컬 기억이 재현되는 시간은 로컬 정체성의 구성에 영향을 미친다. 그러므로 현재적 관점에서 반복적으로 출현하는 과거의 사건을, 사건의 기억을 소환하여 재현하는 시간의 소환이라는 맥락에서 고찰한다.

「노년 친족의 초국가 및 트랜스로컬 육아 노동의 시간적 경험」은 캐나다에서 중국 출신 숙련 이민자 가족의 초국가적 육아 경험에 대한 실증적 연구이다. 이를 바탕으로 이론적 수준과 실증적 수준에서 트랜스내셔널리즘과 트랜스로컬리티의 접점에서 작동하는 나이 들기와 시간성의 문제를 검토했다. 캐나다에서의 중국인 숙련 이주자들은 정착 과정에서 구조적 장애 극복에 인적 자원을 총동원하는 가족 전략이 신형태의 가족을 사회 공간적으로 등장시킨다. 그 과정에서 노년 친족기반의 초국가적 돌봄이 생성되는바 조부모의 육아 경험이 문화적 가치와 자원으로 동원된다. 이것은 유연한 친족 관계를 가진 가족이 끊임없이 변화하여 최근 한창 논의 중인 이동성을 넘어 재구성되는 점을 밝혀준다. 이런 사례 연구는 숙련 이민과 신자유주의적 전지구화의 맥락에서 가족의 공간적 구성과 노년 인적 자원의 초국가적 돌봄의 관습이 자원, 관행, 생각의 순환을 용이하게 만드는 연결망이 특정의 지역성까지도 변형시키는 것을 보여준다. 곧 이민과 이주가 때로는 국가경계, 때로는 로컬리티가 작용하는 다방향적이고 중첩되는 연결망을 등장시키는 것을 보여준다. 한편, 이민자의 다국적 업무와 사회적, 문화적, 경제적, 정서적, 인지적 관계는 해당 가족들의 육아에 세대와 국가에 걸쳐 자원을 동원하는데 '유연'한 사고와 태도를 가지도록 자극한다. 다른 면으로, 이런 원거리에 걸친 초국가적이며 다국적 연관관계는 트랜스로컬리티를 구성하며, 특정한 물질적 맥락에서 사람들의 활동, 생각, 사회적 상호의존성에 영향을 미친다는 사실을 발견한다.

차례

1부

시간에 대한 철학적 성찰

최성철 시간 철학의 역사적 전개

조현수 들뢰즈의 '차이의 존재론'과 '시간의 종합' 이론
차이 발생의 원리로서 시간의 세 가지 종합

시간 철학의 역사적 전개

최성철

1. 문제제기 – 시간에 대한 역사이론적 사유의 필연성과 당위성

흔히 역사는 시간을 먹고 산다고들 말한다. 시간이 빠진 역사를 상상할 수 있는가? 기억, 사건, 경험, 사실 등 역사를 구성하는 수많은 요소들은 말할 것도 없고, 개체, 기원, 발생, 변화, 과정, 우연, 인과성, 객관성 등 역사와 관련된 수많은 개념들을 통틀어 '시간'만큼 역사에 밀착된 필수불가결한 요소를 찾아볼 수 없을 것이다. 일단 역사에서 연구하고 서술하는 대상 자체가 '과거'라는 시간의 세 범주 중 하나이고, 연구와 서술의 작업 과정 또한 과거를 기준으로 현재로 올라오든 아니면 현재를 중심으로 과거로 거슬러 올라가든 '시간의 흐름과 과정'을 따라 진행되며, 역사를 연구하거나 서술하는 작업 자체가 '시간'을 준거로 이루어질 수밖에 없다는 점 등을 감안하면 그 주장의 타당성과 정당성을 쉽게 납득할 수 있을 것이다.

이러한 중요성 때문에 그동안 역사학, 그중에서도 특히 역사이론과 역사철학 분야에서는 철학 분과에서의 작업성과에 힘입어 시간에 대해 나름대로 깊이 있는 성찰들을 쏟아내 왔다. 사실 시간에 대한 역사 이론적 사유와 인식은 누가 시키지 않아도, 심지어 누가 막아도 자연스럽게 행할 수밖에 없다는 점에서 그것의 필요성과 의의를 논하는 것 자체가 시간 낭비일 수 있다. 그러나 역사에서 시간이 중요하다는 사실을 이론적으로 안다고 하더라도, 정작 역사 안에서 시간이 도대체 무엇인지, 시간의 기능과 역할은 무엇인지, 시간이 역사에서 왜 중요한지 등의 원론적인 질문들에 대답해보라고 하면, 말문이 딱 막히게 된다. 그만큼 시간이라는 개념 자체가 구체적이지 않고 추상적이고 모호할 뿐 아니라, 그 개념의 추상성조차 사상가나 학자들마다 대체로 다르게 인식되어 왔고, 시간의 구체성은 언제나, 적어도 역사 안에서는, 사건과 경험을 통해서 나타나기 때문에 시간을 올바로 정확하게 인식하는 일이란 결코 쉬운 일이 아니다.

나는 이 글에서 시간에 대한 이러한 기본적인 문제제기에서 출발해, 서양 철학의 역사 속에서 시간이란 과연 무엇이었는가를, 철학자들의 생몰연대에 따른 시대순이 아니라 그들의 주장에서 나타난 시간의 여러 가지 속성과 특성 등을 유형화시켜 분류한 개념들을 중심으로 살펴보고, 그러한 시간 개념의 이해를 바탕으로 그렇다면 서양의 역사서술의 전통 속에서 역사적 시간이란 무엇이고, 그것은 역사연구와 역사서술에서 어떻게 활용되어왔으며 활용될 수 있는지, 그 과정에서 제기되는 문제들은 무엇이고 이것들은 어떻게 해결될 수 있는지 검토하고자 한다. 더불어 이러한 고찰을 통해 시간이란 역사가들에게 궁극적으로 무엇인가를 새롭게 고민하는 시간을 가져보고자 한다.

2. 철학에서의 시간 개념

시간이란 무엇인가? 시간 개념에 대한 표준적이고 근본적인 물음은 크게 다음 세 가지 방향에서 제기된다. 첫째는 '존재'에 대한 것이고, 둘째는 '의미'에 대한 것이며, 셋째는 '가치'에 대한 것이다.

가장 먼저 우리는 시간의 존재성에 대한 질문을 던져볼 수 있다. 시간은 과연 존재하는가? 만일 존재한다면, 우리는 시간의 존재를 어떻게 알 수 있는가? 우리는 시간을 느낄 수 있는가? 우리가 시간을 알 수 있는 방법은 무엇인가? 단지 변화 양상을 통해 시간이 흘러간다는 것을 알 수 있지 않는가? 만일 그렇다면 변화 자체가 시간인가? 아니면 변화를 주도하거나 매개하는 수단이자 매체가 바로 시간인가? 이처럼 시간 개념과 관련한 최초의 문제제기는 그 개념의 존재 유무를 결정할 인식 수단의 존재 여부 또는 한계와 연관되어 있다. 환언하면 시간 개념의 추상성과 모호성을 극복할 방법을 찾는 데 집중되어 있다. 시간은 우리가 감관을 통해 인식할 수 있는 개념이 아닌데, '그런 시간이 과연 존재하는가'라는 것이 첫 번째 문제다.

다음은 시간의 의미를 찾는 것이다. 시간은 우리 인간에게 또는 우리의 삶에서 어떤 의미를 갖는가? 왜 사람들은 시간에게 의미를 부여하려고 노력해왔는가? 다시 말해 사람들은 왜 시간을 정의하려고 노력해왔는가? 시간 개념을 정의하는 것이 우리에게 주는 의미는 무엇인가? 가령 원시인들은 시간을 의식하지 못했거나 의식하더라도 무시하며 살았는데, 왜 인간들은 시간이 흘러 문명을 이루며 살아갈수록, 특히 산업혁명 이후 복잡하고 전문화된 근대 시민사회에 접어들수록 시간에 목을 매며,

시간이 갖는 의미를 찾으려고 노력해왔을까? 인류 문명의 발달 정도와 시간의식의 발달 정도는 정비례하는가? 만일 비례한다면 어느 정도로 맞물려 발달하는가? 이처럼 시간 개념과 관련된 두 번째 문제제기는 시간이란 과연 무엇인가, 라는 개념 정의의 문제와 연관되어 있다.

마지막으로 시간의 가치 판단의 문제다. 시간은 우리에게 어떤 가치를 갖는가? 흔히들 '시간이 돈이다'라고 말하는데, 이 말은 시간 자체에 가치가 있다는 것을 강조하기 위해 만들어진 격언일까, 아니면 시간 자체가 아니라 그만큼 시간 관리를 철저히 해야 인생에서 성공할 수 있다는 의미로 만들어진 메타포일까? 또 현대 세계에서 흔히 '시간을 지배하는 자가 자기 인생, 나아가 세계를 지배한다'는 말들을 하는데, 시간을 지배한다는 것은 무슨 뜻인가? 결국 시간에 맞춰서 계획을 정하고 그 시간에 맞춰서 삶을 살아간다는 뜻 아닐까? 그렇다면 그것은 시간의 지배자가 아니라 반대로 시간의 노예를 말하는 것이 아닌가? 인간은 시간의 노예인가, 아니면 시간의 정복자인가? 시간은 인간에게 또는 우리의 삶에서 어떤 가치를 갖는가? 이처럼 시간 개념과 관련된 세 번째 문제제기는 시간은 어떤 가치를 갖는가, 라는 가치판단의 문제로 나아간다.

시간 개념은 다른 중요한 철학 개념들과 마찬가지로 서양에서 나름의 긴 역사를 갖고 있다. 가령 고대 동방, 특히 고대 페르시아인들은 시간을 만물의 창조주, 신이라고 생각했다. 그러나 고대 그리스인들, 가령 플라톤과 아리스토텔레스 같은 철학자들은 시간을 신이 아닌 존재의 한시적 양태라고 생각했다. 그들은 시간을 대체로 천체와 우주의 움직임으로 이해했다. 이처럼 천체의 운동으로 이해되던 시간이 로마시대의 플로티노스와 교부철학자 아우구스티누스에 오면 영원과 대비되는 개념으로 부각된다. 물론 신을 상징하는 영원이 한시적 존재를 담아내는 양식으로서의 시간보다 더 상위의 개념으로 인정되었던 것은 사실이지만, 아우구스티누스에서도 보이듯이 주관적 의식을 바탕으로 시간은 이제 만물의 창조주인 신에 의해 창조된 것, 그러면서 내 자신의 내면적 성찰을 통해서만 알 수 있다는 점에서 '정신'으로 정의된다. 중세 내내 조물주인 신에 의해 창조된 피조물로서의 시간은 근대 초에 들어와 코페르니쿠스의 지동설을 기점에서 새로운 국면을 맞이하게 된다. 뉴턴은 정확하게 측정 가능한 시계를 통해 시간을 이제 신과 무관하게 자연의 절대적이고 보편적이며 객관적인 물리적 단위로 확립하기에 이른다. 물론 그 관념은 20세기의 아인슈타인의 상대성 이론에 의해 해체되긴 하지만, 뉴턴의 객관적, 절대적 시간관은 칸트에 의해 정립된 관조의 한 형식으로서의 시간관과 더불어 근대 일반인들의 물리적 시간개념 형성에 커다란 영향을 주었다. 19세기 진보의 시대를 거쳐 20세기에 이르면 이제 시간은 실존주의와 현상학의 만개 속에서 완전히 주관적이고 현상학적인 시간개념으로 발전해간다. 이처럼 나름 긴 서양의 역사 속에서 시간이 어떤 개념적 특징들을 갖는지 이제 개별적인 범주들을 통해 살펴나가 보자.

1) 운동성-천체의 운행으로서의 시간

고대 그리스 철학자들은 시간을 천체의 회전운동, 우주의 움직임으로 이해했다. 플라톤이 그러했고, 플라톤의 의견에 수정을 가하기는 했지만 아리스토텔레스도 기본적으로는 큰 틀에서 플라톤의 생각에 동의했다.

우주론적 대화편인 『티마이오스*Timaeus*』에서 플라톤은 공간과 시간을 다르게 처리했다. 공간은 가시적 사물질서를 위한 하나의 주어진 틀로서 그 스스로 존재하지만, 시간은 그 질서의 한 측면에 불과하다는 것이다. 그는 시간을, 우주의 변화를 매개하는 존재로 이해했다. 그에 따르면, 시간은 "영원의 움직이는 모상"이며, 우주와 그 영원한 모델 사이의 간격을 메워주는 변화의 양상이다. 여기서 흥미로운 점은 플라톤이 자연을 이데아의 불완전한 모사模寫로 정의했던 것처럼, 시간 또한 '영원의 불완전한 모사'로 정의했다는 점이다. 그의 형이상학에서 최고의 진리가 이데아였던 것처럼, 그의 우주론에서 최고의 진리는 영원이었고, 시간은 단지 영원을 모방한 이미지에 불과했다. 시간은 그 스스로 존재하는 자족적 존재가 아니라 우주의 한 특징이라는 것이다. 더구나 그는 시간과 우주를 긴밀하게 연결시키면서 천체의 움직임에 의해 시간이 실제로 생산된다고 보았다. 플라톤의 시간이론이 남긴 영원한 유산은 시간과 우주가 불가분의 관계에 있다는 생각이다.[1]

플라톤의 제자로서 아리스토텔레스는 스승이 이룩한 다른 모든 분야에서와 마찬가지로 시간 개념도 역시 스승의 기본 생각을 수용한 후 거기에 근본적인 수정을 가해 자신의 고유한 개념으로 발전시켜 나갔다. 그는 시간이 우주에 의해 생산된다거나 운동이나 변화의 형태에 의해 인식될 수 있다는 플라톤의 생각을 거부했다. 왜냐하면 운동은 일정할 수도 있고 그렇지 않을 수도 있기 때문이다. 그리고 이러한 일정성과 비일정성을 규정하는 기준이 바로 시간인데, 시간은 시간에 의해 규정될 수

---

1   Plato, *Timaeus*, trans. Peter Kalkavage, Newburyport, MA : Focus Publishing, R. Pullins Company, 2001, pp.66~68.(=*Timaeus*, 37c~38e)

없기 때문에 비록 시간이 운동에 의존하는 것은 맞지만 운동 자체는 아니라고 주장했다. 대신 아리스토텔레스는 '지금'의 지속적인 연결로서 시간이 운동이 아니라 '셀 수 있는 가능성'이라고 말했다. 또 그는 영원과 시간이 분리되지 않은 하나라고 보았다. 마치 형상(이념)과 질료(물질) 모두 사물의 형이상학적 본질을 이루는 것처럼, 시간도 영원과 분리되지 않은 동일한 실존적 가치를 갖는다. 시간의식과 관련해 그는, 우리의 마음 상태가 변화하지 않는 것처럼 보일 때, 우리는 시간이 경과했다는 것을 느끼지 못하지만, 변화의 '앞'과 '뒤'를 의식했을 때 우리는 시간을 의식하게 된다고 주장했다. 결국 시간은 운동과 변화의 '앞'과 '뒤'를 인식하는 순서적 과정이며, 시간과 변화는 상호작용한다. 변화가 없으면 시간은 인식될 수 없고, 시간이 없으면 변화 또한 일어나지 않는다. "우리는 시간으로써 운동을 측정할 뿐 아니라 운동으로써 시간을 측정하기도 한다. 왜냐하면 이 둘은 상호보완적이기 때문이다. 시간은 운동을 표시하는데, 왜냐하면 시간은 운동의 수이고 운동이 곧 시간이기 때문이다." 또 그는 시간은 멈추지 않는데 운동은 멈출 수 있음을 알았다. 그러나 멈추지 않는 유일한 운동이 바로 천체의 운동이다. 천체의 회전은 시간을 측정하는 완벽한 수단이 되어 준다. 결국 아리스토텔레스는 플라톤의 사상에 동의하지는 않았지만 그의 우주적 시간관에 큰 영향을 받았다.[2]

---

2 Aristoteles, "Physikvorlesung", Hellmut Flashar, ed., *Aristoteles Werke* Vol.2, trans. Hans Wagner, Berlin : Akademie Verlag, 1995, pp.109~125.(=*Physica*, 217b 29~224a 16)

2) 추상성 – 영원(존재)과의 관계

우리가 시간이라는 개념을 접할 때 가장 먼저 맞닥뜨리는 것은 그것이 눈에 보이지도 않고, 냄새를 풍기지도 않으며, 소리를 내지도 않고, 맛을 담고 있는 것도 아니며, 만져지지도 않는다는 것이다. 한마디로 시간은 비감각적, 비가시적이다. 공간과 시간을 선험적 관조 형식으로 규정한 칸트는 시간의 이러한 속성을 "시간은 그 자체로는 지각될 수 없다"는 말로 요약한다.[3] 시간의 비가시성이 시간의 비지각성을 산출한다.

또 시간은 스스로 재현되거나 표상되지도 않고 다만 대상이 나타나는 조건으로서만 남게 된다. 요컨대 시간은 스스로를 드러내는 존재가 아니라, 이 세계에 존재하는 대상들이 자신들을 드러내도록 도와주는 형식이자 수단이며 조건이자 매질媒質이다. 시간은 이 세계 내에 존재하는 존재자가 존재하도록 도와주는 존재의 틀이자, 인간들로 하여금 그러한 존재를 인식하도록 도와주는 인식의 도구 또는 관조의 형식이다.

그 스스로는 존재하지 않는 것처럼 보이면서 다른 모든 존재자들을 존재하도록 표상하는 시간의 이러한 속성 때문에 예로부터 시간은 매우 추상적이고 모호한 개념으로 인식되어 왔다. 특히 시간이 이처럼 모호한 특징을 갖고 있기 때문에 시간의 의미를 보다 더 구체적으로 드러내기 위한 여러 시도들이 있어왔는데, 그 중 '영원'과의 관계를 통해 규명하려는 시도가 주목된다. 물론 플라톤도 이에 대해 사유했지만, 그에 대한 본

---

3 Immanuel Kant, "Die Kritik der reinen Vernunft 1", I. Kant, *Werkausgabe* Vol.3, ed. Wilhelm Weischedel, Frankfurt a. M. : Suhrkamp, 1974, p.222, 226.(＝*Die Kritik der reinen Vernunft*, A 183, B 226, B 233)

격적인 논의는 바로 로마시대의 신플라톤주의 철학자 플로티노스Plotinos
에 의해서 최초로 감행된다.「영원과 시간에 대하여」라는 글에서 플로티
노스는 신神으로 규정한 영원을 '존재'의 차원에서 고찰하고, 시간을 '운
동'의 차원에서 논구해나간다. 영원을 순간들의 지속으로 인식하여 '무
한하고 지속적이며 영속적인 존재'로 규정하는 반면, 시간은 ① 운동 그
자체(움직임)이거나, ② 정지된 운동(움직여진 것)이거나, 아니면 ③ 운동
과 함께 하는 것(움직임의 동반 현상)으로 정의한다. 다른 관점에서 시간을
④ 운동 사이의 간격(움직임의 거리)이거나, 혹은 ⑤ 운동의 양(움직임의 크
기), 그도 아니면 ⑥ 운동의 척도, 또는 ⑦ 측정된 운동, 심지어 ⑧ 운동의
결과 등으로 정의하기도 한다. 그 어떤 경우라 하더라도 플로티노스는
사변적으로 풀어가거나 문제제기만 할 뿐 시간을 구체적으로 정의하지
는 않는다.[4] 더 심각하고 곤란한 점은 시간이 우주의 운동이 있기 이전에
이미 있었을 수 있다는 점, 운동의 원인이든 과정이든 척도든 결과든 간
에 시간은 그 모든 것과 무관하게 또는 그것들과 병행해 존재할 수 있다
는 점이다. 이러한 점들은 더욱더 시간에 대한 명확한 정의를 힘들게 만
든다. 한마디로 영원과의 관계를 통해 운동의 관점에서 시간의 위상과
의미를 밝히려던 플로티노스의 시도는 시간 개념을 명확히 규명하기는
커녕 오히려 그 개념을 더욱더 모호하고 혼란스럽게 만들었을 뿐이다.

4 Plotinos, *Über Ewigkeit und Zeit*, trans. Werner Beierwattes, Frankfurt a. M. : Vittorio Kloster-
mann, 1967, pp.93~139.

3) 현재성 – 시간 담론에서 현재의 중요성

시간 담론에서 현재의 중요성이 부각되기 시작한 것은 아우구스티누스부터다. 더구나 시간에 대한 우주론적 관점이 아니라 내면적 성찰과 주관적 사유를 시도한 최초의 인물도 바로 아우구스티누스다. 시간에 대한 이 두 가지 논점, 즉 현재성과 주관성은 이후 시간 개념의 담론사에서 사그라지지 않고 줄곧 이어진다. 그리고 이 흐름은 시간의 종합성과 객관성이라는 반대편의 흐름과 더불어 양대 산맥 중 한 줄기를 형성한다. 이 줄기를 대표하는 인물로 아우구스티누스, 후설, 하이데거 등이 있고, 반대편 줄기에는 아리스토텔레스, 뉴턴, 칸트 등이 포진해 있다.

신과의 대화를 시도한 『고백록』에서 아우구스티누스는 시간에 대해 다음과 같이 말한다. "시간이란 무엇입니까? 누가 시간을 쉽고 간단하게 설명할 수 있겠습니까? 누가 그것을 언어로 대답하기 위해 우선 사유로써 파악할 수 있겠습니까? 그러나 우리가 친숙한 일상의 대화에서 시간만큼 많이 말하는 것이 무엇입니까? 우리는 분명 시간에 대해 이야기할 때 그것이 무엇을 뜻하는지 압니다. 또 우리는 다른 누군가가 시간에 대해 이야기하는 것을 들을 때에도 그것이 무엇을 뜻하는지 잘 압니다. 그렇다면 시간이란 무엇입니까? 아무도 내게 묻지 않는다면 나는 알고 있습니다. 그러나 내가 그것을 묻는 사람에게 설명하고자 한다면, 나는 알지 못합니다. 하지만 내가 확신할 수 있는 것은, 만일 어떠한 것도 지나가지 않는다면 과거의 시간이란 없습니다. 어떠한 것도 오지 않는다면 미래의 시간이란 없습니다. 어떠한 것도 존재하지 않는다면 현재의 시간도 없을 것입니다."[5] 시간의 정의定義와 관련된 글이면 언제나 인용되는 이

유명한 문구는 시간 개념의 모호성과 과정성을 지적한 글이다. 시간이란 끊임없이 흘러가는 것이기에, 만일 세 개의 시간범주에서 존재하는 것이 있다면 오직 현재뿐이다. 왜냐하면 과거는 이미 지나갔기에 없고, 미래는 아직 오지 않았기에 없기 때문이다. "적어도 한 가지 사실은 명백하고 분명해졌습니다. 미래나 과거가 존재하는 것이 아니며, 또한 과거, 현재, 미래에 대해 말하는 것도 정확하지 않습니다. 아마도 그보다는 세 개의 시간들, 즉 과거 일의 현재, 현재 일의 현재, 그리고 미래 일의 현재가 존재한다고 말해야 정확할 것입니다. 이 세 개의 시간들은 바로 우리의 영혼 안에 있을 뿐, 나는 그밖에 다른 그 어느 곳에서도 그것들을 볼 수 없습니다. 과거를 생각하는 현재는 기억이고, 현재를 생각하는 현재는 직관이며, 미래를 생각하는 현재는 기대입니다."[6] 시간은 객관적으로 존재하는 것이 아니라 오직 우리의 마음, 우리의 정신, 우리의 영혼 속에서만 존재한다. 그래서 과거는 기억으로, 현재는 직관으로, 미래는 기대로 나타난다. 아우구스티누스에게 '현재'란 객관적인 시간범주로서의 현재가 아니라, '지금 생각하고 성찰하고 있는 나'를 의미한다. '사유하는 내'가 없는 한, 현재도 시간도 없다. '사유하는 내'가 있기에 현재도 시간도 존재한다. '사유하는 나'는 '시간의 척도'인 셈이다. 따라서 아우구스티누스에서 현재는 우주적, 자연적 시간이 아닌 현상학적, 체험적, 심리학적 시간으로 외현된다.

아우구스티누스 이후 수많은 사상가들은 시간에 대한 성찰에서 현재

---

5 Saint Augustine, *Confessions*, trans. Henry Chadwick, Oxford : Oxford University Press, 1991, pp.230~231.(=*Confessiones*, XI, xiv (17))
6 Saint Augustine, op. cit., p.235.(=*Confessiones*, XI, xx (26))

의 중요성을 강조해왔고, 그러한 현상은 이제 너무도 자연스러운 일이 되어버렸다. 현재의 중요성만이 아니라 심지어 "현재여 영원하라!"와 같은 괴테의 모토를 뒤따라 현재의 보편성과 절대성을 강조한 경우도 종종 있다. 가령 종교학자 파울 틸리히P. Tillich는 "현재 안에 과거의 실현으로부터 미래의 실현으로 밀고 나아가는 영원한 것에 대해 물을 수 있게 되었다"고 말함으로써 현재를 '과거'와 '미래'와 '영원'의 종합으로 이해했고,[7] 후설은 현재를 "원천시점Quellpunkt"이라고 불렀으며,[8] 하이데거는 "시간이 현존재다Zeit ist Dasein"라고 선언하기에 이른다.[9]

4) 객관성 – 보편적 시간의 존재

아리스토텔레스가 생각한 객관적 시간 개념은 플로티노스와 아우구스티누스에 의해 각인된 기독교적 중세에서는 전혀 빛을 발하지 못하다가 근대의 과학혁명 시대에 들어와 뉴턴을 비롯한 자연과학자들에 의해 동력을 받아 만개하기 시작했고, 칸트에 와서야 완성된다.

뉴턴에게 시간은 절대시간을 의미했다. 그에게 시간은 자연의 보편적이고 기본적인 질서이자 단위였고, '객관적인 흐름'이었다. 뉴턴은 우주

---

7   Paul Tillich, "Die religiöse Lage der Gegenwart", P.Tillich, *Gesammelte Werke*, ed. Renate Albrecht, Stuttgart : Evangelisches Verlagswerk, Vol.10, 1968, p.12.

8   Edmund Husserl, "Zur Phänomenologie des inneren Zeitbewußtseins"(1893~1917), *Husserliana X*, ed. Rudolf Boehm, Den Haag : Nijhoff, 1966, p.28.

9   Martin Heidegger, "Der Begriff der Zeit." Vortrag vor der Marburger Theologenschaft, July 1924, M. Heidegger, *Gesamtausgabe* Vol.64, Frankfurt a. M. : Vittorio Klostermann, 2004, p.123.

안에서 발생하는 모든 운동들을 절대적인 시간과 불변하는 절대적인 좌표계로 표시할 수 있다고 생각했다. 그에게 시간은 불변의 변수, 독립변수였던 셈이다. 물론 뉴턴에 의해 발전된 시간의 이러한 절대적 성격은 20세기에 들어와 아인슈타인에 의해 완전히 소멸되어 시간이 단순히 '관계형식'을 의미하는 상대적인 개념으로 수정되긴 했지만, 뉴턴의 시간 개념은 적어도 18~19세기 산업혁명과 진보의 시대에 삶의 결정적인 준거의 역할과 기능을 수행했다.

과학적 차원에서 확립된 아리스토텔레스의 객관적 시간개념은, 물론 오랜 시간의 굴곡을 겪은 만큼 많은 변주와 수정이 가해지긴 했지만, 칸트에 의해서 다시 완벽한 철학적 개념으로 되살아난다. 칸트는 시간에 결코 절대적 현실의 지위를 부여하지는 않았다. 그에게 "시간은 결코 (…중략…) 경험적인 개념이 아니(었)다." 그에게 시간은 다만 공간과 더불어 "감각적 관조의 순수한 형식eine reine Form der sinnlichen Anschauung"에 불과했다. 공간이 모든 외적인 관조의 순수한 형식이었다면, 시간은 "내적인 감각의 형식"이었다.[10] 요컨대 칸트에게 시간은 관찰이나 측정 그 자체가 아니라, 관조를 위한 조건이자 수단, 즉 인식 가능성이었다. 그렇지만 그 조건이란 주관적 의식을 말하는 것이 아니라 '객관적 현실'을 의미했다. 그 점에서 칸트는 시간을 궁극적으로 객관적인 것으로 간주했다.

---

10 Kant, op. cit., p.78, 79, 80.(=*Die Kritik der reinen Vernunft*, B 46, B 47, B 49)

5) 주관성—주관적 시간 인식

앞으로 전개할 우리의 논의, 즉 역사적 시간과 관련해서 중요한 것은 우주적, 자연적 시간이 아니라 심리적, 경험적 시간이라는 점에서, 계열을 따지자면 아리스토텔레스나 칸트 계열의 객관적, 천문학적 시간보다는 아우구스티누스와 후설 또는 하이데거 류의 주관적, 현상학적 시간이라는 점이 특별히 강조될 필요가 있다. 이 점을 가장 극명하게 설파한 사상가가 바로 계몽주의 시대에 보편적, 불변적 이성에 맞서 역사적, 가변적 이성 개념의 가능성을 제시했던 헤르더J. G. Herder다. 칸트에 대항하여 헤르더는 "본래 변화하는 모든 개별적 사물은 자신의 시간척도를 가지고 있다. 그 어떤 다른 척도가 없다 할지라도 이 척도만은 존재한다. 이 세계의 어떤 사물도 다른 사물과 이 척도를 공유하지 않는다. (…중략…) 따라서 (이렇게 대담하게 말할 수 있다) 우주에는 하나의 시간에 대해 수없이 많은 시간들이 존재한다."[11] 누구에게나 자신만의 시간이 있다는 것이다.

시간 담론에서 주관적 시간인식이 차지하는 의미와 기능은 사실상 시간 담론에서 현재의 중요성 논의와 연장선상에 있다. 따라서 그 출발점은 시간 개념을 신과의 대화를 통해 '정신'과 '영혼'의 차원으로 수용해 성찰해나간 아우구스티누스로 보아야 하겠지만, 20세기 초반 베르그송이나 후설, 하이데거 등에서야 비로소 체계적인 이론 형태로 완성된다. 이들에서 나타나는 시간 개념에서의 주관성의 핵심 의미는, 우리가 시간을 논할

---

11 Johann Gottfried Herder, *Metakritik zur Kritik der reinen Vernunft*(1799), Berlin(Ost), 1955, p.68. 다음 문헌에서 재인용함. Reinhart Koselleck, *Vergangene Zukunft : Zur Semantik geschichtlicher Zeiten*, Frankfurt a. M. : Suhrkamp, 1995(1st ed. 1979), p.10.

때 '나'라는 주관이 개입될 수밖에 없다는 필연적 사실에서 그 민낯을 드러낸다. 베르그송은 시간을 "지속Dauer"의 차원에서 성찰했고,[12] 후설은 "과거지향Retention"과 "미래지향Protention"이라는 개념을 통해 객관적 시간을 배제함으로써 "내적인 시간의식"을 논했으며,[13] 하이데거는 시간의 "개별화 원칙principium individuationis"을 내세우며 "이러한 과정에서 시간은 결국 내 자신이다In diesem Vorlaufen bin ich die Zeit eigentlich"라고 설파한다.[14]

6) 비가역성非可逆性 – 시간의 방향성

시간담론의 마지막 주제는 시간의 방향성이다. 일찍이 아우구스티누스는 시간의 측정 문제를 논하며, 시간은 어디에서 와서 어디로 흘러가는가를 물었다. 그에 따르면, 시간은 아직 존재하지 않는 미래에서 와서 연장延長을 가지지 않는 현재를 거쳐 이미 존재 하지 않는 과거로 들어간다고 주장했다.[15] 즉 그는 시간이 미래에 생성되어 현재를 거쳐 과거로 사라져간다고 보았다. 이를 화살표로 표시하면 '미래 → 현재 → 과거'가 된다. 그러나 일반적으로 보통 사람들은, 특히 역사가들은 시간이 과거에 생성되어 현재로 와서 미래로 흘러간다고 생각한다. 이를 화살표로 표시하면 '과거 → 현재 → 미래'가 된다. 여기서 무엇이 맞고 틀린지를

12 Henri Bergson, *Zeit und Freiheit*. Text als Nachdruck der 1920 in Jena [Eugen Diederichs Verlag] erschienenen 2. Auflage der Übersetzung von Paul Fohr(1. Auflage dieser Übersetzung 1911), Frankfurt a. M. : Athenäum, 1989, pp.77ff.

13 Husserl, op. cit., pp.24ff.

14 Heidegger, op. cit., p.124.

15 Saint Augustine, op. cit., p.236.(＝*Confessiones*, XI, xxi (27))

따져 묻는 일은 무의미하다. 다만 확실한 것은, 시간이 애초에 어떻게 생성되는 것으로 보았든, 아니 심지어 시간이 생성되는 것이 아니라 그저 존재하다가 흘러가는 것으로 생각하든, 시간이 '흘러간다'는 사실(과정), 그냥 흘러가는 것이 아니라 연속적으로 흘러간다는 사실(연쇄), 그 흐름도 쌍방향이 아닌 일방통행적 방향으로 흘러간다는 사실(일방), 한번 흘러간 시간은 결코 되돌려지지 않는다는 사실(비가역)이다. 요컨대 시간은 '일방통행적'이고 '비가역적非可逆的'이다.

시간의 비가역성에 대한 논의는 하이데거에게서 가장 잘 발견된다. 하이데거는 「시간의 개념에 대하여」라는 짤막한 강연문에서, 지금의 기준으로 측정했을 때 시간이 '현재'가 되고, 과거는 "더 이상-아닌-현재Nichtmehr-Gegenwart"가 되며, 미래는 "아직-아닌-현재Noch-nicht-Gegenwart"가 된다고 역설했다. 즉 현재를 중심으로 뒤(그 이전)와 앞(그 이후)이 명확히 구분되고, 이때 뒤(과거)는 다시 되돌릴 수 없는 것이고, 앞(미래)은 규정되지 않는 것이다. 과거, 현재, 미래 중 특히 과거가 비가역적이라는 것이다. "비-가역성Nicht-Umkehrbarkeit" 가운데서의 시간의 규정은 시간을 이전으로 되돌릴 수 없다는 사실에 근거한다.[16]

역사에서의 시간이론 또는 시간담론도 시간의 비가역성이라는 바로 이 관점에 근거해서 펼쳐진다. 그렇다면 역사서술 또는 역사학에서 시간담론은 구체적으로 어떤 양상으로 전개되는지 지금부터 자세히 살펴보자.

---

16 Heidegger, op. cit., p.121.

3. 역사적 시간의 이론과 실제

마르크 블로흐는 『역사를 위한 변명』에서 역사학을 단순히 '인간에 관한 학문'이 아니라 "시간 속의 인간에 관한 학문"이라고 정의했다.[17] 그 점에서 역사학은 그저 죽은 과거의 흔적만을 추적하는 고고학과 다르고, 원주민의 생활습속을 연구하는 인류학과도 다르며, 추상적이고 보편적인 의미의 인간 본성을 탐구하는 철학과는 더더욱 다르다. 역사학은 과거의 특정한 시간대에 실존했던 사람들의 삶의 궤적을 연구함으로써, 즉 특정 환경과 조건에 처한 인간 행동과 태도를 연구함으로써 시간의 흐름 속에서 변화하는 인간의 본성을 탐구하는 매우 경험적인 학문이다. 이때 시간은 우리가 앞에서 보았던 단지 추상적이고 철학적으로 정의된 시간이 아니라 실제의 사건과 현상이 전개되었을 때 함께 병존했던 바로 그 특정 과거의 시간이기에, 그리고 이때 사람 역시 그 특정한 환경과 조건에서 다른 사람들과 부대끼며 상호작용한 실존했던 인간이기에, 역사학은 다른 어느 학문보다도 더 구체성, 현실성, 경험성이 중시되는 학문이다. 따라서 시간은 역사학을 구성하는 요소들 중에서도 가장 핵심적인 요소라고 할 수 있다. 시간이 없다면 역사학은 존재할 수 없다. 역사학은, 앞서 말했듯이, 시간을 파먹고 사는 학문이라고 할 수 있다. 만일 시간 또는 변화에 대한 감각이 없거나 둔한 역사가가 있다면, 그는 직업을 잘못 선택한 꼴이 된다. 그만큼 역사에서 시간이 차지하는 가치와 위상은 절대적이다. 그런데 똑같은 '시간'이나 '현재'라는 개념이라도 이 개념들

---

17 Marc Bloch, *Apologie der Geschichte oder der Beruf des Historikers*, ed. Lucien Febvre, trans. S. Furtenbach, Stuttgart : Klett-Cotta, 1992, pp.41~43.

이 우리가 앞에서 보았던 것처럼 철학에서 논의될 때와, 이제 앞으로 보게 될 것처럼 역사에서 논의될 때 서로 다른 의미가意味價를 가질 수밖에 없다. 그렇다면 역사에서 시간이란 무엇인가? 그리고 역사학에서 시간은 어떤 기능과 역할을 갖는가? 역사학에서 시간과 관련된 주제와 논점들은 어떤 것들이 있으며, 이 주제들은 과연 어떤 식으로 이론화 또는 담론화될 수 있는가? 시간은 역사학에서 어떤 식으로 활용되어 왔고 또 전개되어 왔는가? 이런 문제들을 하나하나 짚어 나가보자.

1) 기억 – 역사적 시간의식의 출발점

기억은 현재를 기점으로 과거를 재현하는 능력이다. '지금의 내'가 '특정 과거의 일'을 회상함으로써 과거의 일을 현재의 시점에 되살려낼 때, 우리는 '기억해낸다'고 표현한다. 그 점에서 베르그송은 기억을 '개인의 실존적인 체험'이자 '주관적인 시간의식'이라고 정의했다. 이렇게 이해된 기억은 과거를 현재에 이어주는 매개적 도구이자 역사적 시간의식의 출발점이 된다.

기억은 매우 복합적이고 다양한 특징을 갖는다. 기억은 개인적이고 주관적이면서도 여러 사람들의 공통의 이해관계에 따라 형성되기도 하기에 집단적이고 사회적인 성격도 갖는다. 기억은 또 회상하는 주체가 기억의 대상에 대해 계속해서 수정을 가한다는 점에서 가변적이고 유동적이다. 그 점에서 기억은 선택적이고 재구성적이다. 또 기억은 개인기억이든 집단기억이든 그것이 존재하는 시공간에 따라 광범위한 변이를 보이게 되고, 단일 사건에 대해서도 여러 개의 집단기억이 성립할 수 있다. 이러한 집단기억의 경우, 누가 무엇을 왜 기억하느냐에 따라 기억의 내용이나 방향이 달라질 수 있는데, 이처럼 기억은 특정 집단에 의해 의도적으로 재구성된 것이기에 정치적이고 권력적인 성향까지 갖는다.

그렇다면 기억은 역사 또는 시간과 구체적으로 어떻게 연결될까? 집단기억에 초점을 맞출 경우, 기억이 제도화되면 역사가 된다. 1차 사료이자 원原사료로서의 기억은 선택되고, 가공되고, 공식화되면서 역사로 탈바꿈한다. 거꾸로 말하면 역사란 가공되고 제도화되고 공식화된 2차 기억인 셈이다. 기억을 통해서 역사가 이루어지고, 기억이 없다면 역사 또한 없다. 이처럼 기억이 역사와 연결되면서 시간의 요소가 개입된다. 역사성은 시간성을 기반으로 형성된다. 독일 철학자 셰플러R. Schaeffler는 "오직 시간적 현재 안에서만 자신의 존재를 경험하고, 포착하고, 실현할 수 있"는 인간을 포함한 모든 존재가 결국 시간적 존재인데, "시간성"이란 이처럼 바로 "존재자가 존재하는 하나의 방식"이고 "역사성"이란 "자유로운 존재의 이 특별한 시간성"을 말한다고 주장했다.[18] 기억과 역사는 이처럼 시간을 매개로 연결된다.

2) 역사적 시간의식—역사주의와 현재주의

그렇다면 기억과 역사를 연결시켜주는 의식으로서 역사적 시간의식

---

18 Richard Schaeffler, *Die Struktur der Geschichtszeit*, Frankfurt a. M. : Vittorio Klostermann, 1963, pp.1~4.

은 어떻게 형성되고 발현될까? 이 문제를 두 가지 상반된 입장의 검토를 통해 우회적으로 접근해보자. 역사적 시간의식을 극명하게 대립적으로 보여주는 이데올로기로 역사주의와 현재주의가 있다. 시간의 변화에 대한 감각을 토대로 개체의 고유한 특성이 시간의 발전과정 속에서 구현된다고 주장하는 역사주의의 현실적 목표는 역사연구와 서술의 단위가 되는 개체의 역사를 구체적으로 파악하고 기술하는 것이다. 역사주의자들의 관점에서 보자면, 특정 개체의 특성만이 아니라 그것의 본질과 실체조차 그 자신의 역사를 통해서만 올바로 이해될 수 있다.[19] 반대로 현재주의는 모든 역사연구와 기술이 결국 현재의 관점과 입장 위에서 이루어진다고 주장한다. 이 주장은 '필연'과 '당위'를 모두 포괄한다. 다시 말해 현재주의자들은 모든 역사가 현재에서 출발할 수밖에 없고 또 출발해야만 한다고 역설한다. 이 경우 제아무리 충실히 재구성된 과거라 할지라도 그 과거는 있는 그대로의 과거가 아니라 현재에 의해 채색되고 수정된 과거일 수밖에 없다. 그 점에서 크로체[B. Croce]는 모든 진정한 역사가 "현재사"라고 했고,[20] 비어드[Ch. A. Beard]도 역사를 "과거에 대한 현재의 사상"이라고 했으며,[21] 베커[C. L. Becker] 역시 "절대적이고 불변하는 역사"조차 누구나 그 자신의 역사를 기억하고 그 자신의 역사를 재구성하며 살

19 Cf. Giambattista Vico, *Prinzipien einer neuen Wissenschaft über die gemeinsame Natur der Völker*, trans. Vittorio Hösle & Christoph Jermann, 2 Vols., Hamburg : Felix Meiner, 1990; Johann Gustav Droysen, *Historik : Vorlesungen über Enzyklopädie und Methodologie der Geschichte*, ed. Rudolf Hübner, München : R. Oldenbourg, 1960; Friedrich Meinecke, "Die Entstehung des Historismus", F. Meinecke, *Werke* Vol.3, ed. C. Hinrichs, München : R. Oldenbourg, 1957, etc.

20 Benedetto Croce, *Theorie und Geschichte der Historiographie*, Tübingen : J. C. B. Mohr (Paul Siebeck), 1930, p.4.

21 Charles Austin Beard, "Written History As an Act of Faith", *American Historical Review* Vol.39, 1934, pp.219~229.

아가는 일반인이 만들어가는 '주관적이고 변화하는 역사'에 의해 상대화된다고 주장했다.[22]

흔히 역사주의는 과거에 방점을, 현재주의는 현재에 강조점을 둔 것으로 이해하지만, 사실 이 두 이데올로기는 모두 '현재'라는 시간차원을 그 중심에 두고 있거나 아니면, 적어도 '현재'로부터 논의를 시작한다.[23] 물론 이때의 현재는 철학에서 논의되는 의미에서의 '현재'가 아니라 특별히 역사와 연관되어 있다는 점에서 '역사적 현재'를 말한다. 우리는 역사적 현재가 모든 역사 연구의 출발점이라는 점, 반대로 모든 진정한 역사 연구는 역사적 현재에 대한 냉철한 인식이 없이는 불가능하다는 사실을 제대로 인지할 필요가 있다.

이렇게 보면 역사적 시간의식이란 줄여서 '역사의식'이라 할 수 있고, 역사의식은 달리 표현하면 '과거에 대한 현재의식'이라고 할 수 있다. 왜냐하면 현재를 중심으로 과거를 성찰하거나 탐구하는 작업이 바로 역사이고, 이 과정에서 또는 그 작업의 결과로 형성되는 의식이 바로 역사의식이기 때문이다. 현재는 기억을 매개로 과거와 연결되는데, 기억을 매개로 현재에 재현된 과거가 바로 역사다. 이때 이 모든 과정을 연결시켜주는 끈 또는 고리 역할을 하는 연결형식이 바로 시간이다. 이 맥락을 가령 축구경기(과거)를 집안(현재)에서 중계방송(시간)으로 관람하는 것으로 비유해보자. 이때 축구경기라는 콘텐츠는 '원래의 내용'으로서 과거에 있었던 사실 또는 기억에 해당하고, 방송국에서 송출하는 방송전파는

---

22 Carl Lotus Becker, "Everyman His Own Historian", *American Historical Review* Vol.37, 1932, pp.222~223.
23 최성철, 「'현재'에 대한 역사적 성찰―역사주의와 현재주의를 중심으로」, 『역사와 경계』 53호, 부산경남사학회, 2004, 237~266쪽.

'과정적 형식'으로서 시간에 해당하며, 그렇게 해서 텔레비전을 통해 구체적으로 재현된 영상, 즉 '가공된 내용'이 바로 역사다. 이런 비유를 통해서 명확히 드러나듯이, 역사적 시간에서도 철학적 시간에서와 마찬가지로 '현재'가 중요한 개념으로 자리 잡고 있음을 알 수 있다.

3) '역사적 시간'—근대적 시간의식

서양에서 근대가 열리던 1750년에서 1850년 사이의 격동의 시기는 역사 개념 자체가 폭발적으로 사유되고, 논의되며, 표현되던 때다. 산업혁명, 미국혁명, 프랑스혁명 등 각종 혁명, 나폴레옹이 벌인 유럽 정복과 이후 등장한 새로운 유럽 질서로서 비인체제, 벨기에와 그리스 또는 브라질과 볼리비아와 같은 유럽과 중남미의 수많은 신생국가들의 독립 등 수많은 사건들이 연이어 터지면서, 그리고 사회가 정신없이 변해가자 사람들은 '역사'에 대해 그 어느 때보다도 많이 생각하게 되었고 그 생각을 말이나 글로 밝혀나갔다. 18세기 계몽주의 시대에 만들어졌으나 18세기 말에서 19세기 초반의 낭만주의 시대에 만개한 '역사철학'이 새로운 연구 분야로 자리를 잡았고, 한 개체의 고유한 특성은 시간의 변화 속에서 또는 역사의 발전과 더불어 발현된다는 '역사주의' 사상이 등장했으며, 이러한 시대적 분위기와 맞물려 가장 빛나는 성과로 근대 학문으로서 '역사학'이 태동했고, 유명한 역사가와 역사서들이 대거 우후죽순처럼 탄생했으며, 실제 역사를 소재로 한 소설로서 '역사소설'이라는 새로운 문학 장르가 만들어졌고, 역사를 주제로 한 그림으로서 '역사화'가 활성

화됐으며, 심지어 절충적 성격의 역사주의 건축양식까지 성행하면서 이른바 '역사'와 관련된 모든 분야가 상종가를 쳤던 것이다. 그 당연한 결과로 사람들 사이에 시간의식도 매우 민감하게 발달하기 시작했는데, 특히 자신들이 살던 시대의 역사 진행 속도가 그 이전 어느 시기보다도 더 빠르다는 의미의 '시간의 가속화'에 대한 관념과 이론이 확립된 것도 바로 이 시기다. 이러한 상황에서 '역사적 시간'이라는 개념이 등장하게 되는데, 이것은 어쩌면 당연한 것을 넘어서 필연적인 현상처럼 보인다.[24]

'역사적 시간'이라는 개념과 관련해서는 크게 두 가지 담론이 눈에 띈다. 하나는 그것이 근대에 만들어진 개념, 즉 '근대적 시간'이라는 것이고(코젤렉), 다른 하나는 그것이 이야기를 담고 있는 시간, 즉 '서사적 시간'이라는 것이다.(리쾨르)

먼저 첫 번째 관점부터 살펴보자. 코젤렉R. Koselleck에 따르면, 1500년에서 1800년 사이, 역사적 사건으로 치면 종교개혁에서 프랑스혁명까지의 시기 동안에 "역사가 시간화되었고, 그 끝에 우리의 현대를 특징짓는 독특한 종류의 가속화가 일어났다."[25] 다른 말로 풀이하면, 근대에 수많은 역사적인 사건들을 경험하고서야 비로소 사람들은 시간의식을 갖기 시작했고, 역사에서 시간이 갖는 의미와 가치를 새롭게 인식하게 되었다는 뜻이다. 역사를 통한 의미 있는 굴곡진 경험이 시간에 대해 강하고 민감한 의식을 갖도록 만든 원인자, 원동력이 되었다는 것이다.

물론 역사와 관련된 시간관념이 근대 이전에 아예 없었다거나, 아니면

---

24 이 절에서의 설명은 다음 문헌을 많이 참조하거나 인용했음을 밝혀둔다. 최성철, 「역사에서의 시간—코젤렉과 리쾨르의 시간담론을 중심으로」, 『한국사학사학보』 32호, 한국사학사학회, 2015, 423~453쪽.
25 Koselleck, op. cit., p.19.

전근대 시기의 사람들이 모두 역사나 변화, 시간에 대해 무감각했다고 주장하는 것은 분명 억지이거나 과장일 것이다. 하지만 근대가 태동하는 그 중요한 시기에 시간, 변화, 과정, 역사 등과 같은 개념들이 그 이전 어느 시기보다도 더 적극적으로 사유되거나 논의되기 시작했고, 그저 단순한 시간이 아니라 역사적으로 보았을 때 질적으로 완전히 다른 시간, 더 정확히는 역사라는 관념과 함께 사유했을 때 비로소 그 의미와 가치가 확연히 드러나는 시간으로서 '역사적 시간'이라는 관념이 이 당시에 만들어졌던 것은 사실이다. 자신들이 살던 현재가 이전의 다른 모든 시기의 현재와 비교했을 때 현저하게 다르며, 사회 또한 급속히 변화해간다는 것을 의식할 때 형성되는 '시간의 가속화'라는 개념과 더불어 말이다.

다음으로 역사적 시간이 서사적 시간이라는 논점에 눈을 돌려보자. 리쾨르P. Ricoeur에 따르면, '역사적 시간'은 한쪽 끝의 객관적 시간과 다른 한쪽 끝의 주관적 시간범주의 간극을 불완전하게나마 메워주는 매개적 시간이다. 여기서 '역사적 시간'이란 이야기로 꾸며진 시간, 즉 '서사적 시간'을 말한다. 역사적 시간에는 이야기, 서사가 핵심 구성요소를 이루기 때문이라는 것이다. 삶을 살아가는 다양한 모습으로서 인간들의 이야기가 바로 시간이라는 좌표 안에 얽혀 들어감으로써 우주적 시간(객관적 시간)과 현상학적 시간(주관적 시간)이라는 양 극단의 시간은 매개된다. 여기서 서사는 두 개의 양 극단의 시간범주를 연결해주는 가교架橋 또는 매체媒體의 기능과 역할을 수행한다. 그래서 리쾨르는 "시간은 서술적 양태로 엮임으로써 인간의 시간이 되며, 이야기는 그것이 시간적 실존의 조건이 될 때 그 충만한 의미에 이른다"고 주장한다.[26] 우주적 시간 안에 인간들의 삶이 들어찼을 때 그 시간은 인간적 시간이 되고, 다시 그 인간적

이야기들은 시간이라는 구조 속에 엮여 있을 때 비로소 완전한 의미를 갖게 된다는 뜻이다. 시간과 서사는 씨줄과 날줄, 즉 형식과 내용으로 서로 엮이며 완전한 구조물을 형성한다.

물론 역사적 시간이라는 것이 서사로만 구성되어 있다거나, 서사가 없다면 시간이 없고 반대로 시간이 없다면 서사 또한 있을 수 없다고 주장한다면, 이것은 분명 지나친 주장일 것이다. 왜냐하면 서사가 시간을 구성하는 한 요소는 될 수 있을지 모르지만 유일한 요소라고 말하는 것은 독단이기 때문이다. 더군다나 역사적 시간이 객관적 시간과 주관적 시간을 연결해주는 것에만 기능이 한정되어 있다고 이야기하는 것도 어폐가 있다. 역사적 시간은 앞으로 살펴볼 것처럼 그 외에도 많은 기능과 역할, 많은 함의와 특징을 지니고 있기 때문이다. 그러나 이 모든 한계들을 감안한다 하더라도, 시간이 그 자체로 의미 있다기보다 인간들의 삶, 경험, 사건, 이야기, 서사 등의 내용으로 채워져 있다는, 그래서 역사적 시간이란 곧 "이야기된 시간le temps racomté"이자 서사적 시간을 의미한다는 리쾨르의 주장이 부정될 수는 없다.

4) 시대구분 – 역사가의 작업가설

지금까지 역사에서 시간을 이념과 사상의 차원에서 다루었다면, 이제 본격적으로 역사작업의 실제에서 시간이 어떻게 활용되는지 살펴보자.

---

26 Paul Ricœur, *Temps et récit*, Paris : Éditions du Seuil, 1983~1985, 김한식 외역, 『시간과 이야기』 전3권, 문학과지성사, 1999, 제1권(=줄거리와 역사 이야기), 125쪽.

먼저 역사연구와 서술에서 가장 일반적으로 쓰이는 시대구분부터 살펴보자. 역사의 각 구역을 나누는 기준선은 시간이다. 역사를 접하다 보면 흔히 '역사시기'니 '역사시대'니 하는 말들을 하게 되는데, 이 용어들은 구체적으로 역사의 전문용어인 '시대구분periodization'이라는 작업을 통해 나온 결과물들이다. 시대구분은 역사가의 작업가설에 속한다. 역사를 연구하고 그 연구한 내용을 서술하는 데 작업상의 편의를 위해 임의의 선을 긋고, 그 구분선에 따라 역사의 내용들을 분류하고 배치한다. 시대구분에 따라 동일한 역사적 사건이나 현상이라도 다르게 배치되거나 서술됨으로써 전혀 다른 의미와 가치를 가질 수 있다. 심하게 표현하면 시대구분을 어떻게 하느냐에 따라 동일한 역사적 사건이나 현상이라 하더라도 그 의미나 가치뿐만이 아니라 심지어 내용까지 달라질 수 있다. 카Edward H. Carr의 말대로 역사에서 해석이 중요한 위치를 차지한다면,[27] 역사 해석의 근간과 골격이 바로 시대구분을 통해 이루어지는 한, 역사(학)에서 시대구분의 중요성은 아무리 강조해도 지나침이 없다.

시대구분과 시간의 연관성은 명약관화하다. 만일 우리가 독일 역사가 쉬더Th. Schieder를 따라 역사에는 두 종류의 시간, 즉 "'객관적인' 측정 가능한 시간"과 "'추상적인' 주관적 시간"이 있다는 것을 인정한다면,[28] 시대구분은 당연히 첫 번째의 시간과 연관되어 이루어진다. 만일 역사서술의 비교적 초기 양식으로서 '연대기'나 '연감' 또는 '연보' 등이 측정 가능한 객관적 시간을 기준으로 이루어지는 최초의 작업 성과물이라면, 일반 역사서술에서 활용되는 '시대구분'은 측정 가능한 객관적 시간을 기

27　Edward Hallett Carr, *What is History?*, Middlesex : Penguin, 1961, pp.7~30.
28　Theodor Schieder, *Geschichte als Wissenschaft*, München : R. Oldenbourg, 1965, p.74.

준으로 이루어지는 두 번째의 작업 성과물이라고 할 수 있다. 쉽게 설명하면, 연대기나 연감이 연도나 연대를 기준으로 서술되는 만큼 자연적 시간을 원재료로 해서 내놓은 무無가공의 작업 성과물이라면, 시대구분은 역사사건과 역사현상들, 즉 다소 주관성이 개입된 역사의 내용들을 토대로 기획, 표현되는 만큼 자연적 시간에 대한 2차 작업의 결과물, 요컨대 작업 가공물인 셈이다. 그 점에서 역사가들이 행하는 시대구분 작업에서는 객관적으로 측정 가능한 시간(코젤렉의 용어로 '자연적 시간')과 개인에 의해 받아들여진 추상적인 주관적 시간(리쾨르의 용어로 '현상학적 시간')이 모두 개입된다. 앞의 시간은 시대구분의 형식으로서, 뒤의 시간은 시대구분의 내용으로서 각각 참여한다. 시대구분을 하나의 건축물에 비유했을 때, 객관적 시간은 그 기초와 기둥 등 골격을 차지하고, 주관적 시간은 그 나머지 구성물에 해당한다. 육체에 비유하면, 객관적 시간은 뼈에 해당하고, 주관적 시간은 살에 해당한다. 뼈와 살을 모두 갖추었을 때 인간이 살아 움직일 수 있듯이, 역사에서도 역시 객관적 시간과 주관적 시간이 모두 고려되었을 때 비로소 시대구분이 제 기능과 역할을 수행하면서 유의미해진다.

주지하다시피 서양에서 역사서술에서의 시대구분 작업은 르네상스 시기 인문주의자들에 의해 처음으로 이루어진다. 자신들이 살던 시대를 근대modern age로 보았고, 자신들이 복원시키고자 했던 조상들의 화려한 황금시대를 고대ancient age, 그리고 그 중간에 끼어 있는, 종교가 지배하던 암흑시대를 중세middle age라고 불렀다. 이렇게 해서 탄생한 역사시대의 3분법은 훗날 그리고 오늘날 4분법(고대-중세-근대-현대) 또는 5분법(고대-중세-이행기-근대-현대) 등 다양한 방식으로 변형, 분류되고 있다. 그밖에도 왕조가 교체되거나 군주정에서 공화정으로 바뀌는 것과 같은 정치적 지배체제의 변화의 관점에서, 또는 하나의 사회계급이 피지배계급에서 지배계급으로 바뀌는 것과 같은 사회신분의 변화의 관점에서, 아니면 봉건제에서 자본주의로 바뀌는 것과 같은 경제적 시스템의 변화의 관점에서, 심지어 계몽주의에서 낭만주의로 바뀌는 것과 같은 문화나 예술 또는 사상의 사조나 양식상의 변화의 관점에서, 마지막으로 드물긴 하지만 다신교에서 일신교로 바뀌는 것과 같은 종교적 변화의 관점에서 시대구분을 하는 경우도 있다.

시대구분은 아무리 주관적이거나 사회적인 시간개념을 기준으로 나눈다 할지라도 궁극적으로는 자연적 시간개념을 무시하고서 이루어지지 않는다. 자연적 시간을 배제한, 즉 순전히 주관적, 심리적 시간개념만을 전제로 한 시대구분은 불가능하다고 할 수 있다. 더구나 오늘날 일고 있는 지구사, 거대사, 환경사와 같은 새로운 경향의 역사학에서는 자연적 시간개념이 거의 절대적인 기준선으로 제시된다.[29]

---

29 Cf. 데이비드 크리스천, 김서형·조지형 공역,『세계사의 새로운 대안—거대사』, 서해문집, 2009; 파멜라 카일 크로슬리, 강선주 역,『글로벌 히스토리란 무엇인가—세계사에서 지구사로, 역사학의 최전선』, 휴머니스트, 2010; 조지형·김용우 공편,『지구사의 도전—어떻게 유럽중심주의를 넘어설 것인가』, 서해문집, 2010; 김기봉, 「환경사란 무엇인가—환경과 인간의 상호작용의 역사」,『서양사론』100호, 한국서양사학회, 2009, 5~37쪽; 데이비드 아널드, 서미석 역,『인간과 환경의 문명사』, 한길사, 2006; 도날드 휴즈, 표정훈 역,『고대문명의 환경사』, 사이언스북스, 1998 등.

5) 연대기와 역사서사―물리적 시간과 심리적 시간

시대구분이 역사를 연구하거나 서술할 때 필요한 기본적인 틀이라면, 이제 본격적으로 역사를 서술할 때는 하나하나의 개별적 시간단위가 사용된다. 즉 역사를 서술할 때 시간단위는 형식의 기본을 이룬다. 역사서술의 대표적인 형식으로 연대기와 연감이 있다.[30] 연대기와 연감은 모두 시간을 기준선으로 해당 연도에 무슨 일이 발생했는지를 기록한다. 이 두 형식의 역사서술은 모두 로마시대에 등장했지만(리비우스, 타키투스 등), 중세 때 교회나 도시의 역사를 기록할 때 쓰이면서 독자적으로 발전하여 새로운 형식으로 진화해갔다. 특히 연대기 양식은 근대의 역사서술이 펼쳐지던 18세기 후반까지도 역사서술의 가장 원초적이고 기본적인 형식으로 많이 활용되었다. 근대 역사학이 탄생한 19세기에 들어와서야 비로소 이 두 형식의 역사서술은 서서히 자취를 감추게 된다. 연대기나 연감에서 중요한 점은 시간을 중심에 두고 사건을 배열한다는 것이다. 시간이 선先이고 사건이 후後인 셈이다.

그런데 여기서 특이한 점은 역사의 기본 형식인 연대기와 연감이 서양에서 역사서술의 출발점이었던 고대 그리스가 아니라 모두 로마시대에 등장했다는 점이다. '역사의 아버지'라 불리는 헤로도토스는 말할 것도 없고, 투키디데스, 폴리비오스 등 그리스의 쟁쟁한 역사가들은 모두 연대기나 연감의 형식과는 너무도 거리가 먼 방식으로 역사를 서술했다. 그들에게는 서사, 즉 사건이 중요했고, 한결같이 하나의 특정 주제들이

---

30 '연감'은 다른 말로 '연보'라고도 하는데, 여기서는 '연감'으로 통일해서 사용하고자 한다.

있었다. 가령 헤로도토스는 페르시아 전쟁과 리디아, 이집트, 페르시아, 스키티아 등 비非그리스 세계의 풍속과 역사를 주제로 역사를 썼고, 투키디데스는 펠로폰네소스 전쟁을 주제로 썼으며, 폴리비오스는 로마가 짧은 시간 안에 지중해 주변의 세계를 모두 정복하면서 발전해나간 특이한 현상과 그 원인 규명을 위해 역사를 써나갔다. 모두 주제와 사건과 서사가 있는 가장 최근의 역사를 썼다. 더구나 그리스인들은 놀랍게도 자신들의 과거와 역사에 대해 무지한 사람들이었다고 한다.[31] 그 점에서 고대 그리스 역사가들이 썼던 역사는, 좀 과장하면, 오늘날의 의미의 역사였다기보다는 기껏해야 '최근에 발생한 큰 사건에 대한 기록'에 불과했다. 물론 그들의 역사서 안에 시간요소가 배제되었던 것은 아니지만, 시간보다 더 중요했던 것은 서사와 주제였다.[32] 사건이 선先이고 시간이 후後였던 셈이다.

위의 두 종류의 역사서술의 형식을 그리스인들의 용어로 표현하면, 앞의 것(연대기와 연감)은 크로노스chronos에 해당하고, 뒤의 것(역사서사)은 카이로스kairos에 해당한다. 그 이유는 크로노스가 달력이나 시계로 표현되고 연속성을 내포하는 동질적이고 비어 있는, 끝없이 지속되는 천체의 물리적 시간을 뜻한다면, 카이로스는 적절한 때나 절호의 기회 또는 구원과 같은 결정의 순간을 나타내는, 인간 주체의 충족되고 완성된 심리적 시간을 의미하기 때문이다. 그리고 사건은 개별적이라는 점에서 독특

---

31 Gerald James Whitrow, *Time in History : View of Time from Prehistory to the Present Day*, Oxford : Oxford University Press, 1988.(이종인 역, 『시간의 문화사』, 영림카디널, 1998, 82쪽)

32 Hermann Fränkel, *Wege und Formen frühgriechischen Denkens*, München : C. H. Beck, 1968, p.85. "헤로도토스는 연대기에 관심이 없었다. 시간은 그에게서 아직 생의 굴곡들의 좌표가 아니었다."

하고 특수하다면, 시간은, 적어도 연대기적 시간은 동질적이라는 점에서 일반적이고 보편적이다.[33] 이렇게 본다면 역사란 개체적인 사건과 초개체적인 시간이 결합되어 구성되는 것이다.

결국 연대기와 역사서사의 근본적인 차이는, 좀 단순화시켜 얘기하자면, 역사서술 안에서 시간을 주主로 보느냐, 종從으로 보느냐의 차이일 수 있다. 서양의 각 시기에 따라 이 둘 중 어느 하나의 양식이 다른 양식보다 더 선호되기도 했지만, 오늘날까지도 그 두 양식은 사라지지 않고 존속한다. 물론 역사서사는 제도권 및 재야 역사학계와 교육학계를 비롯한 대부분의 분야에서 주된 양식으로 두루 사용되고 있고, 연대기나 연감 양식은 사건이나 사고의 기록을 목적으로 하는 관청에 주로 한정되어 사용되고 있다는 차이는 있지만 말이다. 또 동일한 역사적 사건이나 현상이라 하더라도 관점과 역점의 차이에 따라 역사서사(카이로스)에서와 연대기(카이로스)에서 다른 의미와 가치를 갖고 서술될 가능성도 있다. 결국 역사는 시간(크로노스)이라는 형식에 사건(카이로스)이라는 내용물이 들어갔을 때 비로소 제 모습을 완성해가는 구조물이다. 그렇기에 여기서 형식(시간)이 더 중요하냐, 내용(사건)이 더 중요하냐를 따져 묻는 것은 닭이 먼저냐, 달걀이 먼저냐를 따져 묻는 것만큼이나 어리석은 짓이다.

---

33 Schaeffler, op. cit., p.376.

6) 역사적 시간의 속성들 – 연속성, 서사성, 상대성

지금까지 역사적 시간이 무엇이고 어떻게 활용되는지를 살펴보았다. 이제는 마지막으로 역사적 시간이 어떤 속성을 갖고 있는지 정리해보자. 여러 속성들을 가질 수 있지만, 크게 세 가지 정도로 압축된다. 미리 밝혀 둘 점은, 이 속성들이 반드시 '역사적 시간'에만이 아니라 모든 종류의 시간, 가령 '철학적 시간'에도 적용될 수 있다는 것이다.

먼저 '연속성continuity'이다. 역사 개념 일반을 논할 때 자주 등장하는 개념이 바로 이 연속성이다.[34] 연속성은 역사와 시간의 '과정적 관점'이 교차할 때 등장하는 개념이다. 요컨대 그것은 역사와 시간을 '과정'으로 연결시켜준다. 시간의 연속성을 최초로 이론화한 사람은 아리스토텔레스였다.[35] 칸트도 시간의 세 속성을 "지속성, 연속성, 동시성Beharrlichkeit, Folge und Zugleichsein"이라고 규정했는데,[36] 지속성이 '영원'을, 동시성이 '현재'를 각각 상징한다면, 연속성이야말로 유일하게 '시간'을 온전히 지시한다. 그리고 역사에서의 연속성은 "시간의 동질화Homogenisierung der Zeit"를 전제로 한다.[37] 역사 속에서 동질적인 시간을 찾아냈을 때 우리는 '연속성'을 정당화할 수 있기 때문이다. 불연속을 야기하는 수많은 이질

---

34 Cf. Hans Michael Baumgartner, *Kontinuität und Geschichte : Zur Kritik und Metakritik der historischen Vernunft*, Frankfurt a. M. : Suhrkamp, 1972.

35 Klaus Mainzer, *Zeit : Von der Urzeit zur Computerzeit*, München : C. H. Beck, 2002.(두행숙 역, 『시간이란 무엇인가? – 태고의 시간에서 컴퓨터 시간까지』, 들녘, 2005, 33쪽)

36 Kant, op. cit., p.217.(＝*Die Kritik der reinen Vernunft*, A 177, B 219) 여기서 독일어의 Folge (결과)는 어떤 일의 결과가 계속해서 연결되어 있음을 뜻하기 때문에 더 정확히 번역하면 '연속성'보다는 '연계성'이나 '연결성' 등이 맞지만, 그 의미상 큰 차이가 없기 때문에 '연속성 (Kontinuität)'으로 번역했다.

37 Horst Günther, *Zeit der Geschichte : Welterfahrung und Zeitkategorien in der Geschichtsphilosophie*, Frankfurt a. M. : Fischer Taschenbuch Verlag, 1993, p.156.

적인heterogen 시간을 배제함으로써 의도적인 지속성만을 추출할 위험성
은 있으나, 어쨌든 그러한 작업이 없다면, 우리는 역사에서의 연속성을
인식할 수도 인정할 수도 없다. 역사에서의 연속성 개념은 또한 지속성
duration 개념으로 대체될 수 있다. 시간은 '수많은 지금들의 끝없는 연결'
이라는 점에서, '지금들의 지속', '현재의 지속성'으로 정의된다.

　다음은 '서사성narrativity'이다. 이미 이야기와 시간의 연관성에 대한 리
쾨르의 저작 『시간과 이야기』를 통해 자세히 드러났듯이, 역사에서의 기
본 내용을 차지하는 서사는 사건을 통해 시간과 떼려야 뗄 수 없는 밀접
한 관계 속에서 자신의 위상을 드러낸다. 그 점에서 서사성은 역사와 시
간의 '사건적 관점'의 교차점을 형성한다. 한마디로 역사와 시간을 '사
건'으로 연결시켜주는 개념이 바로 서사성이다. 시간 그 자체는 공허한
형식일 수 있다. 그 공허한 형식에 알찬 내용을 사건이 제공한다면, 서사
는 시간의 내용이 된다. 그 점에서 서사성은, 엄밀하게 말해서 역사에서
의 시간의 속성이라기보다는 그것의 내용을 구성한다.

　마지막으로 '상대성relativity'이다. 여기서 상대성이란 시간 자체가 상대
적이라는 뜻이 아니라 시간의 변화를 통한 역사인식과 역사진술이 상대
적일 수 있다는 의미다. 즉 역사인식과 역사진술의 입장구속성을 표현하
는 특수개념이라고 보면 된다. 그 점에서 상대성은 역사와 시간의 '변화
적 관점'의 교차점에 의해 형성된 개념이다. 환언하면, 역사와 시간을 '변
화'로 연결시켜주는 개념이 바로 상대성이다. 변화는 절대성을 무력화시
키고 반대로 상대성을 무장시켜주는 중요한 개념이다. 이 세상에 변하지
않는 것은 없다. 그렇기에 이 세상에 절대적인 것은 없다. 이러한 논제들
을 정당화할 때 도입되고 애용하는 개념으로서 '변화'는 많은 역사가들에

의해 '역사의 본질'로 규정되어왔다.[38] 물론 20세기에 들어와 프랑스의 아날학파에 속하는 많은 역사가들이 역사를 탈시간화하고[39] 구조화시키면서 변화보다 변하지 않는 구조 또는 장기지속에 관심과 방점을 찍었던 경향이 있긴 했지만, 역사에서 변화를 온전히 부정할 역사가는 없다.

이외에도 더 많은 시간의 속성이나 특징들이 언급될 수 있을지 모른다. 그렇다고 하더라도 위에서 언급된 세 속성들이 시간의 중요한 특징을 나타낸다는 사실이 부정될 수는 없다. 하지만 다른 관점에서 보면, 위에서 언급된 세 속성들은 어쩌면 시간의 속성이나 특징이라기보다는 각각 역사적 시간의 형식(연속성)과 내용(서사성)과 결과(상대성)를 말하는 것으로 이해할 수도 있다. 이렇게 되면 '역사적 시간'의 본질적인 특징은 무엇인가, 라는 의문은 여전히 유효하다고 할 수 있다.

4. 결론 – 역사와 시간

이제 끝으로 역사적 시간이란 무엇인가를 몇 가지 테제 형식으로 종합해보자.

첫째, 누누이 강조했듯이 시간은 역사와 매우 밀접한 관련을 맺는다. 시간은 역사연구의 좌표, 기준점, 중심, 핵, 축이다. 역사의 개념, 연구, 방

---

38 Jacob Burckhardt, *Über das Studium der Geschichte*. Der Text der "Weltgeschichtlichen Betrachtungen" auf Grund der Vorarbeiten von Ernst Ziegler nach den Handschriften, ed. Peter Ganz, München : C. H. Beck, 1982, p.151.

39 Philippe Ariès, *Zeit und Geschichte* (Originaltitel : *Le Temps de L'Histoire*, Éditions du Seuil, Februar 1986), trans. Perdita Duttke, Frankfurt a. M. : Athenäum Verlag, 1988, p.227.

법, 서술 등 역사학의 모든 영역에서 시간을 빼놓고는 더 이상 논의나 작업을 진행시킬 수 없을 정도다.[40] 심지어 시간과 거의 무관해 보이는 구조를 준거로 역사를 연구하고 서술하는 아날학파의 구조사나 전체사에서조차, 가령 이들이 분류한 '단기지속', '중기지속', '장기지속' 등의 개념에서 알 수 있듯이, 시간은 역사 흐름의 기준 역할을 한다.

둘째, 역사적 시간은 기계적으로 이해된 우주적, 자연적, 물리적 시간과 달리 경험, 이야기, 서사로 채워진 시간이다. 따라서 연대기, 연감(연보), 역사서사 등 다양한 역사서술 양식들은 자연적 시간을 이용은 하되, 그 내용은 언제나 사건들, 인물들, 경험들로 채워 넣는다. 바로 이 때문에 벤야민은 "역사를 서술한다는 것은 연도年度들Jahreszahlen에 그들의 관상Physiognomie을 부여하는 것을 뜻한다"고 설파했다.[41] 역사서술이란 시간에 이미지를 부여하는 행위다. 역사를 서술한다는 것은 '시간을 공간화하는 작업'이다.

셋째, 역사적 시간은 역사연구와 역사서술에서 실제로 다양하게 활용된다. 연대기나 연감 같은 역사서술은 말할 것도 없고, 시대구분과 같은 역사작업에서도 시간은 핵심도구로 쓰인다. 위에서 언급한 첫 번째 테제, 즉 시간이 역사의 좌표이자 준거라고 말했을 때의 시간이 '역사의 형상form'이라면, 이 세 번째 테제, 즉 시간이 역사연구와 서술에서 활용되는 도구라고 주장했을 때의 시간은 '역사의 질료matter'라고 할 수 있다.

---

40 Georg Simmel, "Das Problem der historischen Zeit." G. Simmel, *Brücke und Tür : Essays des Problems zur Geschichte, Religion, Kunst und Gesellschaft*. Im Verein mit Margarete Susman, ed. Michael Landmann, Stuttgart : K. F. Koehler Verlag, 1957, p.43; "시간은 역사 개념의 결정적인 구성성분에 속한다."

41 Walter Benjamin, "Das Passagen-Werk", W. Benjamin, *Gesammelte Schriften*, Vol.V-1, ed. Rolf Tiedemann, Frankfurt a. M. : Suhrkamp, 1991, p.595.(＝*Das Passagen-Werk*, N 11, 2)

이렇게 보면, 시간은 '역사의 형상이자 질료'인 셈인데, 환언하면 시간은 역사의 개념을 정의할 때나, 역사의 방법을 논의할 때 모두 참여한다. 역사에서 시간만큼 중요한 개념은 없다.

넷째, 역사적 시간의 중요한 특징은 그것이 동질적이면서도 이질적인 속성을 동시에 갖고 있다는 점이다. 동질적인 시간은 비어 있고 연속적인 자연적 시간이요, 이질적인 시간은 불연속, 단절, 복합적 요소들의 중첩, 비동시적인 것의 동시성, 가속화 등 다양한 내용들을 담고 있는 주관적 시간을 말한다. 이 이질적인 요소들을 통틀어 우리는 '사건' 또는 '서사'라고 부른다. 역사학은 바로 이러한 이질적인 것들을 일정한, 즉 동질적인 시간 순서에 따라 배열하고 기술하는 학문이다.

다섯째, 철학에서 시간이 주로 '존재'의 문제와 연관되어 성찰된다면, 역사에서 시간은 언제나 '경험' 또는 '사건'과의 관계 속에서 논의된다. 그 점에서 철학에서 시간이 사변적이고 추상적이라면, 역사에서 시간은 구체적이고 현실적이다. 역사적 시간의 현실성 또는 현장성은 역사 자체가 과거의 실제 현실, 즉 인간들이 부대끼며 겪었던 경험을 직접적으로 다룬다는 점, 그리고 역사에서 시간이 어느 시기의 과거든 간에 언제나 매 현재를 기준으로 논의될 수밖에 없다는 사실 등을 통해 확인된다. 그 점에서 역사적 시간은 삶의 시간이자 경험적 시간이다. 앞서 보았던 폴 리쾨르의 말을 빌리자면, 그것은 이야기된 시간 또는 서사적 시간이다. 그 점에서 역사적 시간의 현장성은 곧 역사의 현실성을 지시한다. 이때 과거는 생생한 경험을 매개로 역사화되거나 또는 현재화된다. 과거라는 시간은 죽지 않고 언제나 역사를 통해 현재 또는 미래의 시간에 거듭해서 다시 살아난다.

참고문헌

김기봉, 「환경사란 무엇인가─환경과 인간의 상호작용의 역사」, 『서양사론』 100호, 한국서양사학회, 2009.

데이비드 아널드, 서미석 역, 『인간과 환경의 문명사』, 한길사, 2006.

데이비드 크리스천, 김서형·조지형 공역, 『세계사의 새로운 대안─거대사』, 서해문집, 2009.

도날드 휴즈, 표정훈 역, 『고대문명의 환경사』, 사이언스북스, 1998.

제럴드 제임스 휘트로, 이종인 역, 『시간의 문화사』, 영림카디널, 1998.

조지형, 김용우 공편, 『지구사의 도전─어떻게 유럽중심주의를 넘어설 것인가』, 서해문집, 2010.

최성철, 「'현재'에 대한 역사적 성찰─역사주의와 현재주의를 중심으로」, 『역사와 경계』 53호, 부산경남사학회, 2004.

_____, 「역사에서의 시간─코젤렉과 리쾨르의 시간담론을 중심으로」, 『한국사학사학보』 32호, 한국사학사학회, 2015.

클라우스 마인처, 두행숙 역, 『시간이란 무엇인가?─태고의 시간에서 컴퓨터 시간까지』, 들녘, 2005.

파멜라 카일 크로슬리, 강선주 역, 『글로벌 히스토리란 무엇인가─세계사에서 지구사로, 역사학의 최전선』, 휴머니스트, 2010.

폴 리쾨르, 김한식 외역, 『시간과 이야기』 전3권, 문학과지성사, 1999.

Ariès, Philippe, Zeit und Geschichte (Originaltitel : Le Temps de L'Histoire, Éditions du Seuil, Februar 1986), trans. Perdita Duttke, Frankfurt a. M. : Athenäum Verlag, 1988.

Aristoteles, "Physikvorlesung(Physica)", Hellmut Flashar, ed., Aristoteles Werke Vol.2, trans. Hans Wagner, Berlin : Akademie Verlag, 1995.

Augustine, Confessions(Confessiones), trans. Henry Chadwick, Oxford : Oxford University Press, 1991.

Baumgartner, Hans Michael, Kontinuität und Geschichte : Zur Kritik und Metakritik der historischen Vernunft, Frankfurt a. M. : Suhrkamp, 1972.

Beard, Charles Austin, "Written History As an Act of Faith", American Historical Review Vol.39, 1934.

Becker, Carl Lotus, "Everyman His Own Historian", American Historical Review Vol.37, 1932.

Benjamin, Walter, "Das Passagen-Werk", W. Benjamin, Gesammelte Schriften Vol.V-1, ed. Rolf Tiedemann, Frankfurt a. M. : Suhrkamp, 1991.

Bergson, Henri, Zeit und Freiheit. Text als Nachdruck der 1920 in Jena [Eugen Diederichs Verlag] erschienenen 2. Auflage der Übersetzung von Paul Fohr(1. Auflage dieser Übersetzung 1911), Frankfurt a. M. : Athenäum, 1989.

Bloch, Marc, *Apologie der Geschichte oder der Beruf des Historikers*, ed. Lucien Febvre, trans. S. Furtenbach, Stuttgart : Klett-Cotta, 1992.

Burckhardt, Jacob, *Über das Studium der Geschichte. Der Text der "Weltgeschichtlichen Betrachtungen" auf Grund der Vorarbeiten von Ernst Ziegler nach den Handschriften*, ed. Peter Ganz, München : C. H. Beck, 1982.

Carr, Edward Hallett, *What is History?*, Middlesex : Penguin, 1961.

Croce, Benedetto, *Theorie und Geschichte der Historiographie*, Tübingen : J. C. B. Mohr(Paul Siebeck), 1930.

Droysen, Johann Gustav, *Historik : Vorlesungen über Enzyklopädie und Methodologie der Geschichte*, ed. Rudolf Hübner, München : R. Oldenbourg, 1960.

Fränkel, Hermann, *Wege und Formen frühgriechischen Denkens*, München : C. H. Beck, 1968.

Günther, Horst, *Zeit der Geschichte : Welterfahrung und Zeitkategorien in der Geschichtsphilosophie*, Frankfurt a. M. : Fischer Taschenbuch Verlag, 1993.

Heidegger, Martin, "Der Begriff der Zeit." Vortrag vor der Marburger Theologenschaft, July 1924, M. Heidegger, *Gesamtausgabe* Vol.64, Frankfurt a. M. : Vittorio Klostermann, 2004.

Herder, Johann Gottfried, *Metakritik zur Kritik der reinen Vernunft*(1799), Berlin(-Ost), 1955.

Husserl, Edmund, "Zur Phänomenologie des inneren Zeitbewußtseins"(1893~1917), *Husserliana X*, ed. Rudolf Boehm, Den Haag : Nijhoff, 1966.

Kant, Immanuel, "Die Kritik der reinen Vernunft 1", I. Kant, *Werkausgabe*, Vol.3, ed. Wilhelm Weischedel, Frankfurt a. M. : Suhrkamp, 1974.

Koselleck, Reinhart, *Vergangene Zukunft : Zur Semantik geschichtlicher Zeiten*, Frankfurt a. M. : Suhrkamp, 1995.(1st ed. 1979)

Mainzer, Klaus, *Zeit : von der Urzeit zur Computerzeit*, München : C. H. Beck, 2002.

Meinecke, Friedrich, "Die Entstehung des Historismus", F. Meinecke, *Werke* Vol.3, ed. C. Hinrichs, München : R. Oldenbourg, 1957.

Platon, *Timaeus*, trans. Peter Kalkavage, Newburyport, MA : Focus Publishing, R. Pullins Company, 2001.

Plotinos, *Über Ewigkeit und Zeit*, trans. Werner Beierwattes, Frankfurt a. M. : Vittorio Klostermann, 1967.

Ricoeur, Paul, *Temps et récit*, Paris : Éditions du Seuil, 1983~1985.

Schaeffler, Richard, *Die Struktur der Geschichtszeit*, Frankfurt a. M. : Vittorio Klostermann, 1963.

Schieder, Theodor, *Geschichte als Wissenschaft*, München : R. Oldenbourg, 1965.

Simmel, Georg, "Das Problem der historischen Zeit.", G. Simmel, *Brücke und Tür : Essays des Problems zur Geschichte, Religion, Kunst und Gesellschaft*. Im Verein mit Margarete Susman, ed. Michael Landmann, Stuttgart : K. F. Koehler Verlag, 1957.

Tillich, Paul, "Die religiöse Lage der Gegenwart", P. Tillich, *Gesammelte Werke*, ed. Renate Albrecht, Vol.10, Stuttgart : Evangelisches Verlagswerk, 1968.

Vico, Giambattista, *Prinzipien einer neuen Wissenschaft über die gemeinsame Natur der Völker*, trans. Vittorio Hösle & Christoph Jermann, 2 Vols., Hamburg : Felix Meiner, 1990.

Whitrow, Gerald James, *Time in History : View of Time from Prehistory to the Present Day*, Oxford : Oxford University Press, 1988.

들뢰즈의 '차이의 존재론'과 '시간의 종합' 이론*

차이 발생의 원리로서 시간의 세 가지 종합

조현수

1. 차이의 존재론

나는 먼저 들뢰즈의 '차이의 존재론'이 무엇인지를 밝힌 후, 이 '차이의 존재론'이 어떻게 '시간의 종합' 이론에 의해 완성되는지를 논하려 한다. 『차이와 반복』의 결론부의 첫 번째 단락은 이 책 전체의 목적이 무엇인지를 알려주는 표제어를 갖고 있다. '표상(재현)에 대한 비판critique de la représentation이 그것이다. 표상représentation(재현)이란, 혹은 표상(재현)이라는 것을 가능하게 하는 논리, 즉 표상(재현)의 논리logique de la représentation란 무엇인가? 대답은 실로 간단하다. 『차이와 반복』에서 표상(재현)이란 말은 참으로 여러 가지 의미로 쓰이며,[1] 이것이 이 책의 이해를 어렵게 만

---

* 이 글은 「들뢰즈의 '차이의 존재론'과 '시간의 종합이론을 통한 그 입증」, 『哲學』 제115집, 2013, 67~110쪽을 수정·보완한 것이다.

든다.[2] 하지만 이 모든 다의적인 사용을 관통하는 중추적인 의미는, 실로 모든 사람들이 다 알고 있는 간단한 것이다. 사람들은 보통, 세계 속에 존재하는 사물^{objet}들이란 각자 '자기동일성^{identité}'을 가지고서 존재하는 것들로 생각한다. 다시 말해, 하나의 사물이란, 말 그대로 '(다른 사물들과 구별되는) **하나의 사물**$^{un \, objet}$'로서 존재하는 것이며, 하나의 사물이 이처럼 **하나의 사물로서** 존재할 수 있는 것은 사물들 각자가 자신을 다른 사물들로부터 구별시켜주는 고유한 '자기동일성'을 갖고 있기 때문이라고 생각하는 것이다. 표상이란, 대상^{objet}의 이와 같은 자기동일성이, 대상과 마찬가지로 역시 자신의 자기동일성을 가지고 있는 우리 주관에 의해 확인되는 것을 말한다. 즉, '표상'이라는 생각은, 표상작용에 의해 관계 맺게 되는 두 항, 즉 우리가 인식하는 대상과 이처럼 대상을 인식하는 우리 자신이, 이러한 표상작용이 이뤄지기 전부터 (혹은 이러한 표상작용이 이뤄지는 것과 상관없이) 이미 각자 자기동일성을 갖고 있는 것이라고 생각하는 데서 성립하며, 또한 대상에 대한 우리의 표상작용은 대상의 이러한 자기동일성을 (또한 우리 주관의 자기동일성을) 결코 흩트려버리는 일 없이 다만 그것을 재확인하는 것이라고 생각하는 데서 성립하는 것이다. 그러므로 '표상'이라는 생각은 '사물의 자기동일성'이라는 생각을 먼저 전제한다. '표상의 논리'란, 세계가 '자기동일성'을 가진 것들로 이뤄져 있다고 생각하는 것, 즉 존재하는 것이란 기본적으로 자기동일성을 가진 것이라고 생각하는 것이다. 『차이와 반복』에서 '표상'이라는 말이 제 아무리 다양

---

1   그렇기 때문에 'représentation'이란 말은 맥락에 따라 때로는 '표상'으로, 때로는 '재현'으로 번역될 수 있는 것이며, 또한 그렇게 번역되어야만 한다.
2   Joe Hughes는 그의 책 *Deleuze's Difference and Repetition*에서 représentation이란 말이 사용되는 다양한 의미들의 목록을 열거하고 있다. Joe Hughes(2009), p.1.

한 의미로 사용되고 있다 할지라도, 이 다양한 의미들은 모두 한결같이 하나의 기본적인 의미를 계속 견지해나가고 있기 때문에 그렇게 다양하게 사용될 수 있는 것이다. '표상'이라는 말은, 그것이 어떤 의미로 쓰이든, 늘 '동일성'이라는 범주를, 사태를 — 그것이 어떤 사태이든 — 이해하기 위한 기본적인 원리로 삼겠다는 생각을 전제로 해서 사용되는 말이다. 즉 '표상의 논리'는 곧 '동일성의 논리'이다. '표상의 논리'가 성립할 수 있는 가능성은, '동일성'의 범주를 통해 사태를 이해할 수 있는 가능성이 커져가는 것에 비례해서 커져간다. '표상의 논리'가 자신의 기본 전제인 이러한 '동일성'의 범주를 여러 다양한 종류의 사태들에 적용시켜나가는 다양한 방식, 이것이 『차이와 반복』에서 '표상'이라는 말로 하여금 그토록 다양한 여러 가지 의미를 갖게 하는 것이다. 그러나 세계에는 변화가 일어나며 차이들이 존재한다. 물론 '표상의 논리'는 이러한 변화와 차이들을, '동일성'이라는 기본 원리에 의해 이해되어야 할 부차적인 현상들이라고 주장할 것이다. 하지만 '표상의 논리'가 내세우는 이러한 기본 전제, 즉 존재하는 것은 기본적으로 자기동일적인 것이라는 전제는, 과연 존재하는 것의 실상에 부합하는 정당한 것인가? 실로 철학사의 주류적 사고란, '표상의 논리'가 자신을 정교히 가다듬고 발전시켜온 역사라고 말할 수 있을 것이다. 아리스토텔레스, 데카르트, 라이프니츠, 그리고 칸트와 헤겔 철학사의 주류를 형성해온 이 거대한 이름들은 모두 '표상의 논리'를 확립하고 심화시켜온 이름들이다. 뿐만 아니라, 우리의 일상적인 삶과 사고를 지배하는 상식sens commun과 양식bon sens마저도, 어떤 합리적 이유가 줄 수 있는 것보다도 더 강한 자기 확신을 가지고서, '표상의 논리'의 정당성을 지지하고 있다. 우리 모두 상식적으로는, 존재하는 것은 모두 — 그것이 우리 자신이건 우리 밖에 있는 대상이건 — 기본적으로 자기동일성을 갖고 있는 것이며, 따라서 대상에 대한 우리의 인식이란 대상의 자기동일성을 확인하는(즉 표상하는) 것이라고 확신하고 있는 것이다.(실은 이러한 확신을 정당화해줄 수 있는 아무런 합리적 이유도 갖고 있지 못하면서도, 어떤 합리적 이유에 의해 뒷받침되는 확신보다 더 큰 확신을 갖고서, 그렇게 믿고 있는 것이다)[3] 하지만, 이와 같은 철학의 정교한 논리나 상식의 완강한 자기 확신에도 불구하고, 세계에 대한 우리의 **직접적인 경험**은 늘 이 세계를 도처에서 "차이들이 우글거리는 곳으로, 자유롭고 야생적이며 길들여지지 않은 수많은 차이들이 우글거리는 곳으로(DR, 71)"[4] 경험한다.[5] 경험은 우리에게, '표상의 논리'와는 반대로, 존재하는 것이란

---

3 흄(Hume)의 사례가 이 점을 극적으로 보여준다. 그는 자아의 동일성에 대한 상식의 믿음이 어떤 합리적 근거도 가질 수 없다는 것을 보여주고서도, 다시 '상식의 이름'으로 이러한 믿음을 정당한 것으로 복원시킨다.

4 "un fourmillement de différences, un pluralisme des différences libres, sauvages ou non domptées."(『차이와 반복(Différence et Répétition)』은 계속해서 DR로 약칭한다. 자세한 서지사항은 '참고문헌' 항에서 밝힌다)

5 그러므로 들뢰즈의 『초월적 경험론(empirisme transcendantal)』(혹은 '우월한 경험론(empirisme supérieur)')이란 무엇보다도, 베르그손에게서 그런 것처럼, 세계에 대한 직접적인 경험, 즉 '표상의 논리'가 그것을 왜곡시키기 이전의 '직접적인 경험' 자체에로 되돌아가는 것을 의미한다. 이러한 직접적인 경험에 나타나는 세계의 모습이 바로 '자유롭고 야생적이며 길들여지지 않은 차이들이 도처에 우글거리는 세계', 즉 '강도적인 차이들이 우글거리는 세계'이다. "En vérité, l'empirisme devient transcendantal (…중략…) quand nous apprendons directement dans le sensible ce qui ne peut être que senti, l'être même du sensible : la différence de potentiel, la différence d'intensité comme raison du divers qualitatif. (…중략…) Le monde intense des différences (…중략…) est prcisément l'objet de un empirisme supérieur."—DR, p.80.
그러므로 '존재는 차이다.' 'l'Être est la Différence'라는 들뢰즈의 주장, 즉 '세계에 존재하는 것은 자기동일적인 것이 아니라, '자기동일성'이란 것을 결코 갖지 않는 차이들(différents)뿐이다'라는 주장을 어렵게 생각하지 말자. 이 주장은 결코 경험적 확인이 불가능한 채 고도의 사변에 의해서만 깨달을 수 있는 사실을 말하고 있는 것이 아니다. 이 주장은 우리가 항상 경험하고 있는 것을 솔직하게 말하고 있을 뿐이다. 실로 우리는 항상, 또한 도처에서, 변화와 차이를 경험하고 있지 않은가? 우리가 경험하는 것은 항상 변화와 차이일 뿐이지, 자기동일성을 가진 것(즉 변화에도 불구하고 자기동일적인 것으로 남아 있는 것)이란 결코 우리에게 경험되지 않는 것이 아닌가? — 이 점을 가장 잘 보여주는 이는 역시 흄이다. — 그렇다면 우리

오직 변화와 차이일 뿐, 동일성이란 것은 어디에도 존재하지 않는다고 말하는 것이다. 직접적인 경험과 '표상의 논리' 사이에 있는 이러한 괴리와 긴장이 의미하는 것은 무엇일까? 무엇이 '표상의 논리'로 하여금 직접적인 경험의 고백에도 불구하고, 즉 도처에서 차이와 변화만을 경험한다는 그 솔직한 고백에도 불구하고, '동일성'에 대해 그토록 커다란 확신을 갖게 만든 것일까?

2. '표상(재현)의 논리'에 대한 비판과 플라톤주의의 전복

들뢰즈가 보기에, 모든 것은 플라톤의 결단과 더불어 시작되었다. "플라톤이 **결단을 내렸다.**(*DR*, 166)"[6] "철학의 역사상 가장 중요한 결단을(*DR*, 166)"[7] 플라톤이 내린 결단, 그것은 "차이를 동일성에 종속시키자는 것(*DR*, 166)", 즉 차이에게 그것 자체의 독립적인 존재성을 인정해주지 않은 채, 동일자가 자신을 전개해나가는 한 변양태modification로 그것(차이)을 해소시키자는 것이다. 차이를 동일성에 종속시키는 방식, 그것이

는 '경험'의 이름으로, 즉 경험의 '있는 그대로'의 모습에 충실할 것을 지향하는 '진정한 경험론'의 이름으로, 동일성에 대한 '표상의 논리'의 믿음을 한갓 환상으로 거부할 수 있지 않겠는가? 그러므로 '존재가 차이다'라는 주장의 진실성을 확인해주는 것은 무엇보다도 우리들의 경험 자체, '표상의 논리'의 왜곡이 가해지기 이전의 본래적이고 직접적인 경험 자체, '있는 그대로'의 순수한 자신의 모습을 드러낸 경험 자체이다. 우리는 '존재가 차이'라는 것을 항시 경험한다. 우리가 생각하기에, 들뢰즈로 하여금 '차이의 존재론'을 시작(착상)하게 한 것은 경험(우리가 항상 하는 경험)이며, 그것의 진실성을 최종적으로 확인해주는 것도 역시 경험이다.

6 "Platon prend la décision." 들뢰즈는 이 결단의 자의성을 강조하기 위해 동사 'prendre'를 강조하고 있다.

7 "avec Platon, une décision philosophique était prise, de la plus grande importance."

곧 그의 이데아론이다. 그의 이데아론에 따르면, 경험되는 세계 속에 존재하는 모든 사물들은 어떤 이데아를 모방하는 모상模像들이다. 이데아는 항상 자기동일성을 유지하는 것인 반면, 이 모상들은 이러한 이데아를 서로 다른 정도로 불완전하게 모방한다. 사물들 사이의 차이란, 이처럼 모상들이 이데아를 **서로 다른 정도로** 닮는 데서 기인하는 것이다. 그러므로 차이란 존재하는 것들(사물들)에 내재하는 근본적인 원리가 아니다. 존재하는 것들이란, '동일성'을 자신의 존재원리로 하는 이데아와 '닮음'을 자신의 존재원리로 하는 모상들일 뿐, 차이란 이러한 '동일성'과 '닮음'이라는 근본원리로부터 파생되어 나온 한갓 이차적인 결과, 즉 이데아의 동일성을 모상들이 **서로 다른 정도로** 닮는 데서 빚어진 부차적인 현상에 지나지 않는다. 플라톤의 이데아론은 사물들의 차이를, 이데아의 동일성이 그것을 닮는 모상들 각자에 서로 다른 정도로 **다시-나타나는**re-présenter(재현되는) 데서 비롯되는 것이라고 설명하는 것이다. 그러므로 플라톤의 이데아론이란, 차이를 해소하여 동일성에 종속시키는 논리, 다자들multiple의 차이를 지양하여 일자Un의 동일성에 종속시키는 논리라고 말할 수 있다. "차이란 동일성과 닮음으로 환원되고, 이 닮음은 다시 동일성이 자신을 재현하는(다시 나타내는) 방식으로 환원된다. 다자들의 차이란 실은 원상原象(이데아)의 동일성에 대한 모상들의 닮음이요, 이 닮음은 다시 원상의 동일성의 재현représentation이 되는 것이다."[8] 그러므로 '표상(재현)의 논리'란 플라톤의 이데아론에서부터 시작된 것이다. '표상의

---

[8] 조현수(2012), 36쪽, 그러므로 '차이'의 존재를 이처럼 '동일성'과 '닮음'의 범주를 통해 해소시키려 하는 존재론을 '재현(표상, représentation)의 존재론'이라고 부를 수 있는 것이다. 이 '재현(표상)의 존재론'이 차이를 해소시키는 방식에 대한 보다 자세한 설명을 위해서는 여기 인용된 조현수의 논문을 참고하라.

논리'란 처음부터 당연하거나 유일하게 가능한 것(따라서 정당한 것)이었다기보다는 철학사의 선두에 섰던 누군가(플라톤)의 결단에 의해 (인위적으로) 만들어진 것이다. 하지만 '표상의 논리'와 직접적인 경험 사이에 있는 괴리와 긴장은, 이러한 플라톤의 결단이 한갓 자의적인 것일 수 있음을, '표상의 논리'란 존재의 실상實狀에 가해진 부당한 폭력일 수 있음을 말해주는 것이다. 폭력을 행하는 자는, 자신의 폭력을 정당화하기 위해, 폭력의 대상에 대해 부정적인 이미지를 덧씌우기 마련이다. '표상의 논리'에게 차이란 악惡이자[9] 음산한 지하세계의 울부짖음이며,[10] 그 자체로 인정되어야 할 것이 아니라 해소되고 부정(지양)되어야 할 무엇이다. 또한 폭력을 행하는 자는 자신의 폭력을 정당화하기 위한 명분과 논리를 꾸미는 데도 열심이기 마련이다. 서양철학사의 주류적 사고가 발전해온 역사란, '표상의 논리'가 자신을 정당화하기 위한 명분과 논리를 계속해서 개발하고 정교하게 꾸며온 역사이며, 그 정점에 선 헤겔은 온갖 기기묘묘한 논리를 동원하여 차이를 부정으로 바꿔놓는다. 부정, 즉 오로지 그것보다 선행하는 '동일성'에 의해서만 규정될 수 있는 '부정'으로, 따라서, 종국에는, 자신의 재부정에 의해, 즉 '부정의 부정(지양)'에 의해, 동일성에로 되돌아갈 수밖에 없는 '부정'으로. 헤겔의 '부정'이란, 겉으로 보기에는, 차이에게 그 존재성을 인정해주는 방식인 것처럼 보이지만, 실은 차이를 순화시켜 '동일성'의 범주 속으로 완전히 끌어들이기 위한 전략, 차이의 길들여지지 않은 야생성과 자유로움을 거세시키기 위해 고안된 가장 교묘한 포획의 전략이다. 플라톤의 결단으로부터 시작된

---

9   "la différence, c'est le mal(*DR*, 45)"
10 "Héraclite et les sophistes font un vacarme d'enfer(*DR*, 166)"

'표상의 논리'가, 자신을 정당화하기 위한 이 논리의 줄기찬 노력이, 계속적인 개선의 과정을 거쳐 최후의 완성된 형태로 발전해간 것이 헤겔의 변증법인 것이다. 들뢰즈는 이러한 '표상의 논리'의 부당성을, 즉 차이를 '동일성'의 범주를 통해 포획하려 하는 이 논리의 실패를, 주장하려 하며, 따라서 차이에 대한 올바른 이해를 통해 존재에 대한 근본적으로 새로운 이해를 제시하려 한다.[11] 그가 보기에는, 차이야말로 존재하는 것들에 내재하는 근본적이며 보편적인 제일의 원리이며, 동일성이란 이러한 차이의 본성을 이해하지 못한 오해 속에서만 존재하는 한갓 환상에 지나지 않는다. 그러므로, 그의 이러한 '차이의 철학'[12]이 맞서 싸워야 할 당면의 적은, '표상의 논리'의 최후의 완성된 형태인 헤겔주의인 것이 사실이며, 그렇기 때문에 그는 반反헤겔주의를 표방하기도 하지만(DR, avant-pro-pos, 1), 그럼에도 불구하고, 그의 '차이의 철학'을 가장 적절하게 규정해줄 수 있는 것은 '플라톤주의의 전복'이란 말일 것이다.[13] 플라톤이야말로 '표상의 논리'를 만들어낸 장본인이며, 헤겔에 이르기까지 이 논리의 발전이 세부적인 개선의 측면에서 어떤 중요한 변화와 진척을 이뤄왔다 할지라도, 그 근본적인 대체大體는 플라톤이 만들어놓은 그대로를 유지해오고 있기 때문이다.[14] '플라톤주의의 전복'은 반헤겔주의를 자신 안

---

11 들뢰즈에 따르면, 차이에 대해 자신이 제시하는 이해방식과 '표상의 논리'가 제시하는 이해 방식 사이의 관계는, 서로 다른 사태에 대해서 말하는 것이거나 같은 사태에 대해 서로 다른 방식(서로 양립가능한 방식)으로 말하는 것이 아니다. 이 두 이해방식은 같은 사태(세계 전체, 존재 자체)에 대한 양립불가능한 서로 다른 이해이며, 어느 쪽이 옳으냐에 따라 모든 것을 뒤바꿔놓을 수 있는(tout changer) 서로 대립하는 관계이다.—DR, 154 참고하라.

12 "Arracher la différence à son état de malédiction semble alors le projet de la philosophie de la différence.(DR, 44)"

13 "La tâche de la philosophie moderne a été définie : renversement du platonisme.(DR, 82)"

14 일반적인 철학사가들은 데카르트에 의해 신이 중심이 되는 세계에서 인간(주관)이 중심이 되는 세계로 전환한 사실이나, 부정(négation)을 이해하는 방식에서 '칸트 이후'가 '칸트 이

에 포함하지만, 반헤겔주의는 '플라톤주의의 전복'을 자신 안에 포함하지 않는다. 헤겔주의란 플라톤주의의 한 특수한 형태일 뿐이기 때문이다. '플라톤주의의 전복'이란 이름으로써, 들뢰즈는 자신의 철학적 기획이, 플라톤주의가 전개되어나간 한 특수한 형태(헤겔주의)를 상대하려는 것이 아니라, 그것이 헤겔주의의 형태로 나타나건 혹은 다른 형태로 나타나건, 서양철학사 전체에 걸쳐서 항상 불변적으로 엄존해오며 이들 특수한 형태들의 보이지 않는 성립배경으로 작용하고 있는 근본적인 교의 dogma 자체(플라톤주의)를 뒤엎으려 하는 것임을 말하고 있는 것이다.

그러므로 '플라톤주의의 전복'이란, 즉 '표상의 논리'에 대한 비판이란, 동일성이라는 것이 있다는 것을 부정하는 것, 즉 어떤 것이든 자기동일성을 갖고서 존재하는 무엇인가가 세계 속에 있다는 것을 부정하는 것이다. 들뢰즈에 따르면, 세계에 존재하는 모든 것은 결코 어떤 것도 단 한 순간도 자기동일성을 갖지 않는다. 우리의 상식은 보통, 사물들이 변화하고 달라진다는 것을 인정하면서도, 그러한 변화와 달라짐을 통해 변화하지 않고 같은 것으로 유지되고 있는 것, 즉 자기동일적인 것으로 남아 있

전'과 달라졌다는 사실을 — '칸트 이전'은 부정을 제한(limitation)으로 이해한 반면, '칸트 이후'는 대립opposition으로 이해한다. — 철학사를 결정적으로 바꿔놓은 근본적인 전환으로 평가한다 — 헤겔이나 후설에게서 데카르트가 행한 저러한 전환이 얼마나 중요한 것으로 평가받고 있는 지를 상기해보라. 하지만 일반적인 철학사가의 눈에는 모든 것을 송두리째 바꿔놓는 듯이 보이는 이 중요한 전환들이, 들뢰즈가 보기에는, 실은 전혀 '근본적이지' 않은 것, 모두가 '표상의 논리' 내부에서 일어난, 즉 플라톤주의가 확립한 테두리 내부에서 일어난, '비근본적인' 작은 변화들에 지나지 않는다. 데카르트의 전환에 의해서건, 칸트 이전과 이후의 차이에 의해서건, '동일성'의 범주는 그것이 위치하는 소재지만 바뀐 채 여전히 요지부동으로 엄존해오고 있는 것이다.(DR, 81, 117을 보라) 즉 플라톤주의는 이러한 말 많은 변화들의 시끄러운 소동 속에서도 여전히 조용하고 은밀하게 자신을 관철시켜오고 있는 것이다. 오직 들뢰즈 자신이 기획하는 새로운 '차이의 철학'만이 — 즉 차이에 대한 새로운 이해만이 — 플라톤주의의 이러한 끈질긴 지배력을 뒤엎을 수 있는 '근본적인 전환'을 가져올 수 있는 것이다.

는 것이 있다고 생각하며, 이러한 자기동일적인 것의 상정想定을 통해 변화와 달라짐을 이해한다. 변화와 달라짐은, 이러한 자기동일적인 것의 존재가 먼저 전제되어야지만 존재할 수 있는 이차적인 것이라고 생각하는 것이다.(조금 전문적인 용어로 말하자면, 상식은 변화를 기체substance라는 일차적인 것에 덧붙여지는 이차적인 속성attribut이라고 생각하는 것이다. 변화란 이처럼, 그러한 변화를 통해 줄곧 자기동일적인 것으로 남아 있는 것이 먼저 전제되어야지만 '변화'일 수 있다는 생각, 즉 변화란 반드시 '어떤 것의 변화'라는 생각, 이러한 생각은, 흄이나 칸트에 따르면, 변화라는 것이 존재하거나 생각될 수 있기 위한 선험적인 공리, 즉 위반 불가능한 규칙이다) 하지만, 들뢰즈에 따르면, 이러한 자기동일적인 것이란 '표상의 논리'가 만들어낸 한갓 환상일 뿐, 실제로는 존재하지 않는다. 세계에 존재하는 모든 것은 항상 변화와 달라짐 속에서만 있을 뿐, 단 한 순간도 자기동일성을 유지하는 것이란 없다. 존재하는 것이란, 변화 속에서도 자기동일성을 유지하는 어떤 것이 아니라 변화에 의해 항상 **달라지는** 것, 즉 항상 '**자기를 차이화해가는**se différencier 것이다. 항상 '자기를 차이화해가는' 것으로만 존재하는 것, 존재하는 모든 것은 이런 것이며, 그러므로 들뢰즈는 존재하는 것을 가리키기 위해 'le différent'이란 이름을 붙인다. 존재하는 모든 것은 각자 '자기 자신을 차이화해가는se différencier' 것으로서만 존재하는 'le différent'이다. 이 'le différent'이라는 말은, 우리가 흔히 '사물'이라고 부르는 것을 가리키기 위한 말, 즉 우리가 사물이라고 부르는 것이 실은 항상 '자기를 차이화해 가는' 방식으로 존재한다는 사실을 가리키기 위한 말이므로, 우리는 이 'le différent'를 '차이체差異體'라는 말로 옮기고자 한다.[15] 그러므로, 들뢰즈에 따르면, 세계란 이와 같은 차이체들로만 가득 차 있으며, 따라서 세계에서 일어나는 상호작용이란 모두 차이체들이 다른 차이체들과 **직접** 연결되어서 일어나는 것이다. 여기 이 '직접'이라는 말을 강조하자. 보통의 상식으로는, 서로 다른(차이나는) 사물들이 서로 연결될 수 있는 것은 그들 사이에 어떤 공통성(동일성)이 있기 때문이며, 따라서 그들 사이의 연결이란 이러한 동일성의 **매개를** 통해서 일어난다. 즉, 상식에 따르면, 두 사물이 서로 연결될 수 있는 것은 그들 사이에 최소한이나마 어떤 공통성(동일성)이 있기 때문이며, 따라서 차이(체)[16]와 차이(체)가 서로 **직접** 연결되는 것이 아니라, 어떤 동일성이 **매개**가 된다는 조건하에서만 서로 연결될 수 있는 것이다.(예컨대, 프로이트에 따르. 성년기의 사랑은, 어떤 공통성(동일성이 있기 때문에 ─ 이 동일성을 매개로 해서 ─ 유년기의 사랑과 연결되는 것이다))[17] 하지만, 들뢰즈의 세계에서는 이와 같은 동일성이란 없다. 그러므로 차이(체)들은 다른 차이(체)들과 바로 직접, 즉 어떤 동일성의 매개도 없이 직접, 연결된다.[18] 그렇기 때문에, 즉 차이(체)와 차이(체)가 이와 같이 아무런 동일성의 매개 없이 서로 직접

---

15 『차이와 반복』의 우리말 번역은 이 'le différent'을 '차이소(差異素)'라는 말로 옮기고 있다. 우리의 생각으로는 두 번역어가 각자 나름의 이유를 가진 무방한 것이다. 하지만 여기서는 이 말이 우리가 일상적으로 '사물'(chose : body)이라고 부르는 것을 가리키기 위한 말이라는 점을 강조하기 위해, 차이체(差異體 : body)로 옮기기로 한다.

16 차이체들은 차이(différence)를, 즉 자기를 계속 차이화해가는 차이를, 자신의 존재원리로 한다. 그렇기 때문에 우리는 여기서 '차이(체)'라고 쓸 수 있는 것이다.

17 상식은, 즉 역사의 오랜 관성의 힘에 의해 어느 듯 '상식'으로 굳어지게 된 '표상의 논리'는 다음과 같이 말한다. "차이와 차이가 아무런 매개 없이 서로 직접 연결될 수 있겠는가? 다른 계열들이 서로 교류하게 될 때, 이러한 교류는 이들 계열들 사이에 최소한이나마 어떤 닮음이 있다는, 즉 어떤 동일성이 있다는, 조건하에서만 가능하지 않겠는가? 서로 연결되는 계열들 사이에 오로지 차이만 있다면, 이러한 연결은 불가능하지 않겠는가? 설령 서로 연결되는 계열들이 서로 다른 것들이라는 것이 사실이라 할지라도, 그들 사이를 연결해줄 어떤 동일성이 있어야 하지 않겠는가?"─DR, 156을 보라. 즉, 상식(표상의 논리)에 따르면, 동일성이야말로 서로 차이나는 두 사물(차이체)의 연결을 가능하게 해주는 조건이다.

18 "il faut que la différence rapporte immédiatement les uns aux autres les termes qui diffèrent. Il faut que la différence soit en elle-même articulation et liaison, qu'elle rapporte le différent au différent, sans aucune médiation par l'identique.(DR, 154)"

연결되기 때문에, 이러한 연결은 오로지 또 다른 새로운 차이만을 생산하게 된다. 다시 말해, 서로 연결되는 차이(체)와 차이(체) 사이에는 아무런 동일성이 없기 때문에, 이들 사이의 연결은 오로지 새로운 차이만을 계속 증폭시켜나갈 뿐, 서로 다른 이들 차이들을 모두 그 아래 포섭할 수 있는 어떤 공통의 동일성을 결코 만들지 않는 것이다. 차이와 차이가 이처럼 직접 연결되고, 또한 이를 통해 생산되는 것 역시 또 다른 새로운 차이일 뿐인 들뢰즈의 세계, 그러므로 이와 같은 들뢰즈의 세계에서는, 존재하는 것들이란 모두 서로 다르기만 한 차이들일 뿐, 이러한 차이들을 어떤 공통성(동일성) 아래 포섭되도록 수렴해줄 중심이란 없다. 다시 말해, 존재하는 것들이란 참으로 서로 다르기만 한 것들이므로, 존재하는 것들 사이에 있는 이러한 차이성을 **극복하고 화해시켜** 하나로 통합해줄 어떤 **공통의 중심**이란 없는 것이다.[19] 다시 말하지만, 이들 사이의 차이성을 **넘어** 이들을 **하나로 묶어줄** 어떤 상위의 동일성이란 없는 것이다. 그러므로 존재하는 것들끼리의 상호작용이란, 그들 사이에 있는 '차이의 간격distance'을 줄이는 것이 아니라 더욱 더 크게 벌어지게 만든다. 즉 존재하는 것들끼리의 상호작용은, 어떤 동일성의 중심을 향해 수렴해가는 구심적인 운동을 convergence 만드는 것이 아니라, 어떤 중심의 성립도 불가능하게 만들면서 계속해서 이탈하고 발산해가는 탈중심화의 운동을divergence,[20] 일자Un로의 회귀가 아니라 다자multiple로의 걷잡을 수 없는 발산을 초래하는 것이다. '차이에서 동일성으로, 다자에서 일자로'[21]의 운동이 아니라, '차이

---

19 "au mépris de toutes les réconciliations du concept(*DR*, 82)." 들뢰즈의 철학은 'unité(unification)'의 철학이 아니라 'multiplicité(multiplication)'의 철학이다.

20 "Il crée ainsi divers avenirs, divers temps qui prolifèrent aussi et bifurquent. (···중략···) chacun est le point de départ d'autres bifurations.(*DR*, 155)"

에서 차이에로, 다자에서 다자에로'[22]의 운동, 일자의 중심을 향하는 중앙집권적 통합의 운동, 즉 일자로의 회귀를 자기 앞에 기약하는(헤겔주의적) 부정의 운동이 아니라, 어떤 중심으로의 수렴도 거부하는 '야생적이고 자유로운 차이들'[23]이 여기저기 마구 뿌려지는 "광란의 분배distribution d'errance et même de ≪délire≫(DR, 54)"의 운동, 그 "자랑스런 무정부주의적 카오스의 운동anarchie couronnée(DR, 60)", 들뢰즈의 세계란 이처럼 어떤 동일성에로도 수렴되지 않는 새로운 차이들이 계속해서 창조되는 세계이다.

그러므로 이 세계에 존재하는 것은 그 어떤 것도 그 규정détermination이 — 즉 그것이 '무엇'인지가 — **단 한번에 완전히**une fois pour toutes 결정되지 않는다.(만약 어떤 것의 규정이 이처럼 단 한 번에 완전히 결정된다면, 그것은 자기동일적인 것이 될 것이다. 즉 그것이 '무엇'인지가 이처럼 단 한 번에 결정되는 것은, 그 이후에 어떤 변화와 차이가 그것에게 생기더라도, 이러한 변화나 차이는 한번 정해진 이 '무엇(자기동일적인 것)'이 중심이 되어 겪는 이차적인 속성, 이 자기동일적인 중심**으로부터** 이해되는 이차적인 속성에 불과하게 될 것이다. 즉 그때의 변화와 차이란 '동일성'이라는 기본범주에 종속되는 이차적인 것이 될 것이다) 존재하는 것은 다른 존재하는 것과의 상호작용을 통해, 즉 차이와 차이의 **직접적인** 연결을 통해, 언제나 계속해서 자신의 규정을 새롭게 바꿔나가는 것이다pour toutes les fois[24] 들뢰즈의 세계란 이처럼 '자신을 계속해서 다른 것이 되도록 차이화해 나가는different différer' 차이들의 세계, 모두가 각자 서로 다른 차이들

---

21 이것은 헤겔주의의, 더 나아가, 플라톤주의의, 표어이다.
22 "des systèmes excessifs qui lient le différent au différent, le multiple au multiple(DR, 152)"
23 '야생적이고 자유로운'이란 말의 본뜻이 이처럼 '어떤 중심(동일성)으로의 수렴을 거부한다'는 것이다.
24 'une fois pour toutes'와 'pour toutes les fois' 사이의 이러한 대립에 대해서는 DR, 152를 보라.

이, 그들 사이의 (동일성의 매개 없는) 직접적인 연결을 통해, 각자의 차이를 매번 거듭해서 심화시켜 나가는 세계, 한 마디로 말해, '차이의 차이화difference de la différence(DR, 154)'가 이뤄지는 세계이다. 들뢰즈의 세계에서는 차이들이 자기동일적인 것들과 공존하고 있는 것이 아니라, (어떤 동일성도 없이) 오로지 차이들**만**이 존재하며, 또한 이 차이들이 계속해서 새로운 차이들로 증식되어 나간다. 들뢰즈에게 존재란 곧 차이이고, 오직 차이이다.[25] 차이, 즉 언제까지나 계속해서 '자기를 차이화해 가는Un Sich-unterscheidende(DR, 154)' 차이, 명사라기보다는 동사적인 운동성으로 이해되어야 할 차이, 이러한 차이가 존재의 전 영역을 다 채우고 있다. 존재와 차이의 이와 같은 완전한 일치, 이것이 곧 들뢰즈의 '차이의 존재론'이다.

이로써 우리가 이제부터 물어야 할 것이 무엇인지가 분명해진다. 우리는 이제까지 '차이의 존재론'이 무엇인지를 밝혀왔지만, 아직 그것을 정당화하지는 않았다. 어떻게, 무엇을 근거로, 들뢰즈는 이처럼 '존재가 곧 차이'라고 주장할 수 있게 된 것인가? 그런데 들뢰즈의 '차이의 존재론'을 정당화하기 위한 이 근거란 반드시 그의 '시간론'에서 찾아져야 할 것이다. 왜냐하면 시간이란, 무엇인가가 존재하기 위한 근본적인 조건이기 때문이다. 다시 말해, 세계 속에 존재하는 모든 것은 시간 속에 존재하는 것이며, 따라서 시간의 본성은 존재하는 모든 것에 적용되는 **보편적인** 원리가 되기 때문이다. 존재론이란, 자신의 주장이 존재하는 것 **전체**에 적용되는 것을 표방하는 것이며, 따라서 존재론은, 존재하는 **모든** 것의 근본적인 조건인 시간에 대한 고찰을 반드시 경유하는 것을 통해서만 자신

---

25 "C'est l'Être qui est Différence.(DR, 57)"

이 표방하는 이러한 목적을 제대로 달성할 수 있다. 즉 존재론을 표방하는 이론이 참이 되기 위해서는, 그 이론은 반드시, 존재하는 모든 것에 적용되는 시간의 작용이 자신의 주장을 입증해준다는 것을 보여줄 수 있어야 한다. 만약 존재론임을 표방하는 어떤 이론이 자신의 주장을 시간에 대한 고찰을 통해 정당화하는 작업을 빠뜨린다면, 그 이론은, 설령 자신의 정당화를 위한 다른 많은 근거를 제시한다 할지라도, 결코 '존재론'으로서의 자신에 대한 — 즉 '존재하는 것 **전체**에 대해 적용될 수 있는 이론이 되려는 것'으로서의 자신'에 대한 — **완전한 정당화**에 이르지 못할 것이다. 들뢰즈의 '차이의 존재론'은, 그것인 **존재론**인 한, 시간이 오로지 차이의 존재만을 허락하고 자기동일적인 것의 존재를 전혀 허락하지 않는다는 것을 보여줄 수 있을 때, 오직 그럴 때에만 **완전하게** 정당화될 수 있다. 들뢰즈는 이 점을 분명하게 의식하고 있다. 그가 보기에, '존재가 곧 차이'임을 입증해줄 수 있는 근거란, 다른 데서가 아니라 '시간이 존재한다'는 사실에서 바로 찾아진다. 세계에 대해 우리가 늘 직접적으로 경험하는 이 평범한 사실이, '차이의 존재론'을 입증해주는 충분하고 결정적인 근거인 것이다. 그가 보기에, 데카르트가 자아의 '자기동일성'(또한, 이와 더불어, 신과 그 밖의 온갖 사물들 각자의 '자기동일성')을 확립할 수 있었던 것은, 순전히 "시간을 내쫓았기 때문이다."[26] 역으로, 내쫓았던 시간을 다시 본래대로 불러들이기만 하면, 즉 세계의 본래 모습 속에 시간이라는 것이 정말로 존재한다는 것을 인정하기만 하면, 그것으로 충분히, 데카르트가 이렇게 작위적으로 만들어낸 '동일성'은 해체되고, '존재는

---

[26] "Descartes ne concluait qu'à force de réduire le Cogito à l'instant, et d'expluser le temps.(*DR*, 117)"

곧 차이'임이 입증된다. 어떻게 시간이 존재를 곧 차이이도록 만드는 것일까?

3. 시간의 세 가지 종합

1) 첫 번째 종합—살아 있는 현재—일반성으로서의 차이

시간이란, '순간들의 연쇄'로 이뤄지는 것이 아니다. 순간들이란, 그 정의상, 각자 서로 독립적인 것들이며, 이러한 독립적인 것들의 연쇄는, 각자 따로 떨어져 존재하는 것들의 불연속적인 나열만을 낳을 뿐, 시간의 **연속성**을 만들어내지 못하기 때문이다. 그러므로 시간이 존재하기 위해서는, 각자 서로 **독립적인** 것들인 이들 순간들을 끌어 모아 하나로 융합되도록 결합시켜 줄 수 있는 어떤 **종합**작용이 필요하다. 즉, 시간이란, 이러한 종합작용이 행하는 압축작용, 즉 각자 서로 따로 떨어져 존재할 수도 있을 여러 순간들을 끌어 모아 하나로 결합되도록 만드는 압축작용에 의해서만 존재할 수 있는 것이다.[27] 이러한 종합작용은 그러므로 **이미 지나간** 여러 순간들을, 또한 **아직 오지 않은** 여러 순간들을, 지금 여기로 끌어 모아 하나가 되도록 결합시킨다. 이러한 종합에 의해, 우리들이 체험하는 '살아 있는 현재le présent vivant, le présent vécu'가, 즉 분석해보면 언제든 여러 순간들로 해체될 수 있지만, 언제나 이와 같은 여러 순간들(이미

---

27 "Le temps ne se constitue que dans la synthèse originaire (…중략…) Cette synthèse contracte le uns dans les autres les instants successifs indépendants.(*DR*, 97)"

지나가거나 아직 오직 않은 순간들)을 하나로 밀집시킨 '두께(시간적 두께)'를 가지고 존재하는 '살아 있는 현재'가, 만들어지는 것이다. 그러므로 과거와 미래는 이러한 '살아 있는 현재'로부터 떨어져서 독립적으로 존재하는 것이 아니라, '살아 있는 현재' 속에 포함되어 존재한다. 즉 이미 지나간 시간인 과거와 아직 오지 않은 시간인 미래는, '살아 있는 현재' 안에 들어와 존재하며 또한 '살아 있는 현재'의 전개를 위해서 존재하는, '살아 있는 현재'에 부속附屬하는 차원dimension인 것이다.[28] '살아 있는 현재'는 **이미 지나간 과거**의 여러 순간들을 자신 안에 끌어 모으면서 존재하며, 또한 이렇게 자신 안에 끌어 모은 과거의 여러 개별적인particulier 경험들로부터, **아직 오지 않은 미래**를 향한 일반적인général 전망을 만들어내면서 존재한다.[29] 과거는, 서로 하나가 되도록 압축되어오는 **개별적인** 경험들의 모습으로, 미래는, 이와 같은 개별적인 경험들의 압축으로부터 얻어진 **일반적인** 전망의 모습으로, 현재(살아 있는 현재) **안에 들어와 존재**하는 것이다. 흄의 분석은 이 점을 잘 보여준다. AB, AB, AB, ……. 그 자체로는 분명히 서로 독립적인 것들인 이들 개별적인 순간들의 이와 같은 계속적인 반복은, 이들을 끌어 모아 하나가 되도록 압축시키는 (수동적) 종합작용에 의해 일반적인 전망을 만들어낸다. 즉 다음에도 A가 나타나면, B 역시 **항상** 함께 나타나리라는 일반적인 전망을. 우리의 '살아 있는 현재'는, 과거의 개별적인 경험들에 대한 이러한 압축retention과 미래에 대한 이러한 일반적인 전망protention으로 이뤄져 있다.

---

28 (*DR*, 97)를 보라.

29 "Le présent vivant va donc du passé au futur qu'il constitue dans le temps, c'est-à-dire aussi bien du particulier au général, des particuliers qu'il enveloppe dans la contraction, au général qu'il développe dans le champ de son attente."

그런데 이러한 일반성(일반적인 전망)은 오로지 종합작용 덕분에 존재할 수 있게 되는 것이지, 종합작용이 이뤄지기 전의 상태에서는 존재하지 않는다. 즉 종합작용이 이뤄지기 전의 상태에서는 모두가 **개별적인 사건**(순간)들일 뿐인데, 이들에 대한 종합작용이 이들의 개별성과는 **다른, 새로운 어떤 것**(일반성)을 만들어내는 것이다.[30] 순간들을 하나로 묶는 종합작용, 이러한 종합작용은 이처럼 어떤 **차이**를 — 순간들 자체들이 주는 개별성과는 결코 다른 것인 **일반성**이란 차이(새로운 것)를 — 생산하며 이뤄지는 것이며, 이와 같은 차이의 생산이 없이는 결코 이뤄지지 않는다. 그러므로, 시간의 성립이, 순간들을 서로 융합되도록 압축시키는 종합작용에 의해 가능해지는 것이라면,[31] 이는 곧 시간의 성립이란 항상 **필연적으로**, 어떤 차이(새로운 것)의 생산과 더불어, 즉 이러한 종합작용이 만들어내는 차이의 생산과 더불어, 이뤄진다는 것을 의미한다. 순간들에 대한 종합작용이 시간의 성립을 위한 조건인 한, (이러한 종합작용에 의한) 차이의 생산도 역시 시간의 성립을 위한 조건인 것이다. 아직 '시간의 종합'의 **첫 번째** 단계일 뿐인 '살아 있는 현재'의 종합에서부터, 이미 시간의 성립은 차이를 생산한다는 조건 위에서만 가능해지는 것이다.

---

30 "un changement se produit (…중략…) : une différence, quelque chose de nouveau.(*DR*, 96)" "la différence produit dans l'esprit est la généralité même, en tant qu'elle forme une règle vivant du futur.(*DR*, 97)"

31 순간들에 대한 이러한 압축의 종합작용이 만들어내는 '살아 있는 현재'가 시간의 성립을 가능하게 하는 최초의 기반(fondation)이다—(*DR*, 108)을 보라.

2) 두 번째 종합 : 순수 과거 – 전위(déplacement)와 위장으로서의 차이

'살아 있는 현재'는 또한 '지나가는(흘러가는) 현재'이다. 시간은 지나가는^{passer} 것이고, 시간의 이러한 지나감^{passage}(흐름)은 현재들이 지나감으로써 이뤄지는 것이니 말이다. 하지만 이는 역설이다. 시간이란 '살아있는 현재'가 종합됨으로써 비로소 성립하기 시작하는 것인데,[32] 역설적이게도 이 현재는 이미 **시간 속에 담겨 있는 것**^{intratemporel}, 시간 속에 담겨서 지나가고 있는 것이니 말이다. "그러므로 다음과 같은 결론을 불가피한 것으로 받아들여야 한다. 시간의 첫 번째 종합과는 다른 또 하나의 종합이, 이 첫 번째 종합이 그것 안에서 이뤄지는 또 다른 종합이, 있어야 한다.(DR, 108)" 바로 시간의 두 번째 종합인 '순수 과거(의 종합)', 혹은 '기억^{Mnémosyne}(의 종합)'이다.

사람들은 보통 과거란, 현재가 먼저 성립하고 '**그 이후에**' 성립하는 것이라고 생각한다. 과거란 현재가 지나감으로써 이뤄지는 것이라고, 다시 말해, 하나의 현재가 새로운 다른 하나의 현재에 밀려 지나간 것이 될 때이 '예전 현재'가 과거가 되는 것이라고, 생각하는 것이다. 하지만 생각해보자. 과거가 정말로 이처럼 현재 '**이후에**' 생기는 것이라면, 과거는 과연 언제부터 생기는가? 현재는 언제부터 과거가 되기 시작하는가? 현재인 **이후** 1초가 지난 후에? 아니면, 2초가 지난 후에? 아니면, 0.1초 후에? 아니면, 0.01초 후에? 그도 아니면, 0.001초 후에……? 과거는 현재가 이뤄진 **이후** 얼마만큼의 시간이 지나야 생기기 시작하는가? 현재인 하나

---

32 "La première synthèse, celle de l'habitude, est vraiment la fondation du temps.(DR, 108)"

의 사건은, 그것이 현재인 **이후** 얼마만큼의 시간이 지나야 과거가 되기 시작하는가? 과거가 현재 **이후**에 성립하는 것이라면, 과거와 현재를 떼어놓는 이 '이후'라는 시간 간격을 아무리 좁히고 좁히더라도, 현재가 어떻게 (또한 언제부터) 이 간격을 넘어 과거가 되는지를 도저히 설명할 수 없을 것이다. 그러므로 이 난감한 물음에 대해 다른 대답은 있을 수 없다. 현재인 하나의 사건은, 그것이 현재인 것과 **동시에** 과거이지 않다면, 결코 과거가 될 수 없다. "과거가 현재 **이후**에 생기는 것이라면, 과거는 결코 성립할 수 없다. 과거는, 현재가 성립할 때, 곧장 성립한다."**33** 현재인 하나의 사건이 과거로 지나갈 수 있는 것은, 그것이 현재인 바로 그 순간에 **동시에** 과거이기 때문이다. 그러므로 과거는 현재가 먼저 성립되고 난 '이후에' 성립되는 뒤늦은 것, 즉 현재와 '**순차적인**successif 관계' 속에 있는 것이 아니다. 과거는 현재와 **동시적으로 공존한다.** 현재이던 하나의 사건이 과거로 지나가는 것에 의해 '시간의 흐름passage'이 이뤄지는 것이라면, 이러한 시간의 흐름을 가능하게 해주는 것은 과거와 현재의 '동시적인 공존'이다.

현재와 **동시적으로 공존**하면서, 그것을 '지나가는 것'이 될 수 있도록 해주는 과거, 그러므로 이 과거는 '먼저' 한 번 현재였다가 '그 이후에' 과거가 되는 그런 것이 아니다. 이 과거는, 이와 같이 '먼저'와 '그 이후'를 구분하게 만드는 시간의 흐름**에 의해** 가능하게 되는 것이 아니라, 오히려 그것 덕분에 시간의 흐름이 가능하게 되는 것, 그러므로 시간의 흐름**보다 앞서** 존재하는 것이다. 시간의 흐름이 이 과거를 가능하게 해주는 것이

---

33 Deleuze, *Le bergsonisme*, p.54. 자세한 서지사항은 '참고문헌' 항을 참조하라.

아니라, 이 과거가 시간의 흐름을 가능하게 해주는 것이다. 그러므로 이 과거는, 먼저 현재였다가 새로운 현재의 도래에 의해 밀려나는 '예전 현재ancient présent'와는 다르다. '예전 현재'란 먼저 현재였다가 **이후에** 이뤄지는 것, 즉 현재보다 **이후에** 성립하는 것이지만, 과거란, 이미 보았듯이, 현재와 **동시적으로** 공존하는 것, 따라서 현재보다 이후에 성립하는 '예전 현재'와 결코 같을 수 없는 것이다. 그러므로, 현재와 동시적으로 공존할 뿐, 결코 현재 **이후에** 이뤄지는 것이 아닌 이 과거는, 그 자신이 **한 번도 현재인 적이 없는** 과거, 즉 **영원히 과거이기만** 한 과거이다. 그렇기 때문에 들뢰즈는, 한 번도 현재인 적이 없이 순전히 과거이기만 한 이 과거를 '순수 과거'라 명하는 것이다.

순수 과거는 모든 현재를 **지나가게** 하는 것이지만, 그 자신은 **지나가지 않는다.** 순수 과거가 지나가는 것이라면, 현재의 지나감을 설명하기 위해 순수 과거가 필요했듯이, 이번에는 순수 과거의 지나감을 설명해줄 또 다른 무엇인가가 필요할 것이고, 결국 이런 퇴행의 과정은 결코 끝맺음을 보지 못한 채 무한히 계속될 것이다. 그러므로 이런 무한퇴행을 막기 위해서는 아예 처음부터 그 단초를 주지 말아야 한다. 즉, 순수 과거는 지나감을 겪지 않는 것이어야 하며, 그러므로 — 만약, 아우구스티누스의 말처럼, 지나가는 것은 '존재하는 것을 멈추는cesser d'être' 것이고, 오로지 지나가지 않는 것만이 '존재하는 것을 멈추지 않는' 것이라면[34] — 지나감을 겪지 않는 순수 과거는 결코 존재하는 것을 멈추지 않는, **영원한 존재** 속에 있는 것이 될 것이다. 그러므로 과거(순수 과거)에 대해 '더 이상

---

34 Augustine, *Confessions*, 11권 14장. 역시 자세한 서지사항은 '참고문헌' 항을 참조하라.

존재하지 않는 것(아우구스티누스)'이라고 생각하는 것은 옳지 않으며, 더 나아가, '존재했었던était 것'이라고 과거형으로 말하는 것도 옳지 않다. 순수 과거는 존재했었던 것이 아니라 '영원히 존재하는' 것, 즉 한 번도 존재하는 것을 멈춘 적이 없는 것이기 때문이다. 순수 과거는, 그 자신은 결코 지나감을 겪지 않은 채 모든 각각의 현재들에 동시적으로 공존하면서 이 모든 현재들을 지나가게 하는 것이며, 그러므로 이 모든 현재들에 걸쳐 항상 현재형으로 '존재하고est' 있는 것이다.[35]

그러므로 시간의 흐름이란, '새로운 현재'의 도래에 의해 밀려난 '예전 현재'가, 모든 현재들과 동시적으로 공존하는 과거(순수 과거) 속으로, 즉 순수 과거의 **영원한 존재** 속으로, 들어오는 것으로 이해될 수 있다. 그런데 순수 과거는 영원히 존재하는 것이므로, 그 안에 들어온 '예전 현재'들 역시 사라지지 않고 모두 영원히 존재하게 된다. 순수 과거는, 그 안에 들어와 결코 사라지지 않고 계속 쌓이게 되는 이 현재들의 거듭된 유입으로 인해, 언제나 새로운 내용으로 점점 더 커져가게 되는 것이다. 그러므로, 시간의 흐름에 따라 지나간 모든 사건들, 우리 각자의 삶이 겪은, 또한 인류 전체의 역사가 겪은, 또한 우주 전체의 모든 삼라만상들이 겪은 모든 사건들은, 어느 것 하나 사라지지 않은 채 모두 '영원히 존재하는 것'으로 보존된다. 그런데, 이 모든 지나간 사건들이 이처럼 영원한 존재를 누린다는 것이, 결코, 마치 플라톤의 이데아처럼, 현실세계로부터 유리된 **무시간적인** 세계 속에서 **아무런 활동성**activité **없이** 존재한다는 것을 의미하지 않는다는 것은 분명하다. 순수 과거란 매 번, 새로운 현재와 동

---

[35] "On ne peut pas dire : il était, (…중략…) mais il est.(DR, 111)"

시적으로 공존하며 그것을 지나가게 하는 것이기 때문에, 따라서 순수 과거 속에서 영원히 존재하게 된 이들 사건들도 역시 새로이 도래해오는 이 현재와 매 번 동시적으로 공존하게 되며, 따라서 이들 사건들 **전체가** 이 현재에 영향을 미치게 된다. 지나간 사건들은 현재가 '어떻게 하나comment le présent fait-il?'를 손쓸 수 없는 먼 발치에 떨어진 채 우두커니 바라보고만 있는 것이 아니라, 현재 안으로 뛰어 들어와 현재의 이 '어떻게'를 자기들 손으로 만들어내려고 하는 것이다. 분명히, 지나간 사건들 중의 특정한 일부(예컨대, 새로이 도래해오는 현재와 시간적으로 가까운 일부)가 아니라, 지나간 사건들 **전체가** 새로이 도래해오는 현재에 매 번 작용한다고 말할 수 있다. 왜냐하면, 순수 과거는 지나감을 겪지 않기 때문이다. 순수 과거는 지나감을 겪지 않는 것이기 때문에, 순수 과거 속에 들어온 모든 사건들은 모두가 **한 순간에 동시적으로 공존한다.** 왜냐하면 지나감이 없는 곳에서는 순차적인 관계가 성립하지 않기 때문이다. 그러므로 순수 과거 속에 들어와 순차적인 관계가 아니라 동시적인 공존의 관계에 있게 된 이들 모든 사건들은, 그들 **전체가 구분 없이 한꺼번에** 새로이 도래해오는 현재에 침투해 들어오게 되는 것이다. 그렇기 때문에, 매 번 새롭게 도래해오는 현재란, 그것 자신 안에 과거 **전체**(지나간 모든 사건 전체)를 압축하며 이뤄지는 것이라고 볼 수 있는 것이다.[36]

　그러므로 이러한 '시간의 두 번째 종합'에서는, 첫 번째 종합에서와는 달리, 과거에 **의해서** 현재와 미래가 성립하고 규정된다. 결코 사라지지 않은 채 언제나 현재형으로 보존되어 오는 과거 전체(지나간 사건 전체)가

---

[36] "*tout* le passé coexiste avec le nouveau présent, (…중략…) chaque actuel présent n'est que le passé tout entier dans son état le plus contracté.(*DR*, 111)"

자신을 최대한으로 압축시켜 전개해가는 것이 바로 현재이며, 그러므로 현재는 '과거 전체의(최대한의) 압축'으로 성립하며, 또 그렇게 규정된다. 그런데, 지금 여기에 있는 것인 이 현재는 ─ 그러니 이 현재를, 들뢰즈를 따라, '지금 현재^{actuel présent}'라고 부르자,[37] ─ 그것과 동시적으로 공존하는 과거 덕분에 **지나가는 것**이 되며, 바로 이처럼 이 '지금 현재'가 **지나가는 것**이 되는 오직 그 덕분에, 이 '지금 현재'와는 다른 '새로운 현재^{nouveau présent}'가 ─ 즉, 지금 여기에 있는 '지금 현재'와는 달리, **지금 여기로 아직 오직 않은 '새로운 현재'**가 ─ 지금 여기로 장차 올 수 있게 된다. 아직 오지 않았으나 장차 틀림없이 오게 될 이러한 '새로운 현재', 이것이 곧 미래이다. 즉 과거가 현재(지금 현재)를 지나가게 하여 **빈 자리가 생기도록** 하는 덕분에, 미래(새로운 현재)가 이 빈 자리를 메우도록 도래해올 수 있는 것이다.[38] 현재(지금 현재)가 지나가지 않으면, 미래(새로운 현재)는 결코 올 수 없을 것이며 ─ 즉 미래라는 시간은 결코 성립하지 않을 것이며, ─ 현재가 지나가도록 하는 것은 바로 과거이다.[39] 그러므로 과거가 미래를 '아직 오지는 않았으나 장차 **틀림없이** 올^{à-venir} 시간'으로 성립하도록 만들며, 또 그렇게 규정되도록 만드는 것이다. 시간의 두 번째 종합에서는 이처럼 현재와 미래가 과거 덕분에 가능해지는, 과거에 부속하는 차원으로 존재한다.

현재가 '과거의 압축'이라는 것, 그것은 현재가 '과거의 반복'에 의해

---

37 영어 번역본은 이 'actuel présent'를 'present present'으로 옮긴다.

38 "C'est parce que le passé est contemporain de soi comme présent, que tout présent passe, et passe au profit d'un nouveau présent.(*DR*, 111)"

39 "Le passé ne fait pas passer l'un des présents sans faire advenir l'autre, (…중략…) C'est pourquoi, loin d'être une dimension du temps, il est la synthèse du temps tout entier dont le présent et le futur sont seulement les dimensions.(*DR*, 111)"

이뤄진다는 것을 의미한다.[40] 즉 지나간 모든 사건들은, 현재와 동시적으로 공존하는 과거(순수 과거)에 의해, 매 번 현재로 **되돌아와**revenir 반복되고 있는 것이다. 그런데, 현재가 '과거의 반복'에 의해 이뤄지는 구체적인 양상이란 어떤 것일까? 칸트 이래로, 우리가 현실세계에서 경험하는 대상들objets réels이란 우리 주관의 종합작용에 의해 규정되고 성립되는 것으로 이해된다.[41] 주관의 종합작용은 경험에 주어지는 잡다들을 종합하기 위한 도식schéma을 만들어내며, 이 도식을 통해 이 경험적 잡다를 통일적 대상으로 정립한다는 것이다. 그런데, 들뢰즈에 따르면, 경험적 대상을 정립하게 해주는 이러한 도식은 우리가 '예전 현재들'에서 경험한 대상으로부터 만들어진다. 과거가(즉 예전 현재들이) 현재(지금 현재) 속으로 되돌아와 반복되며 그리하여 현재를 '과거의 반복'이 되도록 만든다는 것, 이것이 의미하는 것은 바로, '현재'에서 경험되는 실재적 대상objet réel을 정립하게 해주는 이러한 도식이 바로 이처럼 '예전 현재들'의 경험 대상으로부터 만들어진다는 것이다.[42] 들뢰즈는 이러한 도식의 역할을 하는 대상을 '잠재적 대상objet virtuel'이라 부른다.[43] 그러므로 과거의 것인 이러한 잠재적 대상과 현재의 것인 실재적 대상 사이에는 반복의 관계가 성립한다. 현재가 과거(즉 예전 현재들)의 반복에 의해 이뤄진다는 것은, 현재에서 경험되는 실재적 대상이 과거의 것인 잠재적 대상의 반복으로서 이뤄진다는 것이다. 마치, 프로이트의 정신분석학에서, 성년기의

---

40 즉 현재란 '과거의 반복'으로 존재한다는 것을 의미한다.

41 "elle (une synthèse active) consiste à rapporter l'excitation liée à un objet posé comme réel.(DR, 131)"

42 이 점을 들뢰즈는 그의 Bergsonisme(pp.48~69)에서 상세하고 보여주고 있다.

43 "C'est du haut de ma contemplation des foyers virtuels 'objets virtuels' que j'assite et préside à mon présent qui passe, et à la succession des objets réels où ils s'incoporent.(DR, 135)"

사랑이란 유아기의 사랑의 반복이듯이, 즉 '현재(성년기)'의 사랑의 대상(연인)이란 '예전 현재(유아기)'의 사랑의 대상(엄마)이 자신을 반복하여 나타나는 것이듯이, 현재에서 경험되는 실재적 대상이란 잠재적 대상이 자신을 반복하여 나타나는 것이다.[44]

그런데, 이러한 잠재적 대상은 '예전 현재들'의 경험대상**으로부터** 만들어지는 것이기는 하지만, 결코 이 '예전 현재들'의 경험대상과 **같은 것**은 아니다.[45] '예전 현재들'의 경험대상은 '지금 현재'의 경험대상에 밀려 이미 '지나간 것'이 된 것, 즉 '지금 현재'의 경험대상과 시간적 간격을 두고 떨어져 존재하는 것이지만,[46] 잠재적 대상은 이 '지금 현재'의 대상인 실재적 대상과 **동시적으로** 공존하며, 이 실재적 대상을 자신의 반복이 되도록 만드는 것, 즉 이 실재적 대상을 통해 **지금 현재**에 자신을 반복하여 나타나는 것이다.[47] 그러므로 잠재적 대상은 '예전 현재'의 대상으로서 존재하는 것이 아니라, '지금 현재'와 **동시적으로** 공존하는 '순수 과거의 대상'으로서 존재하며, 오직 그렇게 존재하는 한에서만, '지금 현재'의 실재적 대상으로 자신을 반복하여 나타날 수 있다.[48] "잠재적 대상은

---

[44] 그렇기 때문에, 들뢰즈는 실재적 대상을 잠재적 대상이 '나타나는 것'으로 말하기도 하며 ("les séreis réels où il apparaît(*DR*, 138)"), 또한 실재적 대상을 잠재적 대상이 '체화(구현)되는 것'으로 말하기도 한다(des objets réels où ils s'incoporent.(*DR*, 135))
들뢰즈가 시간의 두 번째 종합인 순수 과거의 종합이 사실상 플라톤의 상기론과 이데아론에 의해 이미 발견된 것이라고 주장하는 것도, 순수 과거의 종합이 이처럼 현재의 것인 실재적 대상을 과거의 것인 잠재적 대상의 반복이 되도록 만들기 때문이다. 플라톤에 따르면, 우리가 현실세계에서 경험하는 실재적 대상은, 우리가 아주 오래 전 '예전 현재'에서 보았으나(알았으나) '지금 현재'에서는 망각하고 있는 이데아(잠재적 대상)를 반복하고 있는 것이다. 이에 대해서는 *DR*, 119를 참고하라.

[45] "Prélevè sur l'objet réel présent, l'objet virtuel diffère en nature avec lui.(*DR*, 135)"

[46] 즉 '예전 현재들'의 경험대상과 '지금 현재'의 경험대상(실재적 대상) 사이에는 '이전'과 '이후'라는 순차적인(successif) 관계가 성립한다.

[47] "L'objet virtuel n'est jamais passé par rapport à un nouveau présent.(*DR*, 135)"

[48] "L'objet virtuel n'est pas un ancien présent; car la qualité du présent, et la modalité de passer, af-

순수 과거적인 대상이다."[49]

그런데, 순수 과거란, 이미 보았듯이, 단 한 번도 **현재**일 수 없는 것, 즉 결코 현실화actualiser될 수 없는 것이다.[50] 그러므로 순수 과거적인 잠재적 대상이란, **현재** 속에서 존재하는 그 어떤 실재적 대상과도 완전히 일치하지 않는다. 잠재적 대상은, 그것의 형성연원인 '예전 현재'의 대상과도 일치하지 않지만, 또한 그것을 반복하는 것인, 즉 그것을 새로운 현재 속에서 현실화하는 것인 '지금 현재'의 실재적 대상과도 결코 일치하지 않는 것이다. "콩브레는 (…중략…) 한 번도 현재로서 체험되지 않은 광채 속에서, 결코 '예전 현재'로도 '지금 현재'로도 환원되지 않는 순수 과거의 모습으로 자신을 나타낸다. (…중략…) 동정녀(잠재적 엄마)는 결코 한 번도 체험된 적이 없는 존재로서, '지금 현재'의 연인이나 '예전 현재'의 엄마의 **너머**에 있다.(DR, 115)" 그러므로 잠재적 대상은 '자기동일성'을 가지고 있지 않다. 잠재적 대상은 실재적 대상으로 자신을 현실화하여 나타나지만, 즉 잠재적 대상은 이 실재적 대상**이기도** 하지만, 또한 동시에 이 실재적 대상과 **다른 것**이다. 잠재적 대상의 **순수 과거적** 성격은, 잠재적 대상을 순수 과거와 **동시적으로 공존하는** 현재 속에 현실화되도록 하지만, 또한 이러한 **순수 과거적** 성격은, 잠재적 대상이 **현재**의 실재적 대상과 완전히 일치되는 것을 막기 때문이다. 그러므로 잠재적 대상은 자신을 현실화하는 실재적 대상으로 나타나지만, 또한 끊임없이 이 실재

---

fectent maintenant de manière exclusive la série du réel (…중략…) Mais le passé pur (…중략…) comme contemporain de son propre présent, préexiste au présent qui passe et faisant passer tout présent, qualifie l'objet virtuel.(DR, 134)"

49 "l'objet virtuel est du passé pur.(DR, 136)"

50 현실화된다는 것은 경험될 수 있는 실재적 대상으로 존재하게 된다는 것, 즉 '현재'라는 시간 형식 속에서 존재하게 된다는 것을 뜻한다.

적 대상과는 **다른 것이 되는 것**으로 존재한다. '예전 현재'의 엄마와 '지금 현재'의 연인, 잠재적 엄마는 이들 실재적 대상들로 자신을 반복하고 현실화하지만, 또한 엄마(실재적 엄마)의 자리에도 연인의 자리에도 있지 않다.[51] 그것은 끊임없이 자리를 옮겨가며 다른 것이 된다.[52] 잠재적 대상은 끊임없이 자신의 자리를 옮겨가며 자신을 다른 것이 되도록 바꿔가는 '차이 자체', 즉 어떠한 자기동일성도 결여하는 '차이 자체'인 것이다. "콩브레는 그것 고유의 본질적인 차이에 의해 정의된다."[53]

그러므로 시간의 두 번째 종합이 현재를 과거의 반복이 되도록 만들 때, 이러한 반복은 결코 '같은 것(자기동일적인 것)의 반복'이 되지 않는다. 왜냐하면 반복되는 것인 잠재적 대상이 결코 자기동일성을 갖지 않은 채 끊임없이 자신을 다른 것이 되도록 바꿔가는 '차이 자체'이기 때문이다. 이 점에서 반복에 대한 프로이트의 이해는 반복의 본질을 잘못 파악하고 있다. 프로이트에 따르면, 유아기의 사랑을 반복하는 성년기의 사랑은 오직 가면을 덮어쓴 위장된 형태로만 이 원초적인 사랑을 반복하는데, 프로이트는 이러한 위장의 이유를 억압에서 찾는다. 억압이 없었으면 위장 없이 이뤄질 수 있는 반복이, 억압으로 인해 위장된 반복이 되는 것이다. 그러므로 프로이트는 위장을 반복의 **외부로부터 와서** 반복 위에 **덧붙는 것**으로, 즉 그것에게 덧붙여지는 위장과 원칙적으로 분리될 수 있는 '반복되는 것'이 존재할 수 있는 것으로, 생각한다. 즉 프로이트에게는

---

51 "L'objet virtuel a pour propriété d'être *et* de ne pas être là où il est, où qu'il aille.(*DR*, 135)"

52 "il circule constamment, toujours déplacé par rapport à soi.(*DR*.138)"

53 "Ce Combray en soi se définit par sa propre différence essentielle(*DR*, 160)" 잠재적 대상이 어떻게 자기동일성을 결여한 '차이 자체'로서 존재하는지에 대한 보다 자세한 설명은 참고문헌 조현수(2012)를 참고하라.

반복을 통해서 끊임없이 자기동일적으로 남아 있는 동일자가 있고, 반복을 통해 생기는 차이란 오로지 이 동일하게 반복되는 것의 외부로부터 와서 그것에 덧붙는 위장을 통해 이뤄지는 것이다. 그러므로 반복에 대한 프로이트의 이해는 사실상 플라톤주의가 수립한 '재현(표상)의 논리'를 따르고 있다. 프로이트의 반복은 자기동일성을 갖는 원상原象(유아기의 사랑)과 이 원상을 닮으려하는 모상(성년기의 사랑)의 관계로 이뤄진다. 반복을 통해 생기는 차이(위장)는 반복 자체에 의해 생기는 것이 아니다. 이 차이는 반복과는 다른 것인 억압에 의해, 반복을 통해 계속해서 자기동일성을 유지하는 원상의 외부로부터 와서 그것에게 덧붙는 **이차적인 속성**인 것이다. 하지만, 들뢰즈에 따르면, 반복되는 것이란 '예전 현재(유아기)'의 실재적 대상이 아니라 순수 과거적인 잠재적 대상이며, 이 잠재적 대상은 그 어떤 실재적 대상과도 일치하지 않으면서 끊임없이 자신의 자리를 옮겨 다니는 것이다. 이 잠재적 대상은 그 **내재적 속성**이, 그것을 현실화(반복)하는 그 어떤 실재적 대상에도 머무름이 없이, 언제나 하나의 실재적 대상(엄마)에서 다른 하나의 실재적 대상(연인)에로, 또 이 대상에서 또 다른 하나의 실재적 대상(새로운 연인)에로, 끊임없이 자신의 자리를 바꿔가며 다른 것이 되도록 옮겨 다니는 것이다. (전위)déplacment 그러므로 반복의 주체가 이러한 잠재적 대상인 반복에게는, 차이(위장)란 결코 외부로부터 와서 덧붙는 것이 아니다. 잠재적 대상을 반복하는 실재적 대상들에게서 나타나는 위장, 즉 잠재적 대상과 그것을 반복하는 실재적 대상들을, 또한 이 실재적 대상들 서로를, 서로 **다른**(차이나는) 것이 되도록 만드는 위장, 이 위장은 결코 잠재적 대상의 외부에 존재하는 어떤 다른 심급(억압)에 의해, 자신을 반복해가는 이 잠재적 대상에게 덧씌워지는 것이 아니다. 이 위장(차이)은 반복의 주체인 잠재적 대상이 '차이 자체'이기 때문에 생기는 것, 즉 잠재적 대상이 그것을 현실화하는 그 어떤 실재적 대상과도 일치하지 않고 하나의 실재적 대상에서 다른 실재적 대상에로, 또 이 대상에서부터 또 다른 실재적 대상에로……. 끊임없이 자신의 자리를 바꿔가며 계속해서 다른 것이 되는 것이기 때문에 생기는 것이다.[54] 그러므로 이 위장(차이)이란 반복의 외부로부터 오는 것이 아니라 반복과 결코 분리될 수 없는 하나를 이루는 것, 즉 반복의 내재적 속성 자체이다. "억압이 있기 때문에 위장이 있는 것이 아니라, 위장이 있기 때문에 억압이 있다.(DR, 139)"

그러므로 자기동일성을 가진 원상이란 없다. 가면을 덮어쓰는 위장이 일어나기 전의 순수한 본래의 모습을 지닌 원상, 차이(위장) 이전에 존재하는 순수한 자기동일성을 가진 원상, 그러한 원상이란 존재하지 않는다. "요컨대 궁극적인 항이란 없다. 우리의 사랑은 결코 엄마에로 환원되지 않는다.(DR, 139)" "우리가 아기일 때 엄마에 대해 갖는 사랑도, 다른 성인 남자가 다른 성인 여자에 대해 가졌던 사랑을 반복하고 있을 뿐이다. 마치 『잃어버린 시간을 찾아서』의 주인공의 엄마에 대한 사랑이 오데트에 대한 스완의 사랑을 반복하는 것이듯이.(DR, 28)" "가면들 뒤에는 언제나 또 다른 가면들이 있을 뿐이다. 가장 뒤쪽에 깊숙이 숨어 있는 것, 그것 또한 가면일 뿐이다. 가면을 벗기고 그 속에 숨은 실체를 드러낸다는 것만큼 잘못된 환상은 없다.(DR, 140)" 그러므로 반복을 통해 산출되

---

54 "Le déplacment de l'objet virtuel n'est donc pas un déguisement parmi les autres, il est le principe dont découlent en réalité la répétition comme répétition déguisée. La répétition ne se constitue qu'avec et dans les déguisements (…중략…); mais cela parce qu'elle dépend de l'objet virtuel comme d'une instance immanente dont le propre est d'abord le déplacement.(DR, 138)"

는 차이(위장)들을 자신의 자기동일성 속으로 환원할 수 있는 원상이란 없다. 모상들이 나타내는 차이들, 이 차이들을 자신의 자기동일성 속으로 환원할, 이들 모상들보다 근본적이며 우월한 원상이란 없는 것이다. 그러므로 이 차이들은 모두 **서로 다르기만** 할 뿐, 모두 **서로 동등하다**. 원상이란 존재하지 않기에, 어느 것도 원상과 더 가깝거나 더 멀지 않으며, 따라서 어느 것도 다른 것보다(원상과의 멀고 가까움의 관계에 의해) 더 우월해지거나 더 열등해지는 일 없이 참으로 모두들 완전히 동등한 가운데 오직 **서로 다르기만** 한 것이다.[55] 그러므로 원상이 사라진 곳에서 모든 모상들은 동등해지며, 그들 자체가 더 이상 모상이 아닌 독립적인 원상이 된다. 마찬가지로, 자기동일성이 사라진 곳에서 오직 차이만이 남을 뿐이며, 이 차이는 그 자체가 더 이상 그것보다 더 근본적인 것(자기동일적인 것)으로 환원되지 않을 근본적이고 원초적인 것이 된다. 원초적인 것, 그것은 (자기동일성이 아니라) 차이이다. 이 차이가, 결코 자기동일적인 것이 아닌 이 차이가, 자신을 반복한다.[56] 이것이 반복이 어떤 자기동일성으로도 환원되지 않을 차이를 계속 생산하는 것이 되는 이유이다. 존재하는 것, 그것은 자기동일적인 원상(개념)과 이 원상을 닮은 모상들이 아니라, '서로 동등한 다름'이 그들의 존재원리가 되는 차이들, 즉 이데아(원상)를 전복시킨 시뮬라크르들simulacres이다. 시간의 두 번째 종합은 우리 앞에 존재하는 모든 대상들을 이러한 시뮬라크르들로 만드는 것이다.

---

55 "《tout se vaut》 se dit de la différence, ne se dit que de la différence.(…중략…)(DR, 163)"
56 "à la limite il n'y a que (…중략…) la différence qui se répète.(DR, 145)"

3) 세 번째 종합-미래-보편적인 근거와해(universel effondement)

그런데 설령 시간의 두 번째 종합이 이처럼 우리 앞에 존재하는 모든 대상들을 자기동일성을 갖지 않는 시뮬라크르들로 만든다 할지라도, '차이의 존재론'의 완성을 위해서는 아직 마지막 관문이 남아 있다. 대상의 자기동일성이 설령 사라진다 하더라도, 자아의 자기동일성은 아직 손상받지 않은 채 남아 있기 때문이며, 또한 이로부터 대상의 자기동일성이 다시 부활할 수 있기 때문이다. 실로 사람들은 근대철학이 더 이상 대상의 자기동일성이 아니라 자아의 자기동일성을 중심에 놓고 이로부터 '표상의 논리'를 재구축한 것을 철학사의 획기적인 전환으로 평가한다. 데카르트나 칸트에게 대상의 자기동일성은 더 이상 대상 자체에서 찾아지는 것이 아니라 자아의 자기동일성으로부터 찾아진다. 대상의 자기동일성은 그것보다 선행하는 자아의 자기동일성으로부터 부여되는 것이며, 따라서 자아의 자기동일성이야말로 존재하는 모든 것의 자기동일성을 성립하게 만드는 궁극적인 근거가 되는 것이다. 그러므로 설령, 위와 같은 시간의 두 번째 종합 이론에 의해서나 혹은 또 다른 이론에 의해, 대상의 자기동일성이 대상 자체에서 찾아질 수 없다는 것이 논증된다 할지라도, 근대철학이 보기에 이는 결코 대상의 자기동일성을 완전히 파괴하는 것이 되지 못한다. 왜냐하면 대상의 자기동일성이란 더 이상 대상 자체가 가지고 있는 것으로서가 아니라 자아에 의해 부여되는 것으로서 존재하기 때문이다. 말하자면, 데카르트나 칸트는 자아의 자기동일성을 통해, 대상세계에서 사라질 뻔한 동일성을 다시 복원시키는, '표상의 논리'의 수호자들인 것이다. 그러므로 차이의 존재론이 최종적으로 완성되고 입증되기 위해서는, 근대철학이 동일성을 수호하기 위한 최후의 보루로 만든 자아의 자기동일성을 해체할 수 있어야 한다. 이러한 자아의 해체를 수행하는 것이 바로 시간의 세 번째 종합이다.

자아란 무엇인가? '살아 있는 현재'를 만드는 시간의 첫 번째 종합, 들뢰즈는 이 종합을 '습관의 종합'이라 부른다. 서로 독립적인 여러 순간들을, 지속의 두께를 지닌 '살아 있는 현재'로 종합하는 압축작용, 이러한 압축작용이 우리로 하여금 이 세계에서 살아갈 수 있도록 하는 습관을 구축하도록 만들기 때문이다.[57] "습관이란 그 본질에 있어서 압축이다."[58] 존재하는 모든 것들은, 그들이 생명체이건 무생명체이건, 이러한 습관을 구축하여 가지고 있다.[59] 그들의 **현재**를 만드는 압축작용이 곧 이러한 습관을 만들도록 하는 것이기 때문이다. 우리를 구성하는 수많은 요소들, 즉 우리를 구성하는 심장과 근육들과 신경들과 그 밖의 많은 기관들은, 또한 이들을 구성하는 수많은 세포들 하나하나는, 모두 각자 자신의 습관을 가지고 있다.[60] 우리의 존재란 우리를 구성하는 이들 수많은 요소들 각자가 가진 습관들에 의해 이뤄지는 것이다.[61] 들뢰즈에 따르면, 우리의 '자아'란, 우리를 구성하는 이 수많은 습관들의 결집체이다. "우리는 오직, 우리가 **가진 것**으로서 존재한다. 우리의 존재는 바로 우리가 **가지는 것**에 의해 형성된다on n'est que ce qu'on a, c'est par un avoir que l'être se

---

57 "La contraction désigne aussi la fusion des tic-tac successifs. (…중략…) Telle est la synthèse passive, qui constitue notre habitude de vivre.(*DR*, 101)"
58 "L'habitude dans son essence est contraction.(*DR*, 101)"
59 "Tout est contemplation, même les rochers et les bois, les animaux et les hommes.(*DR*, 102)""
60 "Il faut attribuer une âme au cœur, aux muscles, aux nerfs, aux cellules, mais une âme comtemplative dont le rôle est de contracter l'habitude.(*DR*, 101)"
61 "Ces mille habitudes qui nous composent.(*DR*, 107)"

forme.(*DR*, 107)" '습관^{habitude}' 이란 말의 어원인 'habitus'가 '무엇을 가지다 ^{avoir}'라는 말의 어원인 'habere'와 관련되는 것임을 기억하자.[62] 우리의 **존재를 우리가 가지는 것**과 일치시킴으로써, 들뢰즈는 지금, '나'의 존재란, 즉 나의 '자아^{moi}'란, 내가 압축작용을 통해 **가지게 된**$^{avoir,\ habere}$ 습관 ^{habitude}임을 말하고 있는 것이다. "나란 습관이다$^{Je\ est\ une\ habitude}$."[63] 실로, '나'란 무수한 습관들을 가지고 있으며, 이 습관들 덕분에 나는 세계 속에서 살아갈 수 있다. 내 운동세포들과 신경세포들이 가지게 된 습관들, 즉 내가 처한 환경으로부터 주어지는 순간적인 자극들을 압축함으로써 구축된 이러한 신체적 습관들과 정신적 습관들이, 나를 정확한 손놀림과 입놀림으로 밥 먹게 하고, 남이 알아들을 수 있는 방식으로 음을 분절시켜 말하게 하며, 도심의 어지러운 거리를 길 잃지 않고 걷게 만들고, 직장에서 요구되는 업무를 적절히 처리하도록 하며, 내가 속한 각종 제도적 환경(군대, 국가, 종교)의 일원으로 처신할 수 있도록 해준다. 식탁, 거리, 학교, 가정, 직장, 언어공동체 등, 내가 몸담고 살아가는 환경^{milieu}이란 이 처럼 나의 습관들로 이뤄진다.[64] 밥 먹고 말하고 걸으며, 학교에서 공부하고 직장에서 일하며 가정에서 사랑하는 일 등, 이 모든 나의 유기체적 삶과 정신적 삶이 모두 습관에 근거하여 이뤄지는 것이다.[65] 내가 세계 속에서 **산다는**^{habiter} 것, 그것은 바로 내가 **습관**^{habitude}을 **가진다는**^{habere} 것 이다. 밥 먹고 말하고 걸으며 사랑하고 일하며 공부하는 자아, 실로 이런

---

62 우리말 번역본 187쪽에 나오는 역자주를 참고하라.

63 Deleuze, *Qu'est-ce que la philosophie?*, p.101

64 (L'immeuble, la rue, l'école, la profession, la vie conjugale, l'armée, le pays, la région, etc) Le mi-lieu se définit par une habitude.- Zourabichvili(1994), p.73.

65 "toute la vie organique et psychique reposent sur l'habitude(*DR*, 107)"

습관들 말고 우리가 '자아'라고 부를 수 있는 것이 있겠는가? 이런 것들이 아닌 자아(이른 바, 속세에서 겪는 그 어떤 변화와도 상관없이 존재한다고 말해지는 자아^{atman}), 그것이 정녕 우리의 자아일 수 있겠는가?

그러므로 습관을 가지는 모든 것은 자아를 가지고 있다. 우리를 구성하는 수많은 요소들, 각자 자신의 습관을 가진 이들 요소들은 각자 자신의 자아를 가지고 있으며, 그러므로 우리의 자아 속에는 이들 수많은 서로 다른 미세자아들이 우글대고 있는 것이다.[66] 그런데 이들 미세자아들은 각자 자신의 습관만을 따를 뿐이다. 즉 이들 수많은 미세자아들 각자가 가진 서로 다른 습관들은, 서로 자연스럽게 조화를 이룰 수도 있겠지만, **서로 다른** 습관들인 만큼 서로 충돌할 수도 있다. 예컨대, 공부하는 습관은 쾌락을 좇는 사랑하는 습관과 조화를 이루기보다는 자주 충돌하기 마련이다. 그런데 시간의 두 번째 종합의 단계에 이르면, 이들 서로 다른 습관들 각자가 요구하는 것을 서로 중재하고 화해시키려는 시도가 일어난다. "시간의 두 번째 종합에서 문제가 되는 것은, 쾌락원칙을 어떻게 (유연하게) 적용할 것인가 하는 것이다. 즉 쾌락원칙을 어떤 조건 아래에서, 어떤 제한을 감수하는 것을 대가로 적용할 것인가 하는 것이다."[67] 즉 시간의 두 번째 종합에서는, 모든 미세자아들을 통합하는 **통합적** 자아가, 즉 이들 미세자아들 사이의 상충하는 요구들을 중재하고 절충하여 하나의 조화로운 **전체적인 통합**이(intégration globale : DR, 131) 이뤄지도록 하는 **통합적** 자아가 형성되는 것이다.[68] 실로, 시간의 두 번째 종합은, 또한 이

66　"Sous le moi qui agit, il y a des petits mois(DR, 103)"

67　"il s'agit alors, en effet, de savoir comment ce principe de plaisir s'applique à ce qu'il régit, sous la condition de quel usage, au prix de quelles limitations et de quels approfondissements.(DR, 144)"

것과 동시에 이뤄지는 능동적 종합은, 자아 앞에 마주 서는 대상이 정립되도록 만든다. 전자는 잠재적 대상을, 후자는 실재적 대상을. 자기 앞에 정립된 이러한 대상들과 **마주 서게 된**gegenstehen 자아는 이제, 이들에 대한 자신의 작용을 통해, 이들과 구별되고 대립되는 자기 자신을 자각하게 되고, 이로부터 자신을 하나의 독립적인 **개체**unité로서, 즉 자신을 이루는 모든 것(습관들)을 '**하나의 개체**unité로서의 자신'에게 귀속시키는 통합적 자아로서, 정립하게 되는 것이다. 자아(통합적 자아)의 정립은 이처럼 (시간의 두 번째 종합의 단계에서 일어나는) 대상의 정립과 더불어 이뤄진다. 자아(통합적 자아)란 오직, 자기 앞에 정립되는 **대상과의 관계**relation objectale **속에서만** 존재하는 것이다. "자아란 두 종류의 대상(잠재적 대상과 실재적 대상)이 서로 교차하는 지점이 아니면 무엇이겠는가? 이 지점에 존재하지 않는다면 어디에 존재하겠는가?"**69** 자아란, 이 두 종류의 대상이 교차하는 지점에, 즉 각자 자신들의 요구를 주장하는 수많은 습관들 사이를, 이들 대상들에 대한 관계 속에서, 조절하는 균형점에 존재하며, 바로 이 균형점**으로** 존재한다. 시간의 두 번째 종합은 수많은 미세자아들을 하나의 통합적 자아로 통합되도록 함으로써, 자아의 존재를 더욱 공고히 하는 것이다.

그런데, 들뢰즈에 따르면, 시간의 두 번째 종합에 의해 대상이 겪게 되는 운명, 즉 잠재적 대상이 끊임없이 자리를 옮겨 다니며(전위)déplacement

---

68 "le Moi tend à s'unifier activement, à rassembler tous ses petits mois passofs composants et contemplant, et à se distinguer topiquement du Ça.(*DR*, 131)"

69 "Et le moi, qu'est-il, où est-il, (…중략…) sauf au croisement du 8, au point de jonction des deux cercles dissymétriques qui se coupent, le cercle des objets réel et celui des objets virtuels?(*DR*, 133)"

계속해서 다른 실재적 대상들로 바뀌어가며 자신을 위장하여 나타난다는 것은, 나르시시즘을 발생시키는 강력한 동기로 작용한다. 즉 자신을 충족시켜줘야 할 대상이 이처럼 끊임없이 전위와 위장을 겪기 때문에, 이와 같은 대상에게서 자신의 충족을 얻는 데 실패하게 된 리비도가, 이제 대상을 향했던 자신의 관심을 거두어 자아 자신에게로 되돌아오게 된다는 것이다.[70] 들뢰즈는 이러한 나르시시즘이 시간의 세 번째 종합과 밀접한 관련을 맺고 있음을 지적한다.[71] 우리는 곧 시간의 세 번째 종합이란 나르시시즘에 의해 야기되는 결과라는 것을 보이게 될 것이다. 그러므로 시간의 두 번째 종합이 나르시시즘을 발생시키는 동기로 작용한다는 것은, 시간의 두 번째 종합이 시간의 세 번째 종합에 대해서도 역시 같은 역할을 한다는 것을 의미한다.[72] 즉 시간의 두 번째 종합과 세 번째 종합 사이에는 어떤 '근본적인 단절'로서가 아니라 어떤 '연속적인 이행'으로서 이해되어야 할 관계가 분명히 있는 것이다.[73] 하지만, 그럼에도

---

[70] "Le caractère essentiellement perdu des objets virtuels, le caractère essentiellement travesti des objets réels, sont les puissantes motivations du narcissisme. Mais quand la libido se tourne ou reflue sur le moi, quand le moi passif devient tout entier narcissique, (…중략…)(DR, 145)" – 이 문장으로부터 시작되어 148쪽까지 이어지는 논의들은 시간의 세 번째 종합이 자아 동일성의 해체와 관련된다는 것을 보여준다.

[71] "La complémentarité de la libido narcissique et de l'instinct de mort définit la troisième synthèse.(DR, 150)"

[72] 시간의 두 번째 종합이 시간의 세 번째 종합을 촉발하는 역할을 하는 것에 대해서는 DR, 119쪽과 145쪽을 참고하라.

[73] 시간의 두 번째 종합과 세 번째 종합 사이의 관계를 제대로 규명하는 것은 무척 복잡하고 어려운 일이라고 우리는 생각한다. 여기에서 우리는 이 두 가지 종합 사이에는 결국 어떤 근본적인 단절이 생기게 된다는 것을 부정하는 것이 아니다. 다만 이러한 근본적인 단절에 앞서 그것보다 먼저 이해되어야 할 어떤 연속적인 이행의 관계 또한 틀림없이 존재한다는 것을 말하려 하는 것이다. 이 두 가지 종합 사이에 근본적인 단절이 있음을 강조하는 것이 일반적인 해석이지만 — Williams(2011)는 이런 일반적인 해석을 잘 대변하고 있다 — Zourabichvili(1994)는 이들 사이의 연속적인 이행의 성격을 강조하는 훌륭한 해석을 제시한 바 있다(74~75쪽과 84쪽을 참고하라), Zourabichvili와는 다른 논의경로를 통해서 이지만, 조현수(2012)도 역시 이러

불구하고, 리비도가 더 이상 대상이 아니라 자아 자신에게로 되돌아오게 되면, "시간의 두 번째 종합에서 일어났던 일과는 완전히 대립되는 전혀 새로운 재조직화가 일어난다.(DR, 146)" 이와 같은 나르시시즘의 단계에 들게 되면, 과연 무슨 일이 일어나는가?

리비도가 자아로 되돌아온다는 것, 그것은 자아가 더 이상 대상이 아니라 자기 자신을 생각하기 시작한다는 것이다. 즉 '나란 무엇인가?', '나란 누구인가?'를. 하지만 칸트가 간파한 내감의 역설을 기억하자. 즉 생각의 대상이 되는 나와 생각의 주체인 나는 서로 일치하지 않는다. 생각의 대상이 되는 나는 언제나, 내감의 형식인 시간 속에서 나타난다. 생각의 대상이 되는 나는, 다른 대상들과 다를 바 없이, 모든 현상의 조건이 되는 시간 속에서 나타나며, 따라서 **일개 현상**으로서, 즉 **현상적 자아**로서, 존재하는 것이다.[74] 내가 '나란 무엇인가?'를 생각함으로써 발견하게 되는 자아, 이 자아는 이러한 현상적 자아sujet phénoménal이다. 그러므로 '생각함'이란 **활동 자체**, 즉 '나란 무엇인가?'라고 생각하는 '생각함'의 활동 자체는, 이 현상적 자아에 속하지 않는다. 이 현상적 자아는 생각의 **대상**으로서 존재하는 것이지, 생각을 수행하는 **주체**로서 존재하는 것이 아니기 때문이다. 그러므로 이 현상적 자아는 '생각함'이라는 활동 자체를je pense 자신이 수행하는 것으로서가 아니라 **자신에게 수행되는** 것으로서, 즉 자신의 외부로부터 자신에게 가해지는 것으로서, 수동적으로 겪는다.[75] '생각함'을 수행하는 생각의 주체로서의 나는 이 현상적 자아에게

한 연속적인 이행의 성격을 강조한다.

[74] "mon existence indéterminée ne peut être déterminée que *dans le temps*, comme l'existence d'un phénomène, d'un sujet phénoménal, passif ou réceptif *apparaissant dans le temps*.(DR. 116)"

[75] "sa propre pensée, sa propre intelligence, ce par quoi il dit JE, s'exerce en lui et sur lui, non pas par

타자인 것이다. "나란 타자이다$^{\text{Je est un autre}}$(*DR*, 116)" 내가 나 자신을 생각함으로써 발견하게 되는 자아(나의 자아)^{moi}는, 생각하는 나 자신을, 즉 생각함을 수행하는 주체로서의 나 자신을, 자신 안에 존재하는 **타자**로서 체험하는 것이다.[76] 생각의 주체로서의 나와 생각의 대상이 되는 나 사이에 있는 이러한 불일치, "자아 속에 존재하는 이러한 내적 분열, 이것이 바로 시간이 의미하는 것이다."[77] 시간이란, 자아가 자기동일성을 결여한 '분열된 자아$^{\text{je fêlé}}$'임을, 즉 우리가 '자아'라고 부르는 것에 존재하는 것은 어떤 자기동일성이 아니라 내적 차이$^{\text{Différence interne}}$(*DR*, 116)임을, 의미하는 것이다. 자아의 자기동일성에 대한 이러한 해체, 즉 자아라고 할 수 있는 자기동일적인 것이 실은 존재하지 않는다는 것을 보여주는 이러한 '자아의 해체', 이것이 자아의 존재를 공고히 하는 시간의 두 번째 종합과는 달리, 시간의 세 번째 종합이 새롭게 수행하는 새로운 재조직화이다.

자아가 '나란 무엇인가?'를 생각하게 되는 바로 그 순간, 그리하여 자신이 내적 분열을 겪는 '분열된 자아'임을 확인하는 그 순간, 들뢰즈는 이러한 순간을 'césure(각운의 중단)'라고 부른다.[78] "'각운의 중단'이 바로 자아의 분열이 탄생하는 지점이다.(*DR*, 120)" 들뢰즈에 따르면, 이 '각운의 중단'은 시간이 진행되는 양상을 근본적으로 바꿔놓는다. 이 '각운의 중단'에 의해, 시간은 언제나 같은 지점들을 지나 처음에 출발했던 시작점

---

lui.(*DR*, 116)"

[76] "un sujet passif (⋯중략⋯) qui la(cette activité) vit comme un Autre en lui.(*DR*, 117)"

[77] "Une faille ou une fêlure dans le Je, (⋯중략⋯) voilà ce que signifie le temps.(*DR*, 117)"

[78] 'césure'란, 시에 규칙적인 리듬감을 주기 위해 사용되는 각운(rime), 이 각운의 사용을 그것이 예상되는 곳에서 갑자기 중단하는 파격의 기법을 말한다. 현재 우리말 번역본에 따라 '각운의 중단'으로 옮기기로 한다.

으로 되돌아오는 것을 되풀이하는 순환적인 시간이었던 상태에서 벗어나, 결코 같은 지점들을 순회하지 않는 비가역적인 시간으로^{sa série irréver-}^{sible}(*DR*, 147), 끊임없이 앞으로 전진하는 직선적인 시간으로^{en ligne droit}(*DR*, 147) 탈바꿈하는 것이다. 어떻게 '각운의 중단'은 이와 같은 변화를 가져오는 것일까?

습관은 같은 것을 규칙적인 리듬에 따라 되풀이하도록 만든다. 식물의 습관은 때에 맞춰 꽃을 피우고, 또 때에 맞춰 수정受精하며, 또 때에 맞춰 열매를 맺고, 또 때에 맞춰 씨를 생산하며, 또 때에 맞춰 이 씨가 자라나 다시 꽃을 피우고, 다시 수정하며 (…중략…) 이렇게 **규칙적인 리듬**에 따라 같은 일을 되풀이하도록 하는 것이다. 우리의 습관도 마찬가지다. 습관은 우리로 하여금 때에 맞춰 밥 먹고, 때에 맞춰 똥 누며, 때에 맞춰 사랑(성교)하는 일을 되풀이하도록 만들며, 때에 맞춰 출근하고 때에 맞춰 일하며 때에 맞춰 퇴근하는 일을 되풀이 하도록 만든다. 나의 유기체적·사회적 삶을 가능하게 해주는 습관, 나를 내가 사는 환경 속에 정착하게 해주는 습관 속에서, 나는 이처럼 같은 일을 규칙적인 리듬에 따라 되풀이하며 사는 것이다. 그러므로 습관이란 나로 하여금, 항상 똑같은 지점(시점, 때)들을 경유하여 처음에 출발했던 시작점으로 다시 되돌아오는 것을 매번 되풀이하는 시간을 살게 만든다. 습관에 따라 사는 시간이란, 즉 습관에 의해 이뤄지는 시간이란, 매번 똑같은 지점들을 지나 시작과 끝이 일치되도록 되돌아오는 순환적인 원운동을 그리는 것이다. "이 시간은 언제나 같은 지점(시점, 때)들을 계속해서 순회하는 순환적인 운동의 이미지에 들어맞는다. 규칙적인 리듬에 의해 딱딱 그 마디가 구분되는 기수적^{cardinal} 시간."**[79]** 내가 '나란 무엇인가?'를 생각해보는 시간의 세 번째 종합(나르시시즘)이 없다면, 나는 계속해서 이런 '습관으로서의 나'로, 즉 항상 똑같은 일들을 되풀이하는 순환적인 시간을 사는 나로, 살아갈 것이다. '각운의 중단'이란 이런 '습관으로서의 나(자아)'와의, 이런 '습관으로서의 나'가 사는 순환적 시간과의, **단절**(결별)을 의미한다. 내가 나의 내적 분열을 확인하게 되는 '각운의 중단'의 순간, 이 '습관으로서의 나'는 생각의 대상이 되는 현상적 자아로 나타난다. 하지만 이 현상적 자아(습관으로서의 자아)를 생각하는 생각의 주체로서의 나는 더 이상 이 현상적 자아와 일치하지 않는다.[80] 생각의 주체로서의 나는 이 현상적 자아(습관으로서의 자아)로부터, 그가 사는 순환적 시간으로부터, 벗어나게 되는 것이다. 그러므로 '각운의 중단'에 의해 자아가 내적으로 분열되는 것과 동시에, 시간은 더 이상 순환적인 원운동을 그리는 것을 멈춘다. 시간으로 하여금 이와 같은 순환적인 원운동을 그리도록 만드는 습관, '각운의 중단'과 그것이 의미하는 자아의 내적 분열은 이제 이러한 습관으로부터 벗어나는 것을 의미하기 때문이다. 그러므로 '각운의 중단'은, 시간이 더 이상 순환적인 원운동을 그리지 못하도록, 그것이 규칙적으로 순회하던 모든 지점(시점, 때)들을 그것으로부터 다 빼내어버리는 것이다.[81] 시간으로 하여금 순환적인 원운동을 그리도록 만들던 이 모든 지점(시점, 때)cardo, gond들이 다 빠져버린 **텅 빈** 시간temps pur et vide, 시간에게 규칙적인 리듬과 질서를 부여하던 이 모든 마디들이 다 빠져버린 미친 시간temps affolé, 이러한 텅 빈 시간이 시간의 세 번째 종합이 만들어내는

---

79 Zourabichvili(1994), p.72

80 이것이 '각운의 중단'에 의해 확인되는 자아의 내적 분열이 의미하는 것이다.(Je est un autre)

81 "Le gond, *cardo*, c'est ce qui assure la subordination du temps aux points précisément cardinaux par où passent les mouvements périodiques qu'il mesure.(*DR*, 119)"

시간인 것이다. "Le temps est hors de ses gonds.(DR, 119)"

　그러므로 '각운의 중단'은 시간에게 비가역적인 순서ordre를 도입한다. '각운의 중단'에 의해, 시간은 시작과 끝이 일치하던 순환적인(기수적인) 시간에서 벗어나, 시작과 끝이 더 이상 일치하지 않고 서로 철저히 다른 것으로 구분되는 서수적인ordinal 시간으로 변모되는 것이다.[82] 즉 이제 시간은 '각운의 중단'을 기점으로 '그 이전'과 '그 이후'가 서로 다른 것으로 구분되는 것이다.[83] 들뢰즈는, '각운의 중단'과 이것에 의해 구분되는 이러한 '그 이전'과 '그 이후'가 곧 자아의 분열을 구성한다고 말한다.[84] '그 이전'에 해당하는 것은 현상적 자아, 즉 습관으로서의 자아이다. 즉 '각운의 중단'이 일어나는 순간, 즉 '나란 무엇인가?'를 생각함으로써 자아의 분열을 확인하게 되는 순간, 이 '나란 무엇인가?'를 생각하는 생각의 주체로서의 나는 자기 앞에 나타나는 현상적 자아(습관으로서의 자아)를 '각운의 중단'이 일어나기 '이전'의 것이 되도록, 즉 과거가 되도록, 만드는 것이다. '습관으로서의 자아'에게는, 생각의 주체로서의 자아가, 즉 습관을 벗어나는 이 자아가, 이 '각운의 중단'을 통해 하려 하는 행위가 **너무 벅차다**trop grand pour moi'. 이 행위란 그를 이루는 습관으로부터 벗어나는 것이기 때문이다. '각운의 중단'에 의해 일어나는 시간의 세 번째 종합에서 과거를 규정하는 것은 이러한 '나에게는 너무 벅차다'이다.[85] 반면, '각운의 중단'을 통해 이러한 습관으로서의 자아로부터 벗어

82　"Il cesse d'être cardinal et devient ordinal, un pur *ordre* du temps.(DR, 120)"

83　"il(le temps) se distribue inégalement de part et d'autre d'une (césure) d'après laquelle début et fin ne coïncident plus. Nous pouvons définir l'ordre du temps comme cette distribution pure-ment formelle de l'inégale en fonction d'une césure.(DR, 20)"

84　"C'est la césure, et l'avant et l'après qu'elle ordonne une fois pour toutes, qui constituent la fêlure du Je.(DR, 120)"

나게 된 자아는(즉 생각의 주체로서의 자아는), 습관으로서의 자아에게는 너무 벅찬 이러한 행위를 수행함으로써 자아를 근본적으로 변모시킨다 métamorphose. 습관으로서의 자아에게는 너무 벅찬 이러한 행위를 수행하게 되는 이 순간, 즉 바로 '각운의 중단'이 일어나는 이 순간이 곧 현재이다.[86] 그러므로 이러한 현재란 자아를 형성하는 습관으로부터 탈피하는 과정, 자아의 정체성(자기동일성)identité을 규정하던 페라스περάς로부터 벗어나는 과정이다. 우리는 앞에서, 자아의 정체성을 규정하는 이 페라스가 습관에 의해 형성된다는 것을 보았다.[87] 하지만 '각운의 중단'은 자아의 분열을 가져오는 것, 즉 이러한 습관에 의해 형성된 자아와는 다른 또 하나의 자아(타자로서의 나)Je est un autre를 세우는 것이다. 그러므로 '각운의 중단'은 이러한 페라스를, 자아를 옥죄고 제한하는 넘을 수 없는(넘지 말아야 할) 한계가 아니라, 바로 **그것으로부터 출발해서** 자아가 자신의 역량 puissance을 새롭게 펼쳐나갈 수 있는(펼쳐나가야 할) 도약의 발판이 되도록 만든다.[88] '각운의 중단'에 의해 일어나는 시간의 세 번째 종합에서의 페라스란, 주체(자아)의 존재와 역량을 종결짓는 **끝**으로서가 아니라, 주체가 그것을 넘어서서 자신의 존재와 역량을 펼쳐나가기 위한 **시작**으로서 존재하는 것이다. 그러므로 시간의 세 번째 종합에서의 현재란, 즉 '각운

---

85 "Il y a toujours un temps, en effet, où l'action dans son image est posée comme《trop grande pour moi》. Voilà ce qui définit *a priori* le passé ou l'avant.(*DR*, 120)"

86 "Le second temps, qui renvoie à la césure elle-même, est donc le présent de la métamorphose, le devenir égal à l'action, le dédoublement du moi, la projection du'un moi idéal dans l'image de l'action.(*DR*, 121)"

87 "나(자아)란 습관이다Je est une habitude"라고 말한 앞부분을 참고하라.

88 "Mais la limite, περάς, ne désigne plus ici ce qui maintient la chose sous une loi, ni ce qui la termine ou la sépare, mais au contraire ce à partir de quoi elle se déploie et déploie toute sa puissance.(*DR*, 55)"

의 중단'에 의해 자아가 내적으로 분열되는 순간이란, 습관에 의해 형성된 페라스를 넘어서기 시작하는 순간이다. '각운의 중단', 즉 자아의 내적 분열이란, 곧 습관의 해체와 파괴를 의미하는 것이다. 그렇기 때문에, 습관으로서의 자아란, 즉 '각운의 중단'에 의해 이제 과거('각운의 중단'의 이전)가 된 이 자아와 그것의 페라스란, 물론 현재의 행위를 위한 조건으로서 작용할 것이지만, 결코 현재의 행위를 완전하고 필연적으로 결정하는 충분조건으로서가 아니라 오로지 '**부족한** 조건condition par défaut(즉 현재의 행위를 완전하고 필연적으로 결정하는 데 결코 미치지 못하는 조건)'으로서만 작용하는 것이다.[89]

　그리고 마침내 미래가, '각운의 중단'의 '이후'가, 온다. '각운의 중단'에 의해 자신을 형성하는 습관(습관으로서의 자아)로부터 분열된 자아, 자신의 정체성을 규정하는 페라스를 넘어서 이 페라스를 자신의 현재의 행위를 위한 오직 '부족한 조건condition par défaut'으로서만 끌어들이는 자아, 자신(습관으로서의 자신)에게 너무나 벅찼던 행위를 이제 수행할 수 있게 된 **행위자**agent가 된 자아, 이 자아가 이러한 행위에 의해 생산하는 결과물, 그것이 곧 '각운의 중단'의 '이후'가 되어 오는 미래이다. 물론 이 미래란, 자아의 행위에 의해 생산되는 결과물, 즉 자아가 자신의 습관을 그의 행위를 위한 조건으로 끌어들이며 수행하는 현재의 행위에 의해 생산되는 결과물이다. 하지만 이 결과물은, 그것을 생산하는 자아에 의존하지 않는 자율적이고 독립적인 존재성을 가지게 된다.[90] 자아란, 이 결과물을

89　"Dans la troisième synthèse, (…중략…) le passé n'est plus qu'une condition opérant par défaut.(*DR*, 125)" "(…중략…) le passé est rejeté du côté du Ça comme la condition par défaut (…중략…)(*DR*, 151)"

90　"Il constitue l'autonomie du produit, l'indépendance de l'œuvre.(*DR*, 122)"

생산하는 자신의 행위를 통해, 자신의 자기동일성을 잃고 해체되기 때문이다. 다시 말해, 이 결과물의 생산은 필수적으로 자아의 해체를 수반하는 것이기 때문이다.[91] 미래가 이처럼 자아의 자기동일성의 해체를 필수적으로 수반하는 것은, 미래를 생산하는 행위(현재의 행위)가 바로 자아의 자기동일성identité(정체성)을 형성하는 페라스를 넘어서는 것, 자아를 자아이게 만드는 습관을 파괴하면서 이뤄지는 것이기 때문이다.[92] 미래를 생산하는 행위의 주체(행위자)가 된 자아, 이 자아는 습관으로서의 자아에게는 그것으로부터 분열되는 하나의 타자이다.Je est un autre 미래를 생산하는 행위의 주체가 된다는 것, 그것은 내(자아)가 나 자신으로 계속 버텨가는 것이 불가능하게 된다는 것, 내가 나 자신으로 계속 버텨가는 것이 아니라 타자가 된다는 것, 나의 자기동일성이 해체되고 내가 나 자신과는 다르게 된다는 것, 즉 차이를 생산하고, 자기동일성이 해체된 자아가 바로 이렇게 생산되는 차이가 된다는 것이다.[93] 그러므로 미래란 자아(습관으로서의 자아)에게 삶이 아니라 죽음으로 다가온다. 산다는 것은, 우리가 이미 보았듯이, 습관으로서 산다는 것이다. 내가 사는 것, 내가 나 자신으로 사는 것, 그것은 습관 덕분에 가능한 것이며, 습관을 들이며 또한 들여진 습관에 따라 사는 것이다.notre habitude de vivre(DR. 101) 그러므로 미래란, 습관에 의해 이뤄지는 삶의 경계를 넘어서는 것으로, 바로 이 습관에 의해 규정되는 나의 자아πέρας를 파괴하는 것으로, 다가온다. 미래란 삶의

---

91 "il est cette secrète cohérence qui ne se pose qu' en excluant ma propre cohérence, ma propre identité, celle du moi(DR, 122)"

92 "Quant au troisième temps, qui découvre l'avenir — il signifie que l'événement, l'action ont une cohérence secrète excluant celle de moi, se retournant contre le moi qui leur est devenu égal.(DR, 121)"

93 "ce à quoi le moi s'est égalisé, c'est l'inégal en soi.(DR, 121)"

종말과 나의 죽음(해체)으로 다가오는 것이다. 그러므로 미래를 긍정한다는 것은 곧 나의 죽음을 긍정한다는 것이다. 이것이 미래를 긍정하는 시간의 세 번째 종합이 프로이트의 죽음충동과 연결되는 이유이다.

4. 시간의 세 번째 종합에서 미래의 지위

시간의 세 번째 종합에서는 미래가 과거와 현재에 대해 우위에 있게 되며, 과거와 현재는 미래를 위해 존재하는 부속적인 차원으로 전락한다. 시간의 세 번째 종합에서 과거와 현재는 각각, 미래를 생산하는 조건과 행위자로서 작용하지만, 이러한 조건으로서 작용하는 과거는 오로지 '부족한 조건condition par défaut'으로서만 작용할 뿐이며, 현재의 행위자 역시 그가 수행하는 행위를 통해 자신의 자기동일성을 잃게 된다. 과거와 현재는 이처럼 각자 그들의 자율성을 박탈당한 채 오직 미래를 생산하기 위한 수단이 될 뿐이며,[94] 이 미래의 생산과 더불어 그들의 원래 모습을 잃고, 다시는 이 원래 모습대로 되돌아오지 못한다. 즉, 이미 말한 바와 같이, '각운의 중단'은 시작과 끝이 일치하지 못하도록 만드는 것, '각운의 중단'의 '이전'과 '이후'가 서로 완전히 달라지도록 만드는 것, 즉 '각운의 중단'의 '이전'인 과거와 또 '각운의 중단'이 일어나는 시점인 현재가 그들 원래의 모습대로 다시 되돌아오지 못하도록 만드는 것이다.[95] 실로,

---

[94] "La répétition royale, c'est celle de l'avenir qui se subordonne les deux autres et les destitue de leur autonomie.(*DR*, 125)" "faire de la répétition la catégorie de l'avenir - se servir de la répétition de l'habitude et de celle de la mémoire, mais s'en servir comme de stades, (…중략…)(*DR*, 125)"

[95] "Mais il ne fait revenir ni la *condition* ni l'agent; au contraire, il les expluse, il les renie de toute sa

이처럼 과거와 현재를 자신을 위한 수단으로 하여 생산되는 미래는, 과거와 현재를 그들의 원래 모습과는 다르게 바꿔놓는다. 과거 전체가 '지금 현재actuel présent'와 동시적으로 공존하듯, 이 '지금 현재'의 이후에 도래해오는 '새로운 현재(미래)nouveau présent'에 대해서도 과거 전체('지금 현재'를 자신 안에 포함하게 되어 더 커진 과거 전체)는 역시 동시적으로 공존할 것이며, 따라서 이 '새로운 현재(미래)'로서 생산된 차이는, 이 '새로운 현재(미래)'와 동시적으로 공존하는 이 과거 전체('지금 현재'를 포함하는 과거 전체)의 전 영역으로 퍼져나가, 이 과거 전체를 원래의 모습과는 다르게 바꿔놓을 것이기 때문이다.[96] 지나간 모든 사건은, 현재와 동시적으로 공존하는 과거(순수 과거)에 의해, 항상 (현재에로) 되돌아오지만, 미래를 우위에 있도록 만드는 시간의 세 번째 종합은 이러한 되돌아옴을 '원래의 모습 그대로의(즉 같은 모습 그대로의) 되돌아옴'이 아니라 '항상 **달라진** 모습으로의 되돌아옴'이 되도록, 즉 '자기동일적인 것의 되돌아옴'이 아니라 '차이의 되돌아옴'이 되도록, 만든다.[97] 이것이 미래를 우위에 있도록 만드는 시간의 세 번째 종합이 자아의 자기동일성의 해체를 통해, 즉 모든 동일성의 최종근거인 자아의 자기동일성의 해체를 통해, 존재하는 모든 것의 자

---

force centrifuge. (…중략…) Il est répétition par excès, qui ne laisse rien subsister du défaut ni du deveni-égal.(*DR*, 122)" 과거와 현재가 그들 원래의 모습대로 되돌아온다면, 시작과 끝이 일치하는 것이 될 것이다.

96 실로, 과거와 현재 — '지금 현재'이건 '새로운 현재'이건 — 가 동시적으로 공존하기 때문에, 현재에 의한 과거 전체의 이러한 재형성이 가능해지는 것이다.

97 바로 이로 인해, 시간의 세 번째 종합은 니체의 영원회귀와 연결된다. 니체의 영원회귀란 모든 것이 되돌아오되, 오직 계속해서 달라지는 모습으로만 되돌아오는 것이기 때문이다 (*DR*, 91~93), 164~165쪽을 참고하라.
과거와 현재의 동시적인 공존은 시간의 두 번째 종합에 의해 확보되는 것이다. 시간의 세 번째 종합은 시간의 두 번째 종합에 의해 가능해지게 된 '지나간 것의 되돌아옴'을 '같은 것(자기동일적인 것)의 되돌아옴'이 아니라 '다른 것(차이)의 되돌아옴'이 되도록 만든다.

기동일성을 해체하는 방식이다. 시간의 세 번째 종합은 모든 동일성의 근거인 자아의 자기동일성을 해체함으로써 모든 동일성을 해체하는, 보편적인 근거와해universel effondement(*DR*, 123)를 수행하는 것이다.

참고문헌

조현수, 「반복에 대한 순수 과거의 이중적 관계」, 『철학』 제112집, 한국철학회, 2012.

Augustin, *Confessions*, texts établi et traduit par Pierre de Labriolle, Les Belles Lettres, 1956.

Bergson, Henri, *Matière et Mémoire* in *Œuvres*, PUF, 1959.

Deleuze, Gilles, *Différence et Répétition*, PUF, 1968; 김상환 역, 『차이와 반복』, 민음사, 2003.

_____, *Le bergsonisme*, PUF, 1966.

_____, *Qu'est ce que la philosophie?* Les éditions de minuit, 1991.

Hughes, Joe, *Deleuze's Difference and Repetition*, Continuum, 2009.

Williams, James, *Gilles Deleuze's philosophy of time*, Edinburgh University Press, 2011.

Zourabichvili, François, *Deleuze, une philosophie de l'événement*, PUF, 1994.

로컬리티의 시간성*
국민국가의 시간 및 전지구화의 시간과 연관시켜

장세룡

1. 로컬 시공간의 양상

　로컬리티의 시간성이란 개념이 존립가능하며 그것이 과연 이론적 탐색의 대상이 될 수 있는가? 이 탐색은 포스트모던 세계인식이 근대성의 전일적holistic 시간성 개념에 의문을 제기[1]하며 다수의 시간성을 인식가능하다는 관점을 기본 전제로 삼는다. 로컬 시공간TimeSpace은 국민국가와 전지구화가 겹쳐진 시공간이므로 차별화된 양상을 확인하는 작업은 매우 섬세한 탐색을 요구한다. 비록 라인하르트 코젤렉이 기계적 시대구분을 비판하고 다양한 시각에서 접근 가능한 시간성 개념을[2] 제기했지

* 이글은 「로컬리티의 시간성－국민국가의 시간 및 전지구화의 시간과 연관시켜」, 『역사와 세계』 47호, 2015, 237~283쪽을 일부 수정한 것이다.

[1] Frederic Jameson, "The End of Temporality", *Critical Inquiry,* Vol 29, 2003, pp.695~718. 시간(time)이 물리적 조건에서 다루어진다면 시간성(temporality)은 인간의 마음과 외부의 물리적 시간의 결합 곧 주관과 객관이 함께 작용한 시간개념이다. David Couzens Hoy, *The Time of Our Lives : A Critical History of Temporality,* The MIT Press, 2009, p.xv.

만 역사학에서 시간의 다양성 논의는 뜻밖에도 낯선 작업이다. 시간다양성chronodiversity 관련 논의는 생체다양성biodiversity 논의와 달리 거의 '미지의 땅terra incognita'에 가깝다.[3] 다만 미셀 푸코의 경우 분명한 시간 이론의 제시를 거부하고 모호한 시간의 생산을 선호한 점에서 다수의 시간성 인식과 '시간의 통치성' 개념을 사유할 방법론을 나름대로 제공한다.[4] 역사주의와 현상학을 거부한 푸코는 처음에는 아날학파, 가스통 바슐라르Gaston Bachelard와 조르쥬 캉길렘Georges Canguilhem, 나중에는 폴 베인Paul Vayne, 아를렛 파르쥬Arlette Farge와 피터 브라운Peter Brown의 영향을 받으며 『광기와 문명』(1961) 『임상의학의 탄생』(1963) 『사물의 질서 – 인문과학의 고고학』(1966)에서 풍부한 공간적 은유를 사용하며 시간을 공간에 종속시켰다.[5] 그리고 대체로 저술 순서대로 시간을 ① '층위의 시간' ② '차단된 블록의 시간' ③ '조각난 부분들의 시간' ④ '나선형 시간' ⑤ '신축성 있는 시간' 및 ⑥ '수직축의 시간'으로 구분했다.[6] 이것은 근대 개인주의에

---

2 Reinhardt Koselleck, *The Practice of Conceptual History,* Stanford U. P., 2002. Helge Jordheim, "Aganist Periodization : Koselleck's Theory of Multiple Temporalities", *History and Theory,* Vol 51, May 2012, pp.151~171.

3 Karlheinz A. Geißler, "A Culture of Temporal Diversity", *Time and Society,* Vol.11 No.1, 2002, pp.131~140.

4 Sam Binkley, "Governmentality, Temporality and Practice : From the Individualization of Risk to the 'Contradictory Movements of the Soul'", *Time and Society,* Vol.18 No.1, 2009, pp.86~105.

5 Pascal Michon, "Strata, Blocks, Pieces, Spirals, Elastics and Verticals : Six Figures of Time in Michel Foucault", *Time and Society,* Vol.11 No.2 / 3, 2002, pp.163~192.(『사물의 질서』(1966)에서 '표상의 도표'(table of representations), 『지식의 고고학』(1969)에서 '진술의 분산면'('dispersion plane of statements', 『감시와 처벌』(1975)에서 '판옵티콘', '도시계획', '사회의 지도그리기' 등)

6 ①은 페르낭 브로델이 말한 '구조' '국면' '사건'의 층위로 구성된 시간 개념과 유사하다. ②는 역사주의나 현상학의 시간관과 달리 각 시대가 돌발적으로 사라지고 돌발적으로 단절된 시간이 거의 부동의 블록으로 쪼개지는 새로운 형식의 지식공간과 지식시간을 남기는 것을 말한다. ③은 『지식의 고고학』에서 말하듯 조각난 계보학의 시간을 말하지만 혼돈의 시간이

근거한 일선적 발전과 진보의 시간이 아닌 다양한 층위와 다수의 파편화된 시간, 공간에 포획된 사회적 시간의 다면성을 확인하는 방법론의 모색을 자극한다.

그럼 과연 로컬리티의 시간성 개념은 존립 가능한가? 이 연구는 사회적 단위로서 로컬(커뮤니티)에 국민국가 시간과 전지구화 시간이 중첩적으로 작용하는 상황에서 동시성과 비동시성의 공존 영역인 로컬리티의 시간성이 작용할 가능성을 추론하여 드러내려 한다. 곧 내적 장소성과 외적 관계성의 상호작용을 전제로 삼고[7] 국민국가와 전지구화의 동시성의 시간 구조가 혼합·중첩 및 경쟁하며 비동시성의 시간[8]을 생성시키는 양상을 고찰한다. 방법론에서는 로컬(커뮤니티)의 사회적 시간을 ① 서로 다른 사회적 과정의 시간 ② 공간적, 기술공학적 및 사회경제적 변화가 가져온 다양한 시간 ③ 전 지구적 사건의 동시성 증가가 또한 비동시성의 증가를 가져온 양상으로 구분한다. 이런 분류는 산재하는 시간구조 위에 새로 등장하는 시간구조가 중첩적으로 상호침투 한다는 인식에서 출발

란 뜻은 아니다. ④는 『성의 역사』에서 보듯 역사는 권력과 지식과 도구가 배분과 전유의 장치로서 상호 강화 및 갈등하는 부분으로 구성된다. ⑤ 도덕적 주체의 시간성은 파열을 둘러싸고 조직되는 동시에 상대적으로 안정된 패턴의 신속한 변화의 결합이다. ⑥ 근대성의 시간은 현존의 미학, 행위 형식의 다수성, 초월적 주체가 거부되는 시간이다.

7   A. Nicole Stuckenburger, "Sociality, Temporality and Locality in a Contemporary Inuit Community", *Étude / Inuit / Studies*, Vol.30 No.2, 2006, pp.95~111. 커뮤니티 개념을 두고는 논란이 많다. 커뮤니티가 곧 로컬은 아니지만 그것이 지리적, 행정적으로 고정된 실체가 아니라 구성원에 마음에서 끊임없이 유동하고 갈등과 통합을 반복하며 불안정하지만 정체성을 구성하고 연대하며 만들어지는 것이기에 로컬리티 개념과 큰 공통점을 가진 포섭가능한 중요한 요소 가운데 하나로 본다. A. Cohen, *The Symbolic Construction of Community*, Routledge, 1985, p.98. I. Burkett, "Traversing the Swampy Terrain of Postmodern Communities : Towards Theoretical Revisionings of Community Development", *European Journal of Social Work*, Vol.4 No.3, 2001, pp.233~246.

8   Hanna-George Brose, "An Introduction : Towards a Culture of Non-Simultaneity", *Time and Society*, Vol.13 No.1, 2004, pp.5~26.

한다.[9] 시간 구조 인식의 변화는 기본적으로 새로운 시간 구조의 생산체계 대두와 크게 연관성이 있다. 초고속 생산기구와 이동수단의 발명이 가져온 시공간 압축, 노동자 시간 관리에서 시간제 고용과 비정규직 고용 같은 유연노동의 급속한 확대, 연공서열 제도 붕괴, 발탁인사, 신입노동자에게 경험을 전달하는 특별한 교육훈련 과정의 소멸, '현재의 긴장을 계속 유지하는 경영'과 포스트-포드주의 생산 방식은 산업혁명 이래 나름대로 고유한 안정성을 유지해 온 산업시간 구조를 급속히 붕괴시키고 있다.[10] 사회적 시간리듬이 점차 집단적 규제를 벗어나 다양해지고, 산업시간을 작업시간과 자유 시간으로 이분법적으로 관찰하는 시각을 넘어, 중첩적이며 상호작용하는 새로운 시간리듬에 관심을 기울이게 만든다.

로컬리티의 시간성 탐색은 시간의 유한성과 도구성을 전제로 삼기에 논리적 개념화가 불안정한 영역이다.[11] 일단 그것의 정체성을 탐색하면서 사용하는 범주적 구분은 규모(시간 길이와 간격), 현상(미시 및 거시), 시간의 변화 양상으로서 장소의 정태성과 역동성(공간성)에 설명을 요청한다.[12] 이런 논의는 먼저 로컬 시공간에 여전히 큰 규정력을 행사하는 근대성의 시간 곧 테일러주의 시간운용과 포드주의 생산방식에 입각한 자본

---

9 Jacques Attali, *Histoires des temps,* Fayard, 1982, pp.247~248. 자크 아탈리는 시간 인식이 '신(神)의 시간, 무게(weight)의 시간, 기계의 시간 및 부호의 시간으로 계승되었다고 설정 한다.

10 Olivier Klein, "Social Perception of Time, Distance and High‐Speed Transformation", *Time and Society,* Vol.13 No.2 / 3, 2004, p.253.

11 Elizabeth Kenyon, "Time, Temporality and the Dynamics of Community", *Time and Society,* Vol.9 No.1, 2000, pp.21~41; Elizabeth Deeds Ermarth, "Time is Finite : The Implications for History", *Rethinking History,* Vol.14 No.3, 2010, pp.321~341; Ulrich Mückenberger, "Local Time Policies in Europe", *Time and Society,* Vol.20 No.2, 2011, pp.241~273.

12 Anna Lichtwark-Ashoff, Paul van Geert, Harke Bosma and Saskia Kunnen, "Time and Identity : A Framework for Research and Theory Formation", *Developmental Review,* Vol 28, 2008, pp.370~400.

의 시간에 입각한 중앙집권적 국민국가의 시간정치 탐구를 필연적으로 요청한다. 거기에서 포스트-포드주의 생산양식과 원격정보통신기술공학의 고속이동이 자극한 시간 인식의 파편화가 다른 시간 인식의 생성을 자극하는 계기를 검토한다. 필자는 로컬리티의 시간성 개념이 체계적 검토를 전제로[13] 과거, 현재, 미래 시간의 다양한 역할, 다수의 시간, 시간의 연속성과 단속성, 시간-이용 리듬의 탐색을 거칠 것으로 본다.[14] 필자는 이를 ① 다수의 시간 : 시간의 경과와 커뮤니티의 형성, 갈등, 경계와 공간 분리 및 공간 생산 ② 포함과 배제의 시간 : 과거 시간, 미래 시간, 과거 시간과 미래 시간의 교직, 사건의 동시 발생을 목격하는 공시화synchroneity 된 시간, 동시적으로 발생한 것을 이동시킨 탈 공시화de-synchroneity 또는 비공시화asynchroneity 된 시간, '전통적 커뮤니티' 같은 명칭으로 무시간성 또는 역동성을 표현하는 시간 등 ③ 일상적 시간 이용 : 일상공간에서 시간소비 방법, 그리고 변화하는 커뮤니티 시간 생성으로 구분하고 이들의 작용 양상을 검토한다.

13 Hilary Arksey and Lisa O'Malley, "Scoping Studies : Towards a Methodological Framework", *International Journal of Social Research Methodology,* Vol.8 No.1, 2005, pp.19~32; Danielle Levac, Heather Colquhoun, Kelly K. O'Brien, "Scoping Studies : Advancing the Methodology", *Implementation Science,* Vol 5, 2010, pp.69~77.
14 Michelle Bastian, "Time and Community : A Scoping Study", *Time and Society,* Vol.23 No.2, 2014, pp.137~166.

2. 로컬의 시간 구성요소들

1) 로컬 시간의 로컬리티

시간과 공간은 인간행동의 불가분의 원천이며 그것의 외부환경이자, 행위자가 행동의 의미와 정체성을 의도적으로 구성하는 행동의 지평이다.[15] 그 관계는 하이덱거가 시간성을 우위에 두면서 말한 명제 '시간화하는 공간화-공간화하는 시간화'[16]를 구성시킨다. 그러나 시간과 공간 사이에는 미묘한 존재론적 차이가 작용한다. 로컬 시공간에서 국민국가 및 전지구화 공간규모scale가 상호침투 작용하며 혼합, 중첩 및 경쟁하는 것은 동일하다. 그러나 공간이 가시적visible 형상을 근거로 다양한 경계 곧 물리적, 문화적, 심리적 경계 등과 비가시성invisibility까지도 성찰하는 작업이 가능한 대상이라면, 시간은 추상적 존재로서 사물의 변화를 통해서만 실체를 감지가능sensible하고 그 결과 대상의 속성이 시간 인식에 영향을 끼친다.[17] 우리는 '시간을 지각하는 것이 아니라 다만 변화를 지각할 뿐'이다.[18] 문제는 바로 여기서 발생한다. 우리는 변화를 지각하는 과정에서 불가피하게 주관을 개입시키게 된다.

---

15 Ramón Ramos Torre, "Time's Social Metaphors : An Empirical Research", *Time and Society*, Vol.16 No.2 / 3, 2007, pp.157~187.

16 M. Heidegger, *Beiträge zur Philosophie* (Vom Ereignis), Frankfurt am Mein : Klostermann, 1994(Zeitgendes äumen-räumende Zeitigung : temporalizingspacing-spacing temporalization) David Couzens Hoy, *The Time of Our Lives : A Critical History of Temporality*, The MIT Press, 2009, p.25.

17 Martin Gren, "Time-Geography Matters", May, Jon and Nigel Thrift eds., *Timespace : Geographies of Temporality*, Routledge, 2001, pp.211~14.

18 Mario Radovan, "Time is Abstract Entity", *Time and Society*, Vol.20 No.3, 2010, pp.304~324.

본래 근대는 시간의 '비가역적 흐름'을 확신한 뉴튼적 절대시간 패러
다임이 객관성의 이름으로 시간의 지위를 고도로 상승시킨 시대이다. 시
간인식에 바탕을 둔 '발전'과 '진보' 개념이 세계인식의 주도권을 잡고
역사학이 학문의 여왕 자리를 차지할 수 있었던 배경도 거기에 있다. 그
러나 동일한 사물이 공간의 지점에 따라서 서로 다른 시간 속도와 지향을
가진 것으로 지각될 수 있다는 아인슈타인의 상대성 이론은[19] 시간이란
인간이 경험한 물리적 변화를 '담론 공간에서 결합'한 존재라는 상대주
의 시간관이 대두할 계기를 제공했다. 이것은 기술진보와 시간의식 변화
로 생성된 경험적 대상과 문화가 상호교직 되어 우리 마음에 집단 창조된
다수의 시간성과 다중인과 관계의 지각 가능성을 인정한다.[20] 그럼에도
우리는 여전히 뉴튼적 시공간 패러다임에서 일상을 영위한다. 그 결과 과
거 사람들의 사건 경험과 그것의 개념화 사이에 불가피한 괴리, 곧 정도
의 차이는 있지만, 단일한 시간 인식틀을 제공하려는 객관주의 시간관과
특정 집단의 하위문화에서 생성되는 주관주의적 시간 인식 사이에 불일
치와 동요가 발생한다.[21] 로컬리티의 시간성을 고찰할 계기는 '글로벌'-
'내셔널'과 다중적으로 연결된 '로컬' 공간에 객관주의적 시간관의 규정

19 Paul Davies, *About Time : Einstein's Unfinished Revolution,* Penguin Books, 1995; Igor D. No-
vikov, *The River of Time,* Cambridge U. P., 1998. Adrian Bardon, *A Brief History of the Philoso-
phy of Time,* Oxford U. P., 2013.
20 Anna Gryzymala-Busse, "Time will Tell? Temporality and the Analysis of Causal Mechanisms
and Processes", *Comparative Political Studies,* Vol.44 No.9, 2011, pp.1267~1297; Kevin Birth,
Objects of Time : How Things Shape Temporality, Palgrave Macmillan, 2012.
21 Sandro Segre, "A Weberian Theory of Time", *Time and Society,* Vol.9 No.2 / 3, 2000, pp.147~
190; David Kettler and Colin Loader, "Temporizing with Time Wars : Karl Manheim and
Problems of Historical Times", *Time and Society,* Vol.13 No.2 / 3, 2004, pp.155~172. 게오르
그 짐멜(객관적 문화와 주관적 문화), 칼 만하임(다수의 시간 세계 공존) 막스 베버(형식적 제
도의 시간과 비형식적 집단의 시간) 등.

력을 인정하면서도 주관주의적 시간관이 이를 전유하며 단조가능^{鍛造可能, mallaeble}한 새로운 시간을 생성시킬 가능성을 탐색하는데 있다.

그러면 여기서 논의가 '로컬 시간local time'이 아닌 '로컬리티의 시간성' 성찰로 전개되는 이유는 무엇인가? 그것은 '로컬 시간' 개념이 내포한 한계에서 비롯한다. 그동안 로컬리티의 기본요소인 로컬 시간은 주로 세 가지 측면에서 이해되었다. 첫째, 국민국가의 표준 시간standard time에서 벗어나거나 아니면 거기에 흡수된 시간 곧 중심부에서 거리가 먼 지방의 시간. 둘째, 자연환경과 결합한 비인공적이고 비제도적인 미시적 시간 곧 발전이 뒤떨어진 저개발 지역의 시간. 셋째, 서구중심주의가 작동하는 인류학적 타자 곧 백인과 기독교와 비교해서 종족, 인종, 종교를 비롯한 열등한 자들의 시간으로 취급을 받았다. 요하네스 페이비언은 인류학 비판서로 잘 알려진 『시간과 타자』에서 타자들의 공재성coevalness을 부인하는 것은 유럽중심주의적 근대성에 내포 된 목적론의 근본적 토대라고 비판했다.[22] 물론 최근 아리프 딜릭의 비판적 지적처럼 전지구적 근대성 비판이 근대성의 이름 아래 억압받아온 종족 및 종교적 정체성에 관심을 재활성화 시켜 그것이 마치 근대성의 시간에 균열을 표상하는 대표적 요소인 듯이 부각시키는 것도 현실이다.[23] 그러나 만약 탈근대적 시간 균열을 종족, 종교 또는 생물적 특정 연령의 정체성에서 비롯된 시간과 연결시킨다면? 내가 보건대 그것은 도리어 서구중심주의가 조장해 온 당

---

22 Johannes Fabian, *Time and the other : How Anthropology makes its Object*, Columbia U. P., 1983, 2002, 2014. 여기서 공재성은 자아와 타자의 상호 열림과 노출로서 동시대를 살아가는 것을 의미한다. 페이비언은 유럽중심주의가 진보 관념의 탄생과 더불어 자신들이 정한 기준에 따라서 문화의 차이들을 연대기적 서열로 배치한 것을 비판한다.

23 Arif Dirlik, *Global Modernity : Modernity of in the age of global capitalism*, Paradigm Publishers, 2007.

대의 시간성과 괴리된(퇴행적?) 인류학적 타자의 시간 탐구로 '자발적으로' 귀결되고 말 우려가 있다. 물론 이와 같은 시간 개념의 수용을 거부하고 마치 미시사가 문화사에 새로운 바람을 불어넣었듯 로컬 공간의 미시적 삶의 시간에 관심이 로컬 시간에 새로운 의미를 부여할 수 있다. 그러나 그와 같은 의미 부여에는 연구자의 감성적 주관이 아니라 논리적 설득력이 필요하다. 로컬리티 연구를 국민국가 시간이나 전지구화 시간과 구분되는 미시micro 시간 중심으로 생각하는 것은 장소를 로컬 공간, 장소의 시간을 로컬시간으로 등식화하여 로컬리티 연구를 미시적 시공간 연구로 축소시키는 작업으로 단정하는 오류를 범하기 쉽다. 로컬 공간에는 중간meso시간, 거시macro시간 심지어 거대mega 시간이 중첩되어[24] 로컬리티의 시간성을 생성시킨다. 로컬리티의 시간성은 한 로컬(커뮤니티)에는 공식적인 국민국가 시간 뿐 아니라 또한 여행의 시간, 보행자의 시간, 가내적인 집의 시간, 노동자로서 작업 시간, 자본가의 시간, 전지구적 시간이 중층적 포섭과 상호침투로 결합한 산물이다.[25] 로컬 공간의 시간을 로컬시간local time으로 한정하지 않고 시간성temporality으로 이해를 시도하는 이유가 여기 있다. 로컬리티의 시간성은 결이 서로 다른 시간 요소들이 문화(물질성을 넘어서 심리, 문화, 언어 등) 환경과 결합하여 생성시킨 복합적 시간성이다.

로컬리티의 시간성 이해는 다음의 관점에서 출발한다. 첫째 비동시성

---

24 Robert Cipriani, "The Many Faces of Social Time : A Sociological Approach", *Time and Society,* Vol.22 No.1, 2013, pp.5~30. 이것은 페르낭 브로델이 『펠리페 2세 시대 지중해와 지중해 세계』(1949, 1967)에서 말한 시간의 복층 구조 곧 사건(accident), 주기 또는 국면(conjoncture), 장기지속 또는 구조(sturucture)의 시간 개념과 상통한다.
25 Jennie Middleton, "Stepping in Time' : Walking, Time, and Space in the City" *Environment and Planning A,* Vol 41, 2009, pp.1943~1961.

noncontemporaneity의 긍정이다. 이는 역사적 시기나 사회진화의 서로 다른 단계들과 관련되는 현상이 로컬(커뮤니티)의 시간적 차원에서 공존을 인정하는 것이다. (구조적) 문제는 이것이 사회의 포괄적 통합성을 전제로 삼기에 실제 사회에서 혼종화나 절충주의를 무시할 가능성이 있다는 점이다. 둘째는 비공시화asynchroneity의 긍정이다. 이는 서로 다른 사회체계나 제도 영역 사이에서 시간의 전개 속도와 리듬의 차이가 파열하는 양상에 주목한다. (사건)문제는 여기서 시간과 변화의 지각에서 다수의 시간이 가지는 시간적 차이들의 필수불가결성이 자주 무시될 가능성이 있다는 점. 셋째는 분열된 기억들의 긍정이다. 이는 핵심 사건의 지각에서 서로 다른 경험적 배경을 인정하고 서로 다른 경험의 커뮤니티들을 인정한다. (문화유산) 예컨대 부모 세대의 경험을 강조하는 트라우마적 기억이 있다면, 그와 반면에 이를 가치절하고 배제하는 승리의 기억도 있다. 예컨대 노년세대의 6·25 전쟁의 트라우마 기억이 있다면 장년세대의 '민주화 운동' 승리의 기억이 있을 것이다. 그리고 젊은 세대에게는 '촛불 시위'의 기억이 있을 것이다. 신체적 현존과 제례들에 뿌리를 둔 이들의 경험과 기억은 한 세대의 집단정체성의 틀을 제공한다.[26] 달리 말하면 사회활동에 시간의 경계를 부여하고 사회조직의 질서를 부여하는 사회적 시간을 제공한다.[27]

그 가운데서 사회 구성원 모두에게 적용되는 가장 대표적인 사회적 시간은 노동시간을 꼽을 수 있다. 거기서 시간 리듬은 커뮤니티 경계선의 유

---

26 Bernhard Giesen, "Noncontemporaneity, Asynchronicity and Divided Memories", *Time and Society*, Vol.13 No.1, 2004, pp.27~40.
27 Shlomy Kattan, "Time and Identity : Socializing Schedules and the Implications for Community", *Issues in Applied linguistics*, Vol.16 No.1, 2008, p.6.

지 및 실천과 교차한다. '과제 지향'의 시간과 시계에 바탕 둔 작업 패턴, 또는 서로 다른 템포 사이의 충돌에서 노동시간의 구분이 발생한다. 더 광범하게는 근대국가와 산업화가 만들어낸 다양한 근대적 제도와 조직의 시간 운영 범위, 운영 당하는 자들의 갈등 곧 제도와 우리의 삶을 공시화하는데 실패하는 시간양상 또는 그 결과 초래되는 처벌이나 처벌의 유형이 관심사이다. 또 흔히 성공적인 삶의 과정을 안내 한다고 말하는 엄격한 시간 규범과는 다른 시간패턴이나 시간리듬을 용인하는 로컬(커뮤니티)의 시간을 구상하는 것도 가능하다. 그것은 일상의 순환적 시간, 사건적 흐름의 시간, 포함과 배제의 시간[28] 등으로 분류 가능할 것이다. 거기에다 남성과는 다른 여성의 시간, 피고용자와 실업자의 시간, 공업과 농업 및 어업 제도의 노동시간에 차이가 있고, 노동, 놀이와 휴식 특히 잠의 시간을 관리하는 방식과 연관시켜 서로 다른 시간 할당과 시간표 작성의 구상이 가능하다. 이런 시간들은 흔히 개인이나 로컬(커뮤니티)에서 발생하는 시간관리 범주로 이해하기 쉽지만, 실제로는 국민국가가 부여하는 시간이 은밀하고 강력하게 작용하기에 세심한 조사가 요구되는 영역이다.

2) 국민국가의 시간정치

근대 이후 국민국가는 매우 정교한 국가운영 방식을 발전시켰다. 운영의 기본은 법률이지만 단순히 법률의 권위에만 의존하지 않고 상징 권력

---

28 Ryan, "Emergent Temporal Effects in Community Initiatives", *Sociological Perpectives*, Vol.51 No.1, 2008, pp.139~162.

을 통제하고 집중화하여 다른 형식들의 권위를 지지하고 상호 강화 한
다.[29] 가장 대표적인 상징 권력이 건국신화나 영웅시대 시간과 관련된
시간이고, 근대 국민국가가 '역사학'을 부각시킨 이유도 여기 있다. 국민
국가는 시간의 차원에서 사회, 정치, 경제, 문화가 경험되는 방식을 결정
하는 장악력을 획득하고 그것을 도구 삼아 '시간 정치'를 작동시킨다.[30]
근본적으로 정치적 개념인', '상징적 집중화'의 역할을 수행하는 대표적
시간 도구가 흔히 '전통적'이란 접두어가 부가 되는 개념들이다. 물론 이
미 에릭 홉스봄은 국민국가의 시간을 정당화하는데 동원되는 '전통' 개
념이란 사실은 '만들어진 것'이라고 폭로했고, 호미 바바는 '이중시간
double time' 개념에서 과거 시간에 대한 국민국가의 관심이 사실은 미래를
목표로 한 것이라고 지적 했다.[31] 특히 미셸 푸코적 의미에서 생명 권력
의 작동 장치이며 통치성으로 작동하는 시간도구가 있다. 다름 아닌 국
민의 생체 리듬을 장악하고 로컬 시간을 중심의 시간에 편입시켜 낮은
지위를 부여하는 표준시standard time이다. 본래 표준시는 정확한 열차시간
표를 국가가 제공하려는 목적에서 비롯되었으나 점차 국가 권력의 상징
과 집중화된 권위를 상징하게 되었다. 대표적인 사례가 '베이징 시간'을
전국의 표준시간China Standard Time으로 사용하며 시간적 권위를 국가적 정
체성을 담보하는 '상징권력'으로 작용시키는 중국이다.[32] 상징권력으로

---

29 Michel Foucault, "The subject and power", in J. D. Faubion ed., *Michel Foucault : Power*, N. Y
: The New Press, 1982, 2001, pp.326~348.

30 David Gross, "Temporality and the modern state", *Theory and Society* Vol.14 No.1, 1985, p.68;
Craig A. Clancy, "The politics of temporality : Autonomy, temporal spaces and resoluteness",
Time and Society, Vol.23 No.1, 2014, pp.28~48.

31 Eric Hobsbawm, *The Invention of Tradition*, Cambridge U. P., 1983; 박지향 · 장문석 역, 『만들
어진 전통』, 휴머니스트, 2004; Homi Bhabha ed., *Nation and Narration*, Routledge, 1990; 류승
구 역, 『국민과 서사』, 후마니타스, 2011.

서 국민국가의 시간은 일상의 영역에서 크게 네 가지 형식으로 로컬 공간에서도 관철된다. 따라서 우리가 흔히 로컬 시간으로 알고 있는 것들이 사실은 국민국가의 시간이 노골적이거나 은밀하게 작동하여 관철시킨 것이므로 로컬리티의 시간성을 고찰할 때 반드시 염두에 두어야 한다.

① 국가가 일상 규칙화로 성립시킨 공식적인 표준시간의 구조틀. 먼저 국가는 국경일과 공휴일 같은 연례적 시간은 물론 매일의 시간까지 일생의 시간에서 다양한 시간적 틀을 횡단하여 규범적 관습들을 유지하고 규제하는 시간 운영을 한다. 시간의 표준화는 국민국가 시간이 로컬 시간을 굴복 및 포섭시키는 일반적 과정의 한 부분이다. 국가는 법률을 통해서 정체, 치안 및 경제 운영을 홍보하고, 많은 표준적 행동을 알리며 외관상 '훌륭한 습관들'을 옹호하는 규칙적 도구들을 제공한다.(비록 어떤 개별적이고 습관적이며 집단적인 규칙들이 이들 정부가 선호하는 것과 경쟁할 수도 있지만) 국민들이 행동과 서비스를 획득하고 제도를 돌보고 시간의 부호를 준수하고 치안 규칙을 지키게 할 때 일상의 경험에 틀을 제공한다. 시민들이 일정한 과제를 수행할 때 필요한 형식적 요구의 수행 능력은 국가 행정부가 부과하는 '일상의 관료화bureaucratization of everydaylife'가 부과한 한 부분이다. 한 수준에서 우리가 특정 의무와 즐거움의 수행을 준비할 때 국가는 우리의 생애 과정에서 시간을 공인해 준다. 예컨대 나라마다 다른 자동차 면허증, 선거권, 혼인, 유흥업소 출입, 담배와 주류 구입, 성인영화관 출입 등에 기준 연령을 부과하는 것이 해당된다. 나라마다 다른 도로 주행 기준 속도

---

32 Jonathan Hassid and Bartholomew C. Warson, "'State of mind' power, time zones and symbolic state centralization", *Time and Society,* Vol.23 No.2, 2014, pp.167~94. 상징권력이라는 말은 부르디외로부터 빌렸다. Pierre Bourdieu, *Langage et pouvoir symbolique,* Seuil, 2001; 김현경 역, 『언어와 상징권력』, 나남, 2014.

역시 국가가 제공하는 시간의 공인을 표현한다.

②국민적 습관과 일상 관례의 지속. 국가는 국민들이 먹고, 씻고, 움직이고, 이동하며 노는 매일, 매주 또는 연례적으로 반복하는 거의 제례화한 일상적 습관을 시간 차원에서 관리하며 문화와 정체성에 근거한 '상식'의 시간영역을 형성한다. '상식적 시간'은 습관을 만들고 습관은 개인의 삶을 '문화적 커뮤니티' 집단과 연계시켜 관계를 조직한다. 안정적 관계를 유지하는 관계망, 대상과 공간에 위치하는 국민들의 반복되는 실천과 경험들의 축적은 '문화적 친밀성'이라고 부를 수 있는 집단적 가정$^{as-}$$_{sumption}$과 '무성찰적 지향'을 생산한다. 공유된 습관은 흔히 로컬리티의 표현으로 설명하지만, 실제로는 국가가 관리하는 공유된 습관인 경우가 더 많고 그것은 정서적이고 인지적인 연계를 강화하며 매 시간에 결정이 요구되는 사항에 불필요한 성찰을 최소화하는 숙련기술 획득을 자극 한다.[33] 친구와 가족들은 습관화한 일상을 공유하고 이러한 습관을 가진 신체, 가족, 친족의 친숙한 집단들에 더욱 광범한 소속감을 느끼게 만든다. 국가는 노동시간 또한 작업과제 수행 방식을 다르게 만들고 나라마다 다른 생활문화를 생성시킨다.

③ 민중문화에서 국민적 시간의 공시화. 국민들을 국가적 시간 규범 안에서 사고하는 습관을 통해서 의사소통하게 만들고 그 결과 통치 가능하게 만든다. 또 다른 방법은 민중문화에서 제례와 관습을 부과하는 것이다. 이것은 곧 일상의 시간표에 수많은 사람들이 동시에 참여하도록

---

[33] 이것이 로컬의 습관이 되는 것이라고 말할 수 있나? 아니면 국민적으로 익숙한 습관과는 다른 숙련된 습관을 로컬 습관이라고 할 것인가? 과연 그런 습관이 존재가능한지 질문도 가능하다.

공시화synchronization(동조화)시킴으로써 가능하다. 이 공시화는 사실상 한 국가에 존재하는 사회조직 운영의 기본원리이다. 국가는 국가전역 차원에서 실천을 공시(동조)화하고 학교, 작업장, (수능)시험결과 발표, 광고시간, 음주시간 규제 등으로 공시(동조)화 한다. 일상에서 이런 공식적 시간 구조틀이 부과하는 시간 관습을 통해서 국민국가적 동시성이 성취된다.[34] 최근 이와 같은 역할에 크게 기여하는 도구가 있다. 바로 티브이를 비롯한 미디어가 제공하는 시간표이다. 이 형식들은 무비판적으로 소비되고 해석될 뿐 아니라 친숙한 방송 시간표에 국민들을 자발적으로 참여시켜 국가구성원이 의무적으로 수행해야 할 것과, 그런 경험에 친숙하지 않은 것들을 알게 해준다. 티브이 시간표가 가정에서 일상시간표를 규정하고, 반복되는 시청 경험이 라이프 사이클의 생애사, 제도와 사회의 시간들에 새겨진다. 심지어 지역마다 다양한 축제들의 시간성도 그런 경우에 해당한다. 실제로 과거에는 로컬(커뮤니티)마다 성격이 다양한 민간축제와 종교적 축제의식이 존재했다. 그러나 미디어가 국가적 시간 관리에서 동시성을 강화하면서 로컬 축제의 국가적 공시(동조)화가 진행되었다. 그 결과 비록 서로 다른 제목과 내용의 축제라 하드라도 그것의 기본 속성이 국가가 제공한 시간의 구조틀에서 벗어나지 못하고 동시성이 전개되는 정치적 시간성이 관찰되는 양상을 보인다.

④ 일상의 활동들이 발생하는 계열화된 지속적인 시공간들. 국민국가적 정체성의 수행은 상징적 풍경과 유명한 장site이나 특별한 경우에만 발

---

34 예컨대 스페인에서는 낮잠(시에스타) 시간에는 관공서와 은행이 문을 닫고, 모로코와 인도의 도시들은 오후 5~7시 사이에 많은 사람들이 쇼핑하고, 사교하고 걷기 위해서 길거리에 모여든다. 이는 유럽인(특히 중부와 북부)들이 이 시간을 가정과 사적 시간으로 삼고 귀가를 원칙으로 삼는 것과는 크게 대비된다.

생하는 것이 아니라, 일상의 가정과 로컬(커뮤니티) 배경에서도 발생한다. 국민국가적 습관과 일상규칙은 평범한 일상의 공간적 맥락에서 정확히 발생한다. 공간의 규칙성은 정체성 형성에 중요한 구성요소다. 물리적 환경은 경험과 관계를 구체화된 역사로 만들고, 일상의 실천을 습관화된 공간에 재흡수 시키는 퇴적물로 작용한다.[35] 친숙한 일, 이동통로, 정착물에 둘러싸인 우리 집home은 시간이 부과한 지리를 생산하고자 타인과 규칙적으로 교차하며 공간적 실천을 수행하는 물리적 공간에서 익숙한 관리와 습관적 행동을 축적 시킨다. 과연 여기에는 모두 국민국가적 시간만이 작동하는가? 로컬 시간이나 지역의 시간은 작동하지 않는가? 팀 에덴서는 일상의 영역을 깊게 탐색하며 기본적으로는 국민국가적 리듬이 로컬 공간규모에서도 작동한다고 본다.

비록 로컬 시간 리듬은 자주 국민국가적 시간 리듬과 때로 협력적으로 통합되거나 공시화되긴 하지만, 로컬 관습은 국민국가적 문화적 모자이크로 합병되고, 국민국가 제도들은 로컬 세계들로 침투해 들어간다. 이것들은 국민국가를 공간성의 고밀도의 모태 안에서 상호교차 하는 가내적, 로컬적, 지역적 및 국민국가적 공간규모에 위치를 부여하는 경험의 중복적 관계망들이다.[36]

---

35 Greg Nobles, "Accumulating Being", *International Journal of Cultural Studies*, Vol.7 No.2, 2004, pp.233~256.

36 Tim Edensor, "Reconsidering National Temporalities : Institutional Times, Everyday Routines, Serial Spaces and Synchronicities", *European Journal of Social Theory*, Vol.9 No.4, 2006, p.537.

팀 에덴서의 관점에서 국민국가 공간도, 가내 공간이나 로컬 공간과 마찬가지로 신체적 습관과 거기서 살아가는 이들의 일상규칙적 삶과 연관시켜 존재한다. 일상공간의 무성찰적이고 자동기계적인 이해 습관은 인지적일 뿐 아니라, 부분적으로는 그 자체가 기억 밑바닥에 새겨진 만화경적 경험을 겪은 시간 탓에 심화되는 정서적 장소감을 자극하는 감각적 장소 이해로서 구성된다. 감각의 방식은 부분적으로 비슷하게 구체화된 인간존재의 삶을 넘어 교차하는 공유된 가내家內에서 로컬로 확장되는 상호일상적 공간으로부터 생산된다.[37] 이 공간은 다른 일상처럼 정적이지는 않고 공간과 장소는 항상 변화한다. 그러나 국민국가 공간이란 속성 탓에 시간적 일관성을 지닌 성좌constellation인 듯이 이해된다. 이와 같은 팀 에덴서의 견해를 따르면 로컬리티의 시간성 개념은 존립이 거의 불가능할 정도이다. 필자는 로컬 공간에서 국민국가의 시간만이 관철되는 것이 아니라 전지구성의 시간과 비동시적으로 존재하는 다른 시간들이라는 세 요소가 중층적으로 침투 작용하는 양상을 보여주고자 한다.

3) 자본의 시간 경영

로컬리티의 시간성 탐색에서 국민국가 시간이 작용하는 로컬 공간의 시간은 그 토대가 (근대 서구가 생산한) '자본의 시간'이 만든 산물이다. 이 시간은 가속도적 사회적 성장 과정을 정당화하는 일선적 시간으로서 국

---

37 Tim Edensor, "Thinking about Rhythm and Space", Tim Edensor ed, *Geographies of Rhythm : Nature, Place, Mobilities and Bodies*, Ashgate, 2010, p.10.

민국가의 시간정치를 작동시키는 토대로 작용하는 한편, 고속이동과 정보통신기술공학의 발전을 가속화시켜 기존 시간성을 해체 및 파편화시키고 새로운 시간관을 작동시키는 주축 역할하는 양면성을 가진다. 본래 정치경제학적 사회구성체론은 역사적 과정으로 탐색되었지만 역사의 진보라는 목적론적 시간관이 설득력을 상실하면서 세계인식의 중심축 역할이 시간에서 공간 개념으로 대체되었다. 그러나 최근 자본주의 사회구성체론을 공간 경험에 집착을 넘어 시간성과 연관시켜 탐색할 필요가 재부상하면서[38] 시대를 사유하고 구조화하는 이념의 작동 방식을 재성찰할 계기가 마련되고 있다. 자본의 시간은 자본주의의 팽창과 결합된 산업사회와 포스트-산업사회의 구성부분이며, 우리가 목격하는 시간의 재현과 상품화는 그 관계의 생성물이다.[39] 시간과 산업화의 밀접한 관계는 20세기에 노동시간과 생산성에 관한 새로운 메커니즘 곧 시간운용에서 테일러주의, 생산성 확보에서 포드주의 생산경영을 창조했다. 현재도 많은 작업장의 생산성을 주로 노동력이 제공하는 양적 유연성 형식이 주도하기에 흔히 '유연한 테일러주의'로 불린다. 유연한 테일러주의 작업시간이 일상적 삶의 시간과 사회적 삶의 시간 사이의 분리에 일정한 변화를 가져온 것은 사실이다. 그럼에도 '삶의 시간'과 '사회적 삶'은 항상 작업시간에 포섭되고 시간 분리에 근본적 변화가 발생할 여지를 원천봉쇄했다. 자본의 순환 전략은 산업시간 곧 이익률로 표현되는 연속성, 비

---

38 Noel Castree, "The Spatio-Temporality of Capitalism", *Time and Society,* Vol.18 No.1, 2009, pp.26~61; Samuel Chambers, "Untimely Politics *avant la lettre* : The Temporality of Social Formation", *Time and Society,* Vol.20 No.2, 2011, pp.197~223.

39 David Harvey, *The Urban Experience,* Blackwell, 1989; 초의수 역,『도시의 정치경제학』, 한울, 1996. Eric Sheppard, "David Harvey and Dialectical Space-Time", in Noel Castree and Derek Gregory eds., *David Harvey : A Critical Reader,* Blackwell, 2006, pp.121~141.

차별성 및 시장가치에 근거한다. 이것은 지금도 관철되므로 비록 현재 산업시간 견본이 중요한 변화를 겪고는 있지만 여전히 끊임없는 경쟁으로 압박받는 경제행동에 적합한 요소로서 존재 근거를 유지하고 있다. 그러므로 당대의 사회경제적 구조는 물론 로컬리티의 시간성 관련 논의에서 가장 핵심적인 노동시간 경영 양상으로서 고려할 필요가 있다.

그러나 자본의 경영 논리에서 시간의 단일성이 반드시 관철되지는 않는다. 거기에는 고유한 변증법적 이중성이 있으며 다른 제안도 역시 존재한다.[40] 농업시간과 구분되는 산업시간의 견본을 제시한 에드워드 톰슨은 시간-견본이 특정 시간이나 사회에서 완전히 지배적이지는 않다고 강조했다.[41] 그럼에도 농업시간이 자연적 시간과 연관된다면, 산업시간은 작업과 노동들을 둘러싸고 인위적으로 재조직된 사회적 시간이다. 사회적 시간의 요구와 훈련은 생산 과제들의 복잡성 증가와 협력활동의 요구로 강화되었다. 그러나 이 시간구조들(시간측정 기술, 생산기술공학조직, 사회조직 등)의 변화에 작용하는 요소들의 비율은 편차가 매우 커서 중첩적으로 작용하는 시간의 통과를 정확히 짚어내기 어렵다. 자본의 영토에

---

40 Eyal Chowers, "Gushing Times : Modernity and the Multiplicity of Temporal Homes", *Time and Society,* Vol.11 No.2 / 3, 2002, pp.233~249. (서구에서) 전-산업 시대의 시간은 선대제 (putting-out)의 시간이었다. 상업자본이 제공하는 원료와 자금을 지원 받는 숙련수공업자들은 시간 배분에 상대적 자율성을 갖는 '과제-구조'(task-structure) 또는 '과제-지향'(task-orientation)의 시간에서 생물적 시간을 배려할 여지가 있었다. 그러나 매뉴팩처 제도가 도입되면서 집합적 노동 현장에서 시간 통제가 시작되었고, 산업혁명기 공장제도에서 작업의 공시화가 전개되었다. 거기에 시간 측정기구의 확산은 이를 더욱 가속화 했다. 산업자본의 시간 준수 요구와 훈련은 개인은 물론 사회 전반의 조직에 깊은 충격을 가했다. 미숙련노동자는 물론 숙련노동자에게도 시간관리가 보편적 시간단위로 작업을 측정하고 엄격한 시간 준수 훈련을 부과하는 시간경영(time management)으로 발전했다. 숙련노동자들은 새로운 시간 관리 방식에 자존심의 손상을 겪고 노동조합을 결성하여 저항했다.

41 E. p.Tompson, *The Making of the English Working Class,* Vintage, 1963; 나종일 외역, 『영국노동계급의 형성』, 창비, 2000.

서 시간경영 체제가 시간을 거래의 기초이며 이익 갈등의 대상으로 삼아서 경제적 사고와 비용-혜택 계산을 추동하는 것은 추상적인 시간 측정 양식이다. 문제는 그 과정에서 자본과 노동의 시간 배분이 극단적으로 불균등하게 작동하는 점이다.[42] 노동시간 구조에서 진화는 주요한 역설 곧 산업시간 구조에 '모든 사회적 삶의 시간 패턴'의 적응을 함축한다. 공장에서는 인간 신체의 리듬을 통제하여 생리적 시간조차 관리했다.[43] 동시에 그것은 고용주에게 팔린 '작업시간'과 비록 생산력의 재생산 필요성 탓에 허용은 되지만 고도로 제한되는 '자유시간'을 선명하게 분리시켰다. 그 결과 '산업사회에서 노동을 둘러싸고 모든 다른 사회적 삶이 재조직되는 추축적 시간 간격pivotal interval'을 출현시켰다. 그렇다고 노동이 가치저하 된 것은 아니며, 구입하는 자본가와 판매하는 노동계급 모두에게 핵심적 가치가 되었다. 특히 '노동시간'과 '삶을 위한for living 시간'이 분리되면서 자본가와 노동자는 시간 점유를 둘러싼 대립을 증가시켰다. 이들 요소는 밀접한 연관 관계를 가져서 저녁과 주말의 자유시간은 시간 규제 사회가 초래한 폭력의 합법적 분출구로 작용했다. 산업시간은 가격 거래 필수품이 되었고 점차 측정에 편리하도록 연속적이고 비차별적으로 구조화 되었다. 그것은 처음에는 계약의 구조틀에서 작업용으로 이용되던 시간규제가 점차 사회적 삶의 시간 패턴들은 장악하고 조직했다.[44] 산업생산과 서비스의 급속한 발전은 작업장의 경험과 학습, 노동

---

42 Klaus Dörre, "Capitalism, *Landnahme* and Social Time Régimes : An Outline", *Time and Society*, Vol.20 No.1, 2011, pp.69~93.

43 David Inglis and Mary Holmes, "Toiletry Time : Defecation, Temporal Strategies and the Dilemmas of Modernity", *Time and Society*, Vol.9 No.2 / 3, 2000, pp.223~245.

44 O. Klein, "Social Perception of Time, Distance and High-Speed Transformation", pp.246~248.

력 배치의 발전과 발맞추어 더욱 엄밀한 시간 배치를 진전시켰고 '시간 경영'이 자본가들의 중요 과제로 부상했다.[45] 노동시장의 작업구분은 이런 시간 배치를 반영하고, 산업작업장과 작업인지도는 양적 측면에서 노동자의 경제적 수입, 질적 측면에서 자유시간의 증가와 연동해서 변화했다. 이는 노동시간이 단순한 의무와 물질적 필요성에 따른 도구가 될 뿐아니라, 자유재량 시간discretionary time이 자기성취 수단이 된 것을 말한다.[46] 그와 더불어 개인의 시간경영에 자율성을 부여하는 조직적 생산양식이 출현했고, 그러한 변화는 또한 작업리듬과 시간계획표의 유연성 및 새로운 관리 방식을 요구한다.

현재 새로운 시간인식이 출현하고 있다. 물론 사회적 삶 특히 생산현장에는 여전히 테일러주의(유연한 테일러주의)가 주도하지만 그것만으로는 새로 대두하는 당대의 시간성을 설명하기에는 역부족이다. 그 배경에는 전자정보통신기술공학이 광속도로 제공하는 실시간real-time의 즉각성이 시간인식을 압도하고, 그것이 강화시킨 복잡성이 정치와 사회 전반에 영향을 끼치는 포스트-포드주의 생산 과정이 작용한다.[47] 전자정보 체계의 사이버 공간은 참가자를 시공간적 공동위치co-location에 자리 잡게 한다.[48] 초고속이동기관이 가져온 변화된 사회적 행동은 산업시간이 요

---

45 Ida Sabelis, "Time Management : Paradoxes and Patterns", *Time and Society*, Vol.10 No.2 / 3, 2001, pp.387~400.

46 Robert E. Goodin, James Mahmud Rice, Anti Parpo and Lina Eriksson, *Discretionary Time : A New Measure of Freedom,* Cambridge U. P., 2008, p.71.

47 Robert Hassan, *Empires of Speed : Time and the Acceleration of Politics and Society,* Brill, 2009. Electronic Information and Communication Technology은 '정보통신기술'로 축약한다.

48 Ahangyang Zhao, "Consociated Contemporaries as an Emergent Realm of the Lifeworld : Extending Shutz's Phenomenological Analysis to Cyberspace", *Human Studies,* Vol 27, 2004, pp.91~105; Heejin Lee and Steve Sawyer, "Conceptualizing Time, Space and Computing for Work and Organizing", *Time and Society,* Vol.19 No.3, 2010, pp.293~317.

구한 사회적 행동의 견본에 균열을 일으키고, '준-유비쿼터스' 이동성의 발전은 직업적 삶과 개인적 삶을 구분하던 시간경계를 흐릿하게 만든다. 자본이 장악한 정보통신기술은 기존의 시공간 인식을 무화시켜 매우 단조가능한amlleable 요소로 만들었다. 폴 비릴리오로 하여금 가속도가 시간을 왜곡하고 정보통신기술이 거리와 공간을 붕괴시키는 현상을 '질주학'[49]이라고 부르고, 마누엘 카스텔이 정보통신기술 발달로 도래하는 새로운 사회구조인 관계망 사회의 시간을 두고 '시간 없는 시간timeless time' 개념을[50] 부여한 것은 그 산물이다.

3. 로컬리티의 시간성 양상들

1) 전지구화와 시간의 파편화

최근 시간과 공간에 관한 새로운 은유의 주제가 되고 있는 것이 있다. 다름 아닌 전지구화와 결합된 미래주의적 정보통신기술 담론의 메타서사에서 '실시간' 관찰의 실현가능성 문제이다. 이것은 디지털 기술공학이 전 지구적 금융, 생산, 소비, 매스컴 및 사이버 문화를 상호연계하며 시간의 즉각성 실현을 가속화시킨다는 자각의 산물이다. 이 용어는 또한 다양한 준거 공간들 곧 사이버 문화, 금융흐름, 공급-체인 경영, 온라인 판

---

49 Paul Virilio, *Vitesse et politique*, Galilée, 1977. *Speed and Politics : An Essay on Dromology*, New York : Semiotext(e), 1986; 이재원 역, 『속도와 정치』, 그린비, 2004.

50 Manuel Castells, *The Rise of the Network Society*, Blackwell, 1996 / 2000; 김묵환 외역, 『네트워크 사회의 도래』, 한울, 2003.

매, 생방송이벤트 등과 결합한다. 전지구적 자본주의 맥락에서 '실시간' 의 담론적 구성은 권력 체계의 새로운 시간 구성과 연결되기에 심지어 이데올로기적이기 조차 하다.[51] 예컨대 올림픽이나 월드컵 같은 전지구적 스포츠 행사나 자연재해 및 사회정치적 사건들은 '실시간'으로 로컬 차원까지 공시적 시간대 시청이 가능해진 결과 대인관계interpersonal의 새로운 배열 또는 작업 공간에서 시간의 공시성synchronism이 단일화 된 듯 보인다.[52] 세계를 시간과 역사에서 동종의 관계망을 가진 정치적 커뮤니티로 이해하고 그 구성원을 동시간대 시민chronopolitan으로 이해하는 관점의 대폭 확산은 그 산물이다.[53] 전지구화 수사는 흔히 세계를 중심과 주변, 국민국가와 전지구의 공간을 자본의 팽창을 통해서 재기술하며 경계 없는 공간 구성을 시도한다. 그 결과 시간을 소거시키고 전지구를 동종의 시간 공동체로 이해한다.[54] 더욱 단순해진 이동은 거리와 시간 운영에 큰 유연성을 제공하고 긴급 상황에 대응력을 증가시켰다. 거리는 더 이상 보호되지 않고, 우연과 필연이 교차하는 고속이동 시간은 현상을 연속적 시간으로 판단하는 지각을 붕괴 및 파편화시켰다.[55] 데이비드 하비의 '시공간 압축time-space compression' 개념은 이런 상황을 설명하는 산물이다.[56]

51 Wayne Hope, "Global Capitalism and the Critique of Real Time", *Time and Society,* Vol.15 No.2 / 3, 2006, pp.275~302. cf. Thomas Hylland Eriksen, *Tyranny of the Moment : fast and Slow Time in the Information Age,* Pluto Press, 2001.
52 Maurice Roche, "Mega-Events, Time and Modernity : On Time Structures in Global Society", *Time and Society,* Vol.12 No.1, 2003, pp.99~126.
53 Saulo B. Cwerner, "The Chronopolitan Ideal : Time, Belonging and Globalization", *Time and Society,* Vol.9 No.2 / 3, 2000, pp.331~345.
54 John D. Kelly, "Time and Global : Against the Homogenous, Empty Communities in Contemporary Social Theory", *Development and Change,* Vol 29, 1998, pp.839~871.
55 Oliver Klein, "Social Structure of Time, Distance and High Speed Transformation", *Time and Society,* Vol.13 No.2 / 3, 2004, pp.245~263.
56 David Harvey, *The Limit to Capital,* Blackwell, 1982; 최병두 역, 『자본의 한계』, 한울, 2007;

과연 이제 시공간은 단일화되고 시간과 공간의 경계는 사라졌는가? 비록 전지구화가 시간의 보편화와 인류적 정체성을 표방하며[57] '경계 없음'을 강조하지만 그것이 시공간의 동종성을 요구하는 것은 결코 아니다. 시간과 공간은 소멸은 커녕 자본주의의 서사와 궤적에 여전히 지배적인 요소로 남았다.[58] 도리어 관념, 이데올로기, 사람, 재화, 심상, 메시지와 기술공학의 항구적 운동과는 구분되는 유동하는 '흐름의 세계'가 주목 받는다. 전 지구적 자본주의는 시공간적 고정(유동성과 이동성 그리고 시공간 압축 개념은 시간과 공간의 '뿌리 뽑힘' 담론)과 결합하고, 그것은 다시 단조가능한 시간과 공간 개념, 그리고 그것이 전지구화 서사에서 자본주의의 이념적 구성물이라는 개념과 결합한다.[59] 그 결과 확산된 복잡성과 불확실성의 시간인식은 탈근대를 표상하는 핵심적 요소들 가운데 하나

Bob Jessop, "Spatial Fixs, Temporal Fixes, and Spatio-Temporal Fixes", in Noel Castree and D. Gregory eds., *David Harvey : A Critical Reader*, pp.142~166. 자본의 활동 가속화로 시간과 공간은 더욱 추상화 되고 기존의 의미와 가치는 작동이 중단되었다. '시공간 압축'과 더불어 상품화와 재현의 조건에서 전개되는 자본의 순환만이 가치를 결정할 것이었다. 지리적 공간에서 강화된 자본 축적의 과정은 하비가 '공간적 고정'(spatial fix)이라고 말한 공간재구성 경쟁에 역동성을 창조했다.

57 J. T. Fraser, "Time, Globalization and the Nascent Identity of Mankind", *Time and Society*, Vol.9 No.2 / 3, 2000, pp.293~302.

58 Seán Ó Riain, "Time-space Intensification : Karl Polanyi, the Double Movement, and Global Information Capitalism", *Theory and Society*, Vol 35, 2006, pp.507~28. 전지구화 세계에서 기업과 정부는 자본의 고정성과 팽창이동성 사이에서 긴장 해결 전략을 추구했다. 원격정보통신망은 노동과 자원을 확장하고 새로운 공간 생성의 기회를 제공하는 동시에 장소에서 행동을 해방시키고, 시공간의 장벽을 감소시켜 사실상 사회적 과정을 장소와 장소 연관 흐름들의 지리학으로 이용했다. 그 결과 칼 폴라니가 시공간 강화(time-space intensification)라고 부른 새로운 영토적 형상을 생산했다. 전지구화는 동종화가 아니라 더 큰 차이 인식을 초래하여 시공간이 인간 경험의 더욱 더 분명한 요소가 되고, 시공간이 전략적 행동의 핵심요소로 자기 이동(mobilized) 결과 모든 사회적 실천의 시공간화가 이루어지고, 시공간 압축에 맞서 사회적 행위자로서 사회 및 정치적 행동은 전지구적 연계 안에서 전략적 이동이 이루어진다.

59 Paul Andre Harris, "www.timeandglobalization.com / narrative", *Time and Society*, Vol.9 No.2 / 3, 2000, pp.319~329.

로 등장했다.[60] 존 어리는 전 지구적 복잡성의 상황에서 이종적이고 예견 불가능한 시간성이 로컬, 국가, 전 지구에 부과되어 상호교차하여 로컬리티에 부과되므로 로컬, 국민국가, 전지구성이 일선적 시간계열에서 작동하지 않는다고 평가했다. 그런가하면 로컬차원의 생태 위기가 전 지구적으로 확장되므로 시공간에서 개별 결과들은 측정불가능하고 비가시적이라고 평가했다.[61] 이것은 시간의 파편화와 그에 따른 복잡성을 담지한 또 다른 시간을 인지할 가능성을 제공한다.

전지구화 담론의 역설은 산업시간에 근거한 '시간경영'과 국민국가의 '시간정치'를 정당화 하는데 기여해온 정치적 민주주의의 상호연계 관계를 일치시키는 근대 시공간의 위상을 끊임없이 동요시켜 약화시킨 점이다. 그 결과 근대성의 발전이 불확실성의 시간을 확장시키고 그것이 '위험사회' 개념을 정당화했다.[62] 권력관계와 경제성장을 통해서 영역의 경계를 재설정하며 갈등하는 시간성과 공간성의 정치가 새롭게 부각되었다. 그것은 디지털 기술공학이 '실시간' 의사소통으로 금융이익을 보장해주는 헤지펀드의 측면과, 실제로는 장기적 자본운영으로 시간 지속성을 고심하는 금융가나 산업디자이너의 핵심적 고안의 측면, 곧 이익의 즉각성과 경제활동의 일반적 가속화와 상호모순 되는 양식으로 시간을 파편화시키며 작동한다.[63] 마누엘 카스텔의 '관계망 자본' 개념은 전

60 Kingsley Dennis, "Time in the Age of Complexity", *Time and Society,* Vol.16 No.2 / 3, 2007, pp.139~155.
61 John Urry, "Time, Complexity and the Global", Graham Crow and Steven Heath eds, *Social Conceptions of Time : Structure and Process in Work and Everyday Life,* Palgrave, 2002, p.20.
62 Gerda Reith, "Uncertain Times : The Notion of 'Risk' and the Development of Modernity", *Time and Society,* Vol.13 No.2 / 3, 2004, pp.383~402.
63 Wayne Hope, "Conflicting Temporalities : State, Nation, Economy and Democracy under Globalism", *Time and Society,* Vol.18 No.1, 2009, pp.62~85.

지구적인 경계선들의 철거와 시장의 탈규제화를 전개하지만, 노동의 영역에서는 로컬 차원에서 규제를 유지하는 전지구적 운동을 일컫는다.[64] 현재 자본의 팽창이 디지털 초정밀 공간과 고속이동성의 초정밀 시간을 만들어내고 이 시공간이 서로 엮여서 개인의 내적 시간조차도 공적영역으로 만들어가며 다양한 형식의 공적영역을 확장시키고 있다.[65] 이것은 실시간 시공간의 파편화 곧 '다수의 시간'을 인식할 단초를 열어준다. '다수의 시간' 인식은 과거, 현재, 미래의 다양한 역할, 차이를 경영하는 과정에서 확인된다.

그러나 파편화된 시간 역시 모순에서 자유롭지는 않다. 고도로 다형체적인 파편화된 시간 역시 통합을 지향하는 한편 자율성을 지향하는 모순된 경향이 결합하여 어떤 규칙성을 제공하기 때문이다.[66] 이것은 시간의 파편화에 반동이 가져오는 통합성 지향과 자신의 고유한 자원과 속성의 이동을 격려하는 요소가 상호작용한 것이다. 파편화된 시간은 자크 아탈리가 말한 '추상적이고 객관적인 보편적 시간'으로 구성된 '기계의 시간'은 당연히 아니지만, 그렇다고 개별화된 '기호의 시간time of codes'도 역시 아니다. 그럼에도 주디스 버틀러가 말한바 대로 '각 체계에 특수한 시간'

---

64 Yasmin Ibrahim, "Temporality, Space and Technology : Time-Space Discourses of Call Centres", *New Technology, Work and Employment*, Vol.27 No.1, 2012, pp.26~7. 상업, 조직, 정보, 사람의 이동 관계망은 시공간 영역들을 더욱 다층화하고 파편화하며 상호연관 시켜 복잡하게 만들었다. 장소의 이동성은 자본의 흐름과 교환을 강력히 자극하면서 기업 관계망의 결합을 통해서 형성되었다. 이런 활동을 표상하는 초국적 기업들은 '꽉짜인 시간'으로 장소의 위치적 속성을 조사하여 착취하고 관련법을 제정할 권력을 행사한다.D. Southerton, "'Squeezing Time' : Allocating Practices, Co-ordinating Networks and Scheduling Society", *Time and Society*, Vol.12 No.1, 2003, pp.5~25.
65 Adam Frank, *About Time : Cosmology and Culture in the Twilight of the Big Bang*, Free Press, 2011; 고은주 역, 『시간 연대기-현대 물리학이 말하는 시간의 모든 것』, 에이도스, 2015, 355쪽.
66 Klein, "Time, Distance and High-Speed Transformation", p.255.

으로서의 요소는 존재한다.[67] 노파심에서 다시 말한다면 비록 탈근대의 시간을 말한다 해도 '기계의 시간'은 여전히 사회적 삶의 시간과 및 산업 시간을 장악하고 있다. 개별화되고 파편화된 '기호의 시간'은 비록 특수한 시간 요소가 남아있다고는 해도 주변부적 시간으로 남아 있다.[68] 그럼에도 시간 사용의 고속화와 실시간의 광속화가 초래한 필연적인 질주는 '기계의 시간'에 균열을 내고 있다.

정보통신기술과 고속이동 도구가 그것의 출현을 자극한 포스트-포드주의 노동시간이 가져온 파편화된 시간은 세 가지 속성을 가진다. 첫째 산업자본주의 출발기에 성립된 '작업시간'과 '사회적 삶의 시간' 구분이 희미해진다. 둘째, '실시간'이 남용되면서 시간의 파편화와 시간리듬의 혼합 결과 생산조직이나 행위자의 활동에서 산업시간을 견본 삼아 조직된 시간의 연속성을 파열시킨다. 그 이유는 다중공간규모multi-scalar의 장소나 공간에서 활동하는 행위자에게 상대적 자율 시간을 제공할 가능성을 열어주기 때문이다. 그러나 이 시간들은 의무적인 압력을 부과하던 산업시간과 달리 강요된 자율시간이라는 점에서 또 다른 새로운 종류의 시간압력이다.[69] 자율 시간은 작업장에서도 단일 시간만이 아니라 다양한 협상과 기대expected의 시간[70]이 동시다발적으로 작동한다. 이 시간은

67 Judith Butler, *Gender Trouble : Feminism and the subversion of identity*, Routledge, 1993; 조현준 역, 『젠더 트러블─페미니즘과 정체성의 전복』, 문학동네, 2003.
68 Elizabeth Freeman, *Time Binds : Queer Temporalities, Queer Histories*, Duke University Press, 2010, p.3. 젠더란 특정 시점에 완벽하게 주어진 것이 아니라 시간 속에서 수행되고 체화된다고 강조한 퀴어(queer) 시간도 시간생체정치(chronobiopolitics)라는 차원에서 여기에 해당할 것.
69 R. E. Goodin, J. M. Rice, A, Parpo and L. Eriksson, *Discretionary Time*, p.83.
70 Christina Zucchermaglio and Alessandra Talamo, "The Social Construction of Work Times : Negotiated Time and Expected Time", *Time and Society*, Vol.9 No.2 / 3, 2000, pp.205~222.

얼핏 보면 산업혁명 이전 선대제의 숙련수공업자들이 직면했던 시간과 매우 비슷한 측면이 없지 않지만, 시간 이용의 체계적 합리화를 최우선에 둔 근대성의 산물인 점에서 시간 자율성의 성격이 다르다. 세 번째로는 엄격한 산업시간 구조의 붕괴는 시간의 유연성을 증가시키고 노동행위자에게 경쟁적 압력을 더욱 가중시킨다. 우리가 유쾌한 공생공락con-viviality의 조건을 모색하며 다층적이고 다형체적polymorphic 시간성을 요구하는 것은[71] 핍진한 시간경쟁의 압력에서 벗어나는 로컬(커뮤니티), 새로운 구성적 의미를 내포한 로컬리티의 생성을 모색하는 것과 연관 있다.

2) 시간의 공재성共在性, coevalness과 비동시성

로컬(커뮤니티)의 시간은 자본의 시간경영과 국가의 시간정치가 서로 맞물려 연동하면서 생성된다. 자본의 시간전망이 이윤 동기라는 좀 단순한 목표로 진행된다면 시간정치는 일상을 중심으로 거시적 차원과 미시적 차원이 동시에 작용하며 관철된다. 그러나 자본의 시간경영도 억압, 통제, 계산, 동요, 고립 등으로부터 나오는 단기적 전망과, 지속가능한 발전을 염두에 두는 성찰적 실천의 시간 전망 사이에서 끊임없이 동요하므로 매우 신중한 접근 대상이다. 그러한 동요를 잘 보여주는 사례로서 로컬 경제에 바탕을 두고 자족적이며 친밀한 상호의존적 대안화폐 관계망

---

71 Ewa Morawska, "Composite Meaning, Flexible Rangs, and Multi-Level Conditions of Coviviality : Exploring the Polymorph", *European Journal of Cultural Studies,* Vol.17 No.4 2014, pp.357~374.

을 모색한, 한때 주목받은 로컬화폐local exchange and trading schemes 운동의 실패 이유를 시간성의 갈등에서 찾는 연구는 시간을 이해하는 방식의 폭을 넓힌다. 곧 구성원들이, 로컬(커뮤니티)의 시간과 노동 시장이 요구하는 시간 질서의 규범이 상충하며 압력과 갈등을 초래하는 현실을 잘 이해하지 못한 점을 원인으로 찾는다.[72] 로컬 회폐Lets 내부에서는 로컬(커뮤니티)의 시간 곧 사회성과 평등에 더 비중을 두고 노동시간 역시 조직력에 근거한 규범적 선의 획득에 초점을 두었다. 그러나 그것은 장기적으로 역시 동등한 중요성을 가진 비-규범적 신뢰성, 편안함, 효율성 및 예측 가능성과 결합한 더 다양한 '자유로운' 노동시간을 작동시키는 혼종적 커뮤니티의 이상을 결핍시키는 방향으로 이끌었다.[73] 곧 조직적 규범의 시간이 비-규범적 시간[74]을 배제하면서 로컬(커뮤니티) 내부에 갈등이 심화되고 운동은 한계에 직면했다는 지적이다.

그렇다면 이들 양자는 결합하여 새로운 시간성을 창조할 수 없었던가? 이것은 로컬(커뮤니티)에서 작동하는 시간을 다양한 범주로 설정가능한지 묻는다. 로컬(커뮤니티) 개념이 내포한 문제점은 '정태적'이거나 '무시간적'인 방식으로 과거 시간과 결합시켜 특정 집단의 지배를 정당화하는 상대적으로 편협하고 변화 없는 역사를 재현할 가능성이다. 그럼에도 어떤 로컬(커뮤니티) 공간에서 작용하는 시간의 동시대성 곧 공유된 시간(공재성)을 거부하는 관점에 관련된 논의는 시간의 이용에서 포함과

---

72 Davina Cooper, "Time against Time : Normative Temporalities and the Failure of Community Labour in Local Exchange Trading Schemes", *Time and Society,* Vol.22 No.1, 2013, pp.31~54.
73 ibid, p.47.
74 예를 들면 '자율시간'은 산업시간에서는 노동자의 쟁취 대상이었지만 포스트 포드주의 생산과 하이테크정보통신 양식에서는 도리어 자본의 선택요소라는 점에서 규범적 시간과 비규범적 시간 구분은 유동적이다.

배제의 실천을 탐색하는 작업에 시금석으로 작용한다. 여기서 시간의 이용에서 '포함'이란 말은, 예컨대 역사적 유산들을 끌어 들여서 당대 역사의 정당화에 동원하는 것을 말한다. 그리고 '배제'는 원주민, 집시 등 다양한 소수자들을 역사의 중심 흐름에서 배제시키는 것을 말한다. 국민국가의 시간은 기본적으로 총괄적인 시간에 포섭되는 시간과 그것에 흡수되지 않는 시간을 탐색하고 구분한 산물이다. 로컬 공간은 그러한 포함과 배제의 시간 전술을 구체적 현실에서 작동시키는 장^{site}이다. 이 시간은 또한 특정 지식 커뮤니티에서 공유된 배경으로 가정되는 장소에서 또 다른 '지식 시간의 부호들$^{codes\ of\ knowledge\ time}$'을 이해가능 하도록 만든다. '지식 시간의 부호들'은 세 가지의 측면 곧 '문화적 절대성' '문화적 상대성' 및 '문화적 유동성' 측면에서 접근가능하다. '문화적 절대성'은 곧 자신의 시간 평가 개념, 예컨대 황금시대, 영웅시대, 잃어버린 고리, 심지어 자율과 평등의 시대 또는 평화의 시기니 하는 절대 용어로 시간을 환원시켜 버리는 것을 말한다. 그리고 '문화적 상대성'의 시간 전술은 흔히 보듯 같은 시기에 존재하는 '공재성'을 무시하며 도리어 공시성$^{synchro-nicity}$을 설정하거나 또는 페이비언이 비판한 인류학적 타자의 '다른 시간^{allochronism}'[75]이라고 주장하여 문화를 자기의 시간 수준으로 포위하여 시간성을 재단하는 것을 말한다. 끝으로 '문화적 유동성'은 시간 계열의 연속성을 지켜야한다는 강박 의식을 거부하고 의미 있는 차원으로서 시간을 삭제하여 선점^{preempt}하거나 다수의 반-연대기들$^{anti-chronologies}$이라고

---

75 공시성(共時性, synchronicity)은 우연적이고 비인과적인데도 의미가 일치하는 복수의 사건(사상)이 발생하는 양상을 결정하는 법칙원리를 말한다. 반면에 다른 시간(allochronism)은 공재하는 시간을 부인하고 서구와는 다른 시간이라고 규정하는 것이다. Fabian, op.cit., p.32.

부르는 것을 제안하여 시간을 배제하거나 추방하고 박제화 시킨다. 이것은 시간을 안정되고 연속적인 것보다는 유동하고 일시적인 재평가로 이끈다.

로컬공간에서 '지식 시간의 부호'는 과연 어떻게 작동하는가? 그 전제는 로컬(커뮤니티)의 구성원이 모두 동일 시간성에 해당되지는 않는다는 사실이다. 남녀노소 및 직업 집단 별로 시간의 구분과 분리가 존재한다. 로컬리티 시간성 개념을 설정하는데 신중하게 피해야하는 함정은 국민국가 시간성을 반복하는 형식의 시간성을 로컬의 시간성으로 이해하고 이를 벗어나는 시간 요소는 배제시키는 것이다. 연대기적 시간표 작성 기교와 결합된 공간적 분리는 시간적 궤적에서 로컬(커뮤니티)들을 서로 구분시킨다. 심지어 시간 운영과 관리가 다른 집단은 로컬(커뮤니티) 공간 바깥으로 밀어내고 배제시켜 '공유된 시간'이 만들어진다. 곧 공간적 배제가 시간적 배제와 복합적으로 결합하여 작용한다. 이와 같은 포함과 배제의 시간 작동을 간파하고 이해하는 것은 불균등 발전, 다중심적 근대성 개념으로 개념화하여 제국주의 식민지 사업과 신자유주의가 표방하는 국제적 발전주의 선언의 무비판적 정당화에 사용된 서사들을 비판하는 방법론으로 유용하다. 곧 비목적론적 생성을 향한 변화, 또는 '미개하고 원시적'이라고 폐기된 전통을 재주장하고 근대성의 지배에 저항하는 양태를 탐색하는 작업에도 원용가능하다. 로컬리티의 시간성 이해는 시간의 연속성과 단속성을 맥락에 의존하여 전략적으로 사용하기를 요청한다.[76] 예컨대 특정 사회적 시공간인 이주공간에서 이주민들의 경우

---

76 Isidro Maya-Jariego and Neil Armitage, "Multiple Sense of Community in Migration and Commuting : The Interplay between Time, Space and Relations", *International Sociology*, Vol.22

에는 전통을 강조하면서 연속성을 유지하거나 또는 문화번역으로 단속성을 창조하는 것이기보다는 양자를 전략적으로 사용한다고 판단하는 복합적 시각이 더 유용할 것이다.

그러면 하나의 사례로서 로컬리티의 생성에서 중요한 역할을 하는 문화유산이 내포한 시간성은 어떤 속성으로 평가가능한가? 문화는 일정한 정체성의 문제와 연관되고 그것은 로컬(커뮤니티)에 로컬리티를 부여한다. 그것도 두 가지 설명이 가능하다. 하나는 가장 흔한 경우로서 역사적 시간에 존재해온 현장을 떠나서 인공적 공간, 곧 대표적인 사례로서 박물관 등에 전시된 문화유산인 경우 그것은 박제화 된 시간성 또는 단속적 시간이 작동하는 반-연대기적 '공간에 포획된 유동적 시간성'이라고 말할 수 있다. 그러나 만일 그것이 역사적 현장을 지키는 있는 문화유산이라면 어떻게 설명할 것일까? 그것은 로컬(커뮤니티)가 인정한 연속적 시간성을 '공유하는 시공간'이라고 말할 수 있다. 분명한 것은 어느 경우의 문화유산이든 포함과 배제, 선택과 무시의 시간성이 동일하게 작동한다. 그런 점에서 문화유산은 시간의 연속성과 단속성이 작용하는 시공간의 이행지대에 존재하는 것으로 상정하는 것이 가능하다. 문화유산은 외면상 시간의 연속성에 근거 하지만 실제로는 최근에 만들어진 전통의 '유산'으로 새로운 시간의 연속성을 시작하는 점에서, 바로 포함과 배제의 원리가 작용한 탓이다. 문화적 유산에 시간의 단속성이 작용하는 과정에는 곧 문화적 유산이 한 로컬(커뮤니티)의 로컬리티를 생성하려면, 그것의 가치를 평가하는 작업이 필요하다. 낸시 프레이저의 말을 차용하

No.6, 2007, pp.743~766.

면 제도화된 '인정의 정치'[77] 곧 현존하는 문화유산을 둘러싸고서 로컬(커뮤니티)의 구성원과 로컬(커뮤니티)나 국민국가의 전문가 조직이 내리는 '인정'과 '불인정misrecognition'의 평가가 작용하여 일정한 정체성을 가진 로컬리티의 시간성을 만들어 낸다고 말할 수 있다.

3) 시간이용time-use 리듬

로컬리티의 시간성을 형성하는 최종 요소는 무엇일까? 다름 아닌 자본의 시간경영과 국가의 시간정치와 어울려서 작동하는 일상의 시간이 아니겠는가? 그러면 일상의 시간을 구성하는 요소들은 무엇일까? 첫째 비록 불명료하지만, 일반적으로 인간 행동의 많은 양상들을 파악하고자 사용하는 용어로서 '습관habits'과 '일상규칙routine'이다. 그것은 일상의 실천과 경험의 메카니즘이 작동하여 예견성predicity을 가질 수 있는 측면에서 시간성의 의미를 함축한다. 습관이나 일상규칙은 다양하게 조합된 공유된 문화적 관습이나 비성찰적 행동을 반복해서 수행하는 일상의 행동형식이다. 안정된 일상의 맥락에서 빈번히 반복되어 일정한 예견성을 가지는 반성적 성찰 없는 거의 자동적 행위로서, 그 행위 다수는 전체 사회든 일부 집단이든 문화적으로 공유된 행동이다. 나는 이것들은 국민국가

---

[77] Fraser, "Rethinking Recognition : Overcoming, Displacement and Reification in Cultural Politics" in K. Olson ed., *Adding Insult to Injury : Nancy Fraser debates her critics*, Verso, 2008, pp. 129~141; Emma Waterton & Laurajane Smith, "The Recognition and Misrecognition of Community Heritage", *International Journal of Heritage Studies*, Vol.16 No.1 / 2, 2010, pp. 4~15.

의 시간정치가 작동한 산물인 측면과 함께 인간행동의 '성향dispositions' '절차procedures' 및 '순서배열sequencies'과 같은 개념 틀과 연관되어 로컬리티의 시간을 생성시킨다고 판단한다. '성향' 개념이 시간성 이해에서 중요한 것은 인간이 내심 또는 외부로 표방하는 가치와 행위 사이의 간격 때문이다. 이 간격은 통상 복잡한 변수가 만들어낸 자동적이고 직관적인 심리적 과정인 습관과 일상규칙의 산물로 설명된다.[78] 둘째, '습관'과 '일상규칙'은 다수의 시간 형식을 내포한다. 이 개념들을 실행하려면 실천의 수행을 이해하는데 관계있는 시간 범주, 곧 자원source으로서의 시간, 실천의 시간적 요구 및 시간의 리듬이 탐구되어야 한다. 셋째, 습관적 행동과 일상규칙 행동의 개념적 변수 사이의 관계는 경험적 탐구의 준거로서 검증되어야 한다. 행위의 포트폴리오, 습관과 일상규칙을 발생적인 것으로만 설명하는 것은 일상적 실천의 재생산 이해에 부적절하다. 도리어 지속가능한 삶의 방식을 유지하려면 행위의 실천, 시간성 및 서로 다른 형식들 사이의 관계에 경험적이고 개념적 주목이 요구된다.[79]

필자는 로컬리티의 시간성 개념의 확보에 가장 깊은 논의가 필요한 부분은 근대성에 입각한 국민국가의 시간은 물론이고 탈근대적인 파편화된 시간조차도 횡단하는 시간적 정체성 곧 소수성, 주변성, 일상성, 타자성을 함축한 '젠더시간'이라고 판단한다. 동종의 시간성을 가진 역사를

---

[78] P.Dolan, M. Hallsworth, D. Halperin *et al*, *Mindspace : Influencing behaviour through Public Policy,* London : The Institute for Government and Cabinet Office, 2010. 반면에 합리적 선택 이론에서는 이런 습관 행동을 두고 인간행동의 지배적인 지침이 되는 견본이 결핍 된 결과의 산물로 본다.

[79] Dale Southerton, "Habits, Routines and Temporalities of Consumption : From Individual Behaviours to the Reproduction of Everyday Practices", Time and Society, Vol.22 No.3, 2012, pp.335~355.

목표로 삼는 일선적 서사가 지향하는 패권은 근대국가에서, 여성, 노예, 노동자, 소수민족과 소수인종 등 소수자와 주변인을 끊임없이 배제시키는데 중요한 역할을 했다. 흔히 사용된 시대구분론 예컨대 고대, 중세, 근대, 현대 등의 시대구분론 또한 여성의 역사를 소거했다. 그런 의미에서 국민국가의 시간에 가장 대척점에 선 시간은 페미니스트들이 표방하는 젠더시간이라고 말할 수 있다.[80] 물론 최근에는 남성의 시간과 여성의 시간으로 구분하던 경향을 해체 시키는 분위기도 없지 않다.[81] 젠더 시간 역시 그 범주에서 ① 공적 시간과 사적 시간이라는 측면에서는 국민국가의 시간 ② 생애사적 사건과 다양한 기억구조의 시간성이라는 탈근대적 파편화된 시간과 연관시켜서 논의하는 것이 가능하다. 무엇보다 중요한 주제는 ③ 임노동자로서의 시간, 가사노동자의 시간, 여가 시간에 직면하는 여성의 시간 결핍과 빈곤, 강요된 자율시간을 누리는 여성[82] 및 남편과 자녀를 비롯한 가족과의, 고용주와 이웃과의 시간 교환exchanges of time 이다.[83] 이 시간성이야말로 로컬리티의 시간성과는 또 다른 영역 또는 많은 측면에서 중복되는 영역을 확보한 시간성이라고 평가할 수 있다. 최근 연구는 전지구적으로 노동의 여성화, 가사도우미를 비롯한 배려노동자

---

80 Betty Joseph, "Women's Time, Historical Discourse, and a Text of Indian Nationalism", Victoria Hesford and Lisa Diedrich eds, *Feminist time against nation time : gender politics, and the nation-state in an age of permanent war,* Lexington Books, 2008, pp.111~118.

81 Pamela Odih, "Gendered Time in the Age of Destruction", *Time and Society,* Vol.8 No.1, 1999, pp.9~38.

82 Jeff Turner and Margaret Grieco, "Gender and Time Poverty : the Neglected Social Policy Implications of Genderd Time, Transport and Travel", *Time and Society,* Vol.9 No.1, 2000, pp.129~136; R. E. Goodin, J. M. Rice, A, Parpo and L. Eriksson, Discretionary Time, pp.192~194.

83 MIriam A. Glucksman, "'What a Difference a day Makes' : A Theoretical and Historical Exploration of Temporality and Gender", *Sociology,* Vol.32 No.2, 1998, pp.239~258.

로서 이주여성노동자의 증가, 빈곤의 여성화가 첨예한 주제로 부각되고 있다. 시간과 연관시켜 대체로 남성의 시간이 고용주이거나 피고용인으로서 비교적 단순하게 구분된다면, 여성의 시간에는 가내적 활동들이 중요하다. 그 결과 임노동자이며 가사노동자이고, 또한 배려노동자로서 이주여성의 복합적 시간 이용에 관한 연구가 활발해지고 있다.[84] 젠더 시간성 이해에서 먼저 강조되는 것은 여성노동자들이 '작업시간'과 '살아가는[for living] 시간'을 일치시키는데 직면하는 어려움이다. 작업장의 여성은 작업 과정에서 남성과의 평등한 노동을 더욱 요구받는 한편, 생물적인 요소를 비롯한 개인적 삶과 가내적 삶의 리듬은 더 높은 수준의 통제를 요구받는다.[85] 이러한 긴장은 통상 작업장과 개인 삶이 영위되는 장의 예민한 분리로 운영된다. 가사노동 시간 못지않게 임노동 시장에 들어간 여성 특히 어린아이를 가진 '워킹 맘'의 시간은 아동의 생체 리듬과 다른 가족의 시간계획표와도 연관시켜 움직여야하는 더욱 복잡한 시간성을 내포한다.[86] 포스트-포드주의 생산방식 유연노동인 시간제 계약노동, 돈내기[just-in-time] 노동 등의 시간성은 여성에게는 더 압박적으로 적용된다. 한편 이주여성 가사도우미노동자의 경우는 전일제 잡역부화가 진행되면서 기존의 페미니즘에 입각한 젠더와 노동관계-곧 유연노동을 강조하는-이해를 해체시키는 시간에 종속되는 양상을 지적할 수 있다.[87]

---

84 Paul Bouffartique, "The Gender Division of Paid and Domestic Work : Some Remarks in Favour of a Temporal Perspective", *Time and Society*, Vol.19 No.2, 2010, pp.220~238.

85 Dominiques Méda, *Le temps des femmes : Pour une nouveaux partage des rôles*, Flammarion, 2001.

86 Christine Everingham, "Engendering Time : Gender Equity and Discourses of Workplace Flexibility", *Time and Society*, Vol.11 No.2 / 3, 2002, pp.335~351.

87 Pamela Odih, "Gender, Work and Organization in the Time / Space Economy of 'just-in-time' Labour", *Time and Society*, Vol.12 No.2 / 3, 2003, pp.293~314. Majella Kilkey and Diane Perrons, "Gendered Divisions in Domestic Work Time : The Rise of the (migrant) Handyman

이와 같은 시간이용에는 나름대로 시간 이용자의 고유한 성향disposi-tions이 작용한다. '성향'은 잘 알려진 피에르 부르디외의 '아비투스' 개념 곧 성찰이나 목적적 의도가 없는 또는 계산이 없는 표현으로 형성된 지속적이고 치환 가능한 행위 과정과 연결시켜 생각할 수 있다.[88] 아비투스는 비록 그 성향이 실천행동들에서 지속적으로 제공되는 경험이나 궤적의 형식으로 말미암아 지속적으로 수정되지만, 사회적 공간에서 객관적인 집단 지위를 보유한 것으로 지도 그려진다. 이것은 물질적 부(경제적 자본), 지식의 유형(문화 자본) 사회적 관계망(사회자본)의 형식과 관련된 객관적 환경에서, 의상, 가정의 장식, 독서, 음식 먹기, 사회화 등과 같이 주관적 수용이 가능한 삶의 행위를 추동하는 소비에서 기호taste로 반영된다.[89] 한편 '절차procedures'는 시간의 순서 구조에 따른 규칙적인 것으로 대부분의 일상적 사건이 '엄격한 선후 배열구조'에 해당되고, '행동의 예상된 지속'은 콘서트나 약속에서 예상보다 시간이 지체되는 경우, '표준화된 시간 장소'는 특정 음식과 음료는 특정 시간에 먹거나 마시는 경우, '균일적 비율의 반복'은 음식먹기와 개인위생의 경우와 같은 것이다. 마지막으로 시간 '순서배열sequencies'은 주로 문화적으로 파생된 관습들에 초점을 둔다.[90] 많은 순서배열 활동은 다수의 기술공학, 하부구조, 제도적 시간을 부여 받은 사건들의 실천으로 말미암아 발생한다.

Phenomenon", *Time and Society*, Vol.19 No.2, 2010, pp.239~264.

88 아비투스 개념에 관해서는, Pierre Bourdieu, *Algérie 60 : Structure, economique et structure temporelle*, Ed. Minuit, 최종철 역, 『자본주의의 아비투스-알제리의 모순』, 동문선, 1977, 1995,

89 Pierre Bourdieu, *La Distinction : Critique sociale du jugement*, Ed. Minuit, 1979; 최종철 역, 『구별짓기-문화와 취향의 정치학』, 새물결, 2005; *Le Sens pratique*, Ed. Minuit, 1980.

90 E. Zerubabel, *Hidden Rhythms : Schedules and Calendars in Social Life*, Chicago University Press, 1981.

그러면 일상의 실천과 시간성은 어떤 관계인가? 시간의 경험은 달리 말하면 체험적 실천의 경험들이다. 우리는 시간의 경과, 시간의 템포, 시간의 반복, 과거 시간의 회상과 미래의 예견과 상상은 그것을 통해서 유한한 시간 자원, 예컨대 24시간, 7일, 365일 등 을 시간성으로 배열하는 실천을 시도한다. 곧 '인간 근대화'를 명분으로 경제, 복지, 환경적 지속가능성의 더 점진적 발전으로 이끄는 부와 소비를 위해서 시간을 두고 경쟁하고 그것을 상호 할당하는 실천을 전개한다. 그것은 구체적인 로컬(커뮤니티)에서는 일상의 시간적 리듬, 예컨대 시간지속, 시간템포, 시간순서, 시간 예견성 등으로서 경험되는 사회적 실천들로서 매개된다. 이 시간리듬에는 개인적인 것과 집단적인 것이 교차한다.[91] 물론 거기에는 또한 로컬리티의 시간성, 국민국가의 시간성, 전지구화의 시간성이 교차한다. 그러나 집단적 시간 리듬의 조건이 서로 다른 사회를 횡단하여 실천되는 정도 또는 그런 조건들이 효과적으로 부식되는 정도는 여전히 간파하기 어렵고 논쟁의 대상이다. 집단적 시간 리듬은 더 신속한 단기적 실천을 장기적 실천으로 대체하거나, 더 세부적으로 개인들 간의 시간계획을 짜는 시간화 전략을 포함한 개인화된 시간 리듬으로 대체되기도 한다. 시간성은 시간의 체험적 실천들 사이 또는 실천들이 만든 시간적 요구 사이에 경쟁의 결과일 뿐 아니라 이들이 상호의존 한 결과이기도 하다.

---

91 E. Shove, M. Pantzar and M. Watson, *The Dynamics of Social Practice,* SAGE, 2012.

4. 중첩된 다수의 시간성

　시간은 추상성이 본질이다. 그러기에 공간의 물질성 인식에서 출발하여 폭넓게 사용하는 '사이' '틈새'나 '제3' 섹터 개념은 사용에 신중하게 사용해야 한다. 로컬리티의 시간성 고찰은 근대성이 주도한 단일한 시간 인식 틀의 객관주의적 시간관에 맞서거나 비틀며 '다수의 시간성'을 인정하는 탈근대적 주관주의적 시간관이 새로운 시간의식을 생성시키는 방식과 시간성의 내용 변화에 주목한다. 그 시간성은 국민국가의 시간이나 전지구화 시간과 구분되는 시간이 아니라, 중층적으로 착종된 생성물이다. 그동안 로컬리티의 시간성을 사유하는데 기본요소인 '로컬 시간'은 기본적으로 국민국가의 표준 시간에서 벗어나거나 흡수된 시간, 자연과 결합한 낙후된 시간 및 인류학적 타자의 시간으로 취급 받았다. 그러나 로컬리티의 시간성은 로컬(커뮤니티)에서 국민국가 시간과 전지구화 시간과 상호침투하고 중첩되면서도 다른 내용을 가진 시간성의 생성과 그것의 인식가능성을 검토한다. 현재 로컬(커뮤니티)에는 기본적으로 테일러주의 시간운용과 포드주의 생산방식에 입각한 자본의 '산업시간'에 입각한 시간경영을 동력으로 삼고 중앙집중화 된 국민국가가 작동시켜 관리하는 '시간정치'를 골격으로 삼는 근대성의 시간이 관철되고 있다. 그것은 ① 국가가 성립시킨 일상관례로 규칙화 된 공식적인 시간의 구조 틀 ② 국민적 습관과 일상 관례의 지속 ③ 민중문화에서 국민적 시간의 공시화 ④ 일상의 활동들이 발생하는 계열화된 지속적 시공간 인식으로 나타난다. 자본과 국민국가가 시간을 경영하고 관리하는 양상을 설명하는 것은 로컬리티의 시간성 이해에서 요청되는 기본적 접근이다.

로컬리티의 시간성 논의를 가능하게 만드는 가장 중요한 자극은 정보통신기술공학 및 포스트-포드주의 생산 양식과 전지구화가 자극한 탈근대성의 시간성 인식이다. 자본의 시간과 국민국가의 시간에 전지구성의 동시적 시간이 덧 씌워지며 동시성과 비동시성의 영역이 출현하는 양상은 로컬리티의 시간성을 인식하는데 기초적 요소이다. 곧 국민국가의 시간에 전지구화의 시간이 침투하며 혼합, 중첩 및 경쟁하는 다수의 시간성과 비동시성의 시간이 상호작용하며 전자를 '탈주체화'하고 후자를 '탈타자화'하는 '상호주체적' 시간의식의 생성을 고찰했다. 그 전제는 ① 서로 다른 사회적 과정의 시간 ② 공간적, 기술공학적 및 사회경제적 변화가 가져온 다양한 시간 ③ 전지구적으로 사건의 동시성 증가가 비동시성의 증가를 가져오는 양상에 주목했다. 그것은 ① 다수의 시간, 곧 시간 가운데서 로컬(커뮤니티)의 형성, 갈등, 경계와 공간 분리 및 공간 생산. '다수의 시간'은 로컬(커뮤니티)의 시간에 비동시성의 긍정, 비공시화의 긍정 그리고 분열된 기억의 긍정이 그것을 성립가능하게 만들 것이다. ② 포함과 배제의 시간. 과거 시간, 미래 시간, 과거 시간과 미래 시간의 교직에 국민국가의 시간성이 개입하여, 공시화 및 탈공시화 된 시간을 말한다. 이는 '전통적 커뮤니티' 같은 무시간성 또는 역동성을 표현한다. 이 시간'은 국민국가의 시간성 규정 전략에 순응하거나 저항하는 정체성을 부여하여 로컬리티를 생성시킨다. 거기에는 포함과 배제, 선택과 무시의 시간성이 동일하게 작동하는 문화유산의 시간성 검토에 유용하다. 곧 로컬(커뮤니티)의 구성원과 (로컬/내셔널)전문가 조직의 '인정'과 '불인정'이라는 '인정의 정치'가 작용하여 로컬리티의 시간성을 만든다. ③ 일상적 시간 이용. 일상공간에서 시간을 소비하는 방법 특히 젠더시간에 주목하며 변화하는 로컬(커뮤니티) 시간 생성의 최종 요소로서 '일상의 시간성'에 주목하기를 요청한다.

참고문헌

Arksey, Hilary and Lisa O'Malley, "Scoping studies : towards a methodological framework", *International Journal of Social Research Methodology,* Vol.8 No.1, 2005.

Attali, Jacques, *Histoires des temps,* Fayard, 1982.

Bardon, Adrian, *A Brief History of the Philosophy of Time,* Oxford U. P., 2013.

Bastian, Michelle, "Time and community : A scoping study", *Time and Society,* Vol.23 No.2, 2014.

Bhabha, Homi, ed., *Nation and Narration,* Routledge, 1990.

_____, 류승구 역, 『국민과 서사』, 후마니타스, 2011.

Binkley, Sam, "Governmentality, temporality and practice : from the individualization of risk to the 'contradictory movements of the soul", *Time and Society,* Vol.18 No.1, 2009.

Birth, Kevin, *Objects of Time : How Things Shape Temporality,* Palgrave Macmillan, 2012.

Bouffartique, Paul, "The gender division of paid and domestic work : some remarks in favour of a temporal perspective", *Time and Society,* Vol.19 No.2, 2010.

Bourdieu, Pierre, *Algérie 60 : Structure, economique et structure temporelle,* Ed. Minuit, 1977.

_____, 최종철 역, 『자본주의의 아비투스－알제리의 모순』, 동문선, 1995.

_____, *La Distinction : Critique sociale du jugement,* Ed. Minuit, 1979.

_____, 최종철 역, 『구별짓기－문화와 취향의 정치학』, 새물결, 2005.

_____, *Le Sens pratique,* Ed. Minuit, 1980.

_____, *Langage et pouvoir symbolique,* Seuil, 2001.

_____, 김현경 역, 『언어와 상징권력』, 나남, 2014.

Brose, Hanna-George, "An introduction : towards a culture of non-simultaneity", *Time and Society,* Vol.13 No.1, 2004.

Burkett, I., "Traversing the swampy terrain of postmodern communities : towards theoretical revisionings of community development", *European Journal of Social Work,* Vol.4 No.3, 2001.

Butler, Judith, *Gender Trouble : Feminism and the subversion of identity,* Routledge, 1993.

_____, 조현준 역, 『젠더 트러블－페미니즘과 정체성의 전복』, 문학동네, 2003.

Castells, Manuel, *The Rise of the Network Society,* Blackwell, 1996 / 2000.

_____, 김묵환 외역, 『네트워크 사회의 도래』, 한울, 2003.

Castree, Noel, "The Spatio-temporality of Capitalism", *Time and Society,* Vol.18 No.1, 2009.

Chambers, Samuel, "Untimely politics *avant la lettre* : The temporality of social formation", *Time and Society,* Vol.20 No.2, 2011.

Chowers, Eyal, "Gushing times : modernity and the multiplicity of temporal homes", *Time and Society,* Vol.11 No.2 / 3, 2002.

Cipriani, Robert, "The many faces of social time : A sociological approach", *Time and Society,* Vol.22 No.1, 2013.

Clancy, Craig A., "The politics of temporality : Autonomy, temporal spaces and resoluteness", *Time and society,* Vol.23 No.1, 2014.

Cohen, A., *The Symbolic Construction of Community,* Routledge, 1985.

Cooper, Davina, "Time against time : normative temporalities and the failure of community labour in Local Exchange Trading Schemes", *Time and Society,* Vol.22 No.1, 2013.

Cwerner, Saulo B., "The chronopolotan ideal: time, belonging and globalization", *Time and Society,* Vol.9 No.2 / 3, 2000.

Davies, Paul, *About Time : Einstein's Unfinished Revolution,* Penguin Books, 1995.

Dennis, Kingsley, "Time in the age of complexity", *Time and Society,* Vol.16 No.2 / 3, 2007.

Dirlik, Arif, *Global Modernity : Modernity of in the age of global capitalism,* Paradigm Publishers, 2007.

_____, 장세룡 역, 『글로벌 모더니티－전지구적 자본주의 시대의 근대성』, 에코리브르, 2016.

Dolan, P., M. Hallsworth, D. Halperin *et al, Mindspace : Influencing behaviour through Public Policy,* London : The Institute for Government and Cabinet Office, 2010.

Dörre, Klaus, "Capitalism, *Landnahme* and social time régimes : An outline", *Time and Society,* Vol.20 No.1, 2011.

Edensor, Tim, "Reconsidering national temporalities : Institutional times, everyday rotines, serial spaces and synchronicities", *European Journal of Social Theory,* Vol.9 No.4, 2006.

Edensor, Tim, "Thinking about rhythm and space", Tim Edensor ed, *Geographies of Rhythm : nature, Place, Mobilities and Bodies,* Ashgate, 2010.

Eriksen, Thomas Hylland, *Tyranny of the Moment : fast and Slow Time in the Information Age,* Pluto Press, 2001.

Ermarth, Elizabeth Deeds, "Time is finite : The implications for history", *Rethinking History,* Vol.14 No.3, 2010.

Everingham, Christine, "Engendering time : gender equity and discourses of workplace flexibility", *Time and Society,* Vol.11 No.2 / 3, 2002.

Fabian, Johannes, *Time and the other : How Anthropology makes its Object,* Columbia U. P., 1983, 2002, 2014.

Foucault, M. , "The subject and power", in J. D. Faubion ed., *Michel Foucault : Power,* N. Y : The New Press, 1982, 2001.

Frank, Adam, *About Time : Cosmology and Culture in the Twilight of the Big Bang,* Free Press, 2011.

_____, 고은주 역, 『시간 연대기 — 현대 물리학이 말하는 시간의 모든 것』, 에이도스, 2015.

Fraser, J. T., "Time, globalization and the nascent identity of mankind", *Time and Society,* Vol.9 No.2 / 3, 2000.

Fraser, Nancy, "Rethinking recognition : overcoming displacement and reification in cultural politics" in K. Olson ed., *Adding Insult to Injury : Nancy Fraser debates her critics,* Verso, 2008.

Freeman, Elizabeth, *Time Binds : queer temporalities, queer histories,* Duke University Press, 2010.

Geißler, Karlheinz A., "A culture of temporal diversity", *Time and Society,* Vol.11 No.1, 2002.

Giesen, Bernhard, "Noncontemporaneity, asynchronicity and divided memories", *Time and Society,* Vol.13 No.1, 2004.

Glucksman, MIriam A., "'What a difference a day makes' : A theoretical and historical exploration of temporality and gender", *Sociology,* Vol.32 No.2, 1998.

Goodin, Robert E., James Mahmud Rice, Anti Parpo and Lina Eriksson, *Discretionary Time : A new measure of freedom,* Cambridge U. P., 2008.

Gryzymala-Busse, Anna, "Time will tell? temporality and the analysis of causal mechanisms and processes", *Comparative Political Studies,* Vol.44 No.9, 2011.

Gross, David, "Temporality and the modern state', *Theory and Society,* Vol.14 No.1, 1985.

Harris, Paul Andre, "www.timeandglobalization.com / narrative", *Time and Society,* Vol.9 No.2 / 3, 2000.

Harvey, David, *The Limit to Capital,* Blackwell, 1982.

_____, 최병두 역, 『자본의 한계』, 한울, 2007.

_____, *The Urban Experience,* Blackwell, 1989.

_____, 초의수 역, 『도시의 정치경제학』, 한울, 1996.

Hassan, Robert, *Empires of Speed : Time and the Acceleration of Politics and Society,* Brill, 2009.

Hassid, Jonathan and Bartholomew C. Warson, "'State of mind' power, time zones and symbolic state centralization", *Time and Society,* Vol.23 No.2, 2014.

Heidegger, M., *Beiträge zur Philosophie* (Vom Ereignis), Frankfurt am Mein : Klostermann, 1994.

Hesford, Victoria, and Lisa Diedrich eds, *Feminist time against nation time : gender politics, and the nation-state in an age of permanent war*, Lexington Books, 2008.

Hobsbawm, Eric, *The Invention of Tradition*, Cambridge U. P., 1983.

_____, 박지향・장문석 역. 『만들어진 전통』, 휴머니스트, 2004.

Hope, Wayne, "Global capitalism and the critique od real time", *Time and Society*, Vol.15 No.2 / 3, 2006.

_____, "Conflicting temporalities : state, nation, economy and democracy under globalism", *Time and Society*, Vol.18 No.1, 2009.

Hoy, David Couzens, *The Time of Our Lives : A Critical History of Temporality*, The MIT Press, 2009.

Ibrahim, Yasmin, "Temporality, space and technology : time-space discourses of call centres" *New Technology, Work and Employment*, Vol.27 No.1, 2012.

Inglis, David and Mary Holmes, "Toiletry time : defectation, temporal strategies and the dilemmas of modernity", *Time and Society*, Vol.9 No.2 / 3, 2000.

Jameson, Frederic, "The end of temporality", *Critical Inquiry*, Vol 29, 2003.

Jessop, Bob, "Spatial fixs, temporal fixes, and spatio-temporal fixes", in Noel Castree and D. Gregory eds., *David Harvey : A Critical Reader*, Balckwell, 2006.

Jordheim, Helge, "Aganist periodization : Koselleck's theroy of multiple temporalities", *History and Theory*, Vol 51, May 2012.

Kattan, Shlomy, "Time and identity : Socializing schedules and the implications for community", *Issues in Applied linguistics*, Vol.16 No.1, 2008.

Kelly, John D., "Time and global : against the homogenous, empty communities in contemporary social theory", *Development and Change*, Vol 29, 1998.

Kenyon, Elizabeth, "Time, temporality and the dynamics of community", *Time and Society*, Vol.9 No.1, 2000.

Kettler, David and Colin Loader, "Temporizing with Time Wars : Karl Manheim and problems of historical times", *Time and Society*, Vol.13 No.2 / 3, 2004.

Kilkey, Majella and Diane Perrons, "Gendered divisions in domestic work time : The rise of the (migrant) handyman phenomenon", *Time and Society*, Vol.19 No.2, 2010.

Klein, Olivier, "Social perception of time, distance and high - speed transformation", *Time and Society*, Vol.13 No.2 / 3, 2004.

Koselleck, Reinhardt, *The Practice of Conceptual History*, Stanford U. P., 2002.

Lee, Heejin and Steve Sawyer, "Conceptualizing time, space and computing for work and organizing", *Time and Society,* Vol.19 No.3, 2010.

Levac, Danielle, Heather Colquhoun, Kelly K. O'Brien, "Scoping studies : advancing the methodology", *Implementation Science,* Vol 5, 2010.

Lichtwark-Ashoff, Anna, Paul van Geert, Harke Bosma and Saskia Kunnen, "Time and identity : A Framework for research and theory formation", *Developmental Review,* Vol 28, 2008.

May, Jon and Nigel Thrift eds., *Timespace : geographies of temporality,* Routledge, 2001.

Maya-Jariego, Isidro and Neil Armitage, "Multiple sense of community in migration and commuting : The interplay between time, space and relations", *International Sociology,* Vol.22 No.6, 2007.

Méda, Dominiques, *Le temps des femmes : Pour une nouveaux partage des rôles,* Flammarion, 2001.

Michon, Pascal, "Strata, Blocks, Pieces, Spirals, Elastics and Verticals : Six figures of time in Michel Foucault", *Time and Society,* Vol.11 No.2 / 3, 2002.

Middleton, Jennie, "'Stepping in time' : walking, time, and space in the city" *Environment and Planning A,* Vol 41, 2009.

Morawska, Ewa, "Composite meaning, flexible rangs, and multi-level conditions of coviviality : exploring the polymorph", *European Journal of Cultural Studies,* Vol.17 No.4, 2014.

Mückenberger, Ulrich, "Local time policies in Europe", *Time and Society,* Vol.20 No.2, 2011.

Nobles, Greg, "Accumulating being", *International Journal of Cultural Studies,* Vol.7 No.2, 2004.

Novikov, Igor D., *The River of Time,* Cambridge U. P., 1998.

Odih, Pamela, "Gendered time in the age of destruction", *Time and Society,* Vol.8 No.1, 1999.

_____, "Gender, work and organization in the time / space economy of 'just-in-time' labour", *Time and Society,* Vol.12 No.2 / 3, 2003.

Radovan, Mario, "Time is abstract entity", *Time and Society,* Vol.20 No.3, 2010.

Reith, Gerda, "Uncertain times : the notion of 'risk' and the development of modernity", *Time and Society,* Vol.13 No.2 / 3, 2004.

Riain, Seán Ó, "Time-space intensification : Karl Polanyi, the double movement, and global information capitalism", *Theory and Society,* Vol 35, 2006.

Roche, Maurice, "Mega-events, time and modernity : on time structures in global society", *Time and Society,* Vol.12 No.1, 2003.

Ryan, Dan, "Emergent temporal effects in community initiatives", *Sociological Perpectives,* Vol.51 No.1, 2008.

Sabelis, Ida, "Time management : paradoxes and patterns', *Time and Society,* Vol.10 No.2 / 3, 2001.

Segre, Sandro, "A Weberian Theory of Time", *Time and Society,* Vol.9 No.2 / 3, 2000.

Sheppard, Eric, "David Harvey and Dialectical Space-Time", in Noel Castree and Derek Gregory eds., *David Harvey : A Critical Reader,* Blackwell, 2006.

Shove, E. , M. Pantzar and M. Watson, *The Dynamics of Social Practice,* SAGE, 2012.

Southerton, D., "'Squeezing time' : Allocating practices, co-ordinating networks and scheduling society", *Time and Society,* Vol.12 No.1, 2003.

Southerton, Dale, "Habits, routines and temporalities of consumption : From individual behaviours to the reproduction of everyday practices", *Time and Society,* Vol.22 No.3, 2012.

Stuckenburger, A. Nicole, "Sociality, temporality and locality in a contemporary Inuit community", *Étude / Inuit / Studies,* Vol.30 No.2, 2006.

Tompson, E. P., *The Making of the English Working Class,* Vintage, 1963.

_____, 나종일 외역, 『영국노동계급의 형성』, 창비, 2000.

Torre, Ramón Ramos, "Time's social metaphors : An empirical research", *Time and Society,* Vol.16 No.2 / 3, 2007.

Turner, Jeff and Margaret Grieco, "Gender and time poverty : the neglected social policy implications of genderd time, transport and travel", *Time and Society,* Vol.9 No.1, 2000.

Urry, John, "Time complexity and the global" in Graham Crow and Steven Heath eds, *Social Conceptions of Time : Structure and Process in Work and Everyday Life,* Palgrave, 2002.

Virilio, Paul, *Speed and Politics : An Essay on Dromology,* New York : Semiotext(e), 1986.

_____, 이재원 역, 『속도와 정치』, 그린비, 2004.

Waterton, Emma and Laurajane Smith, "The Recognition and Misrecognition of Community Heritage", *International Journal of Heritage Studies,* Vol.16 No.1 / 2, 2010.

Zerubabel, E., *Hidden Rhythms : Schedules and Calendars in Social Life,* Chicago University Press, 1981.

Zhao, Ahangyang, "Consociated contemporaries as an emergent realm of the lifeworld : extending Shutz's phenomenological analysis to Cyberspace", *Human Studies,* Vol 27, 2004.

Zucchermaglio, Christina and Alessandra Talamo, "The social construction of work times : negotiated time and expected time", *Time and Society,* Vol.9 No.2 / 3, 2000.

농촌근대화와 로컬시간의 재구성*

차철욱

1. 로컬리티 연구와 시간

로컬리티의인문학연구단은 로컬리티를 '다양한 사회적 현상과 세계관의 총체'로 개념 규정짓고 출발하였다. 이러한 로컬리티는 복합적 중층적 성격을 띠지만, 그 발현 양상에 따라 로컬의 자연적 물리적(공간요소) 특성과 관련되는 기층적 로컬리티, 로컬을 근대적 시스템에 복속시키는 과정에서 발현되는 국가나 중앙에 대비되는 위계적 로컬리티, 인식의 로컬리티로 구분하여[1] 연구를 수행하였다. 이러한 내부의 연구동향과 함께 외부에서는 로컬리티 개념을 '구체적 현실을 지칭하는 경험적 용어라기보다 그 현실 내부의 사회적 관계 및 과정을 둘러싼 제도적 담

---

* 이 글은 「1970~1980년대 농촌근대화와 로컬시간 재구성-『창평일기』를 중심으로」, 『지방사와 지방문화』 19-2호, 2016, 261~289쪽을 수정 · 보완한 것이다.

1 류지석, 「로컬리톨로지를 위한 시론」, 『로컬리티, 인문학의 새로운 지평』, 혜안, 2009, 26~28쪽.

론적 구성물'로 이해하는 논의가 제기되면서 문화연구자들의 관심을 끌었다.[2]

로컬리티 연구의 진행 과정에서 로컬리티의 개념은 출발 당시의 개념을 보충하여 '로컬이 지닌 가치 혹은 속성'으로 좀 더 구체화되었다.[3] 연구단 내부에서는 로컬리티를 담론적 구성물로 이해하면서 구체적 현실(실제)에 기반한 '내재적 속성'에 관심을 두게 되었다. 그리고 로컬의 속성인 로컬리티를 운동성과 관련짓는 연구가 생산되었다. 로컬리티를 '부단히 변화하는 로컬의 다양한 운동성의 총합'으로 이해하고, 이러한 운동성이 로컬 공간과 시간, 사회구조, 인간의 실천적 행위, 로컬의 내외부의 상호작용을 통해 구성된다는 견해[4]가 제안되었다. 존재가 지닌 운동성을 로컬리티의 하나로 이해하려는 견해는 기존의 논의와 비교해 로컬리티 개념을 좀 더 구체화시키는데 중요한 역할을 하였다.

로컬리티의인문학연구단은 로컬리티를 구성하는 5가지 요소로 사유, 시간, 공간, 문화, 표상으로 상정하였다. 이 가운데 이 글은 시간, 즉 로컬시간에 주목한다. 로컬리티를 '운동성'으로 규정짓는다면 로컬시간은 어떤 역할을 할 수 있을까. 로컬시간은 로컬리티 구성에 어떻게 작용할까.

이 글은 농촌근대화시기 농민들이 이 시기 국가의 정책에 대응한 양상을 시간의 측면에서 접근해 보려고 한다. 르페브르는 공간과 시간을 사회적 생산물로 보고, 시간은 공간을 생산하는 에너지로 이해했다.[5] 따라

---

2 김용규, 「로컬리티의 문화정치학과 비판적 로컬리티」, 『로컬리티, 인문학의 새로운 지평』, 혜안, 2009, 83~84쪽.
3 로컬리티의인문학연구단, 「로컬, 로컬리티 개념 정리」, 2011.5.
4 차윤정, 「비동일성의 관점에서 본 로컬리티와 표상」, 『한국민족문화』 57, 부산대 한국민족문화연구소, 2015, 344~354쪽.
5 앙리 르페브르, 양영란 역, 『공간의 생산』(로컬리티 번역총서 L3), 에코리브르, 2011, 155쪽.

서 농촌의 공간과 대표적인 구성원인 농민들이 만들어 낸 시간은 그들의 생활을 유지하는 주요 에너지인 셈이다. 근대국가는 국민을 국가가 만든 시간으로 농촌을 지배하였다. 국가정책의 실현은 여러 가지 방법이 있다. 그 가운데 시간통치가 농촌에 적용되었다는 점은 그동안의 연구에서 소홀히 한 부분이다. 농촌 농민들이 생산해 온 고유한 시간과 국가의 시간은 농촌 공간에서 상호작용의 과정을 거친다. 시간의 분석은 이 시대 국가와 농민의 관계, 즉 포섭 혹은 변형, 저항을 좀 더 구체적으로 이해하는 데 도움이 될 것이다.

본 연구는 전라북도 임실군 신평면 창인리에서 생활했던 최내우가 쓴 『창평일기』를 주요 분석 텍스트로 한다. 많은 연구자들이 이 일기를 분석해 우리나라 농촌에서 진행되던 압축근대와 관련한 성과를 생산했다.[6] 이 글은 기존 연구의 연장선상에서 있다. 『창평일기』는 1969년~1994년 농촌이라는 시공간적 특징과 한국의 압축근대가 진행되던 정치경제적인 여러 내용을 포괄하고 있다. 시간 연구를 위해서는 시간흐름을 파악할 수 있는 자료가 필요하다. 이런 점에서 일기는 중요한 자료라 할 수 있다. 농업 중심의 생업을 오래 동안 유지해 온 농촌 사람들의 시간 패턴과 국가의 포섭이 노골화 되는 국가시간과의 만남이 마을사람들의 삶을 어떻게 바꾸어 놓았는가, 그리고 로컬시간 연구가 마을사람들을 위한 실천적 대안을 찾을 수 있는지를 고민해 보려고 한다.

---

6 이정덕 외, 『압축근대와 농촌사회-창평일기 속의 삶, 지역, 국가』, 전북대 출판문화원, 2014; 이성호·문만용, 「'일기'를 통해 본 1970년대 농촌개발정책과 마을사회의 변화」, 『지역사회연구』 22-2, 지역사회연구, 2014; 이성호·안승택, 「1970~80년대 농촌사회의 금전거래와 신용체계의 변화-『창평일기』를 중심으로」, 『비교문화연구』 22-1, 서울대 비교문화연구소, 2016.

로컬에는 다양한 시간이 작동하고 있다. 국가시간, 자본시간, 마을 전통의 시간, 노동의 시간, 생태의 시간 등 다양하다. 이 글은 1970~80년대 한국농촌에서 작동한 대표적인 시간인 로컬시간과 국가시간의 관계 분석에 초점을 맞추었다.

2. 로컬과 로컬시간

이 글의 대상은 1970~80년대 농촌 마을이다. 필자는 마을을 로컬로,[7] 마을시간을 로컬시간으로 재정의 한다. 실제 분석은 마을과 마을시간이지만 궁극적인 목표는 로컬시간의 분석에 두고 있기 때문이다. 따라서 마을과 마을시간은 로컬과 로컬시간의 한 사례라고 할 수 있다. 로컬시간이란 로컬 개체들이 만들어 내는 리듬으로, 로컬을 작동하는 에너지로 잠정 정의한다. 로컬시간을 이해하기 위한 방법으로 우선 로컬 개념을 정리하면서 접근해 보려고 한다.

---

[7] 로컬은 기존 연구자들이 사용하는 지방이나 지역의 의미를 모두 포함하는 개념이다. 보통 '지방'은 위계적 수직적 개념이지만 사전적으로는 '어느 방면의 땅'이라 하여 수평적 의미도 포함한다. 하지만 연구자들은 전자의 의미로만 '지방'을 사용하는 경우가 많다. 지역 또한 수평적 의미를 강조하고, 국가 차원의 경계를 넘어서기 위해 사용하지만, 국가 혹은 지역의 상위에 위치한 단위와의 위계적인 관계를 설명하기에 한계가 있다. 인간의 삶터에는 수직적 혹은 수평적 의미가 동시에 작동하고 있다. 이런 점에서 '로컬'을 사용하는 것이 용어상 혼란을 피할 수 있다. 그러면 마을을 로컬로 규정지을 수 있는가. 마을은 특정의 공간적 규정에 의해 구성원들이 만들어 내는 공통의 문화와 생활경제, 나아가 마을사람들의 관계망이 형성되어 있는 단위이다.(김영선·이경란, 『마을로 간 인문학』, 당대, 2014, 75~76쪽) '로컬로서 마을'이란 앞서 언급한 마을의 의미를 포함해, 그 보다 상위의 단위를 구성하는 부분의 의미를 강조한다. 부분으로서 마을은 끊임없이 상위 단위와 상호 관계하면서, 위로부터 동일화 논리가 작동하고 이에 대응해 고유성과 다양성이 발현되는 공간이다. 로컬 연구로서 마을 연구는 이 부분에 관심을 가진다. 그래서 전체를 구성하는 부분이라는 의미로서 마을을 로컬로 이해하려는 것이다.

로컬 개념 정리를 위해 들뢰즈가 스피노자의 신체 논의에 대해 정리한 것을 활용해 보자. "신체는 무한히 많은 분자들을 포함하며, 그 분자들 사이의 운동과 정지, 빠름과 느림에 의해 정의된다"[8]고 한다. 신체와 분자의 관계를 전체와 부분으로 설명하였다. 전체를 구성하는 분자들 사이의 운동과 정지, 빠름과 느림에 의해 신체를 만드는 것을 변용의 능력으로 보고, 이 능력을 분자 혹은 개체에 포함된 '내재적 속성'으로 이해하였다. 신체를 구성하는 분자들 사이의 운동과 정지, 빠름과 느림의 관계를 조현수는 부분들의 '상호작용'으로 이해했다.[9] 개체와 부분이 자신의 모습을 새롭게 바꾸어 갈 수 있는 내재적 속성 즉 에너지를 가졌다는 점은 로컬리티 연구에서 주목해야 할 부분이다.

이렇게 되면 개체는 현재의 모습이 고정불변의 형상이나 본질을 구현하고 있는 것이 아니라 개체를 형성하는 입자들 사이에 이루어져 왔던 수많은 '우연적인 상호작용'들에 의해 상대적으로 안정적인 새로운 관계로 정착된다.[10] 그런데 개체가 항상 전체를 구성하는 것만이 아니다. 반대로 개체는 전체를 해체할 수도 있다고 들뢰즈는 설명한다.[11] 그런데 개체의 내재적 속성인 변용의 능력은 절대적으로 규정된 본질이나 규범에 따라 움직이는 것이 아니라 자유롭게 움직이며 새로운 개체를 구성한다. 그래서 이 과정에서 변용의 능력은 상호작용 과정에서 득(得)이 되는 관계를 가질 수도 있지만, 해(害)가 되는 관계도 가질 수 있다.[12]

8   질 들뢰즈, 박기순 역, 『스피노자의 철학』, 민음사, 1999, 182~183쪽.
9   조현수, 「들뢰즈의 '존재론적-윤리학' : 들뢰즈의 '정동의 윤리학'과 그 존재론적 근거로서의 '존재의 일의성'」, 『동서철학연구』 78, 한국동서철학회, 2015, 579쪽.
10 조현수, 앞의 글, 580쪽.
11 질 들뢰즈, 박기순 역, 앞의 책, 34쪽.
12 조현수, 앞의 글, 581~583쪽.

전체와 부분의 논의를 로컬에 적용시켜 보자. 로컬은 개체의 상호작용에 의해 구성되고, 이 로컬은 다시 전체를 구성하는 하나의 개체가 된다. 이런 점에서 전체를 구성하는 부분으로서 로컬은 다양한 개체들을 포함하고 있다. 그리고 로컬은 그 내재적 속성에 의해 다른 개체들과 상호작용을 할 수 있는 에너지를 가지고 있다는 점도 들뢰즈 논의에서 우리가 활용할 수 있는 부분이다. 로컬에서 진행되는 상호작용은 개체들 사이의 수평적 관계를 만들어 낼 수도 있지만, 국가나, 자본이 로컬을 강제하는 수직적이고 위계적인 즉 개체의 내재적 가치를 파괴하는 관계도 만들어 낸다. 압축근대시기 로컬 현장에 살았던 사람들의 근대적 욕망은 이러한 사실을 설명하는 데 중요한 요소가 된다. 전체를 구성하는 부분 즉 개체를 로컬로 이해하고 로컬시간 논의를 계속한다.

들뢰즈가 지적한 개체의 상호작용을 이끌어내는 동력으로서 내재적 속성 즉 에너지는 르페브르의 리듬 논의와 연결된다. 르페브르는 시간과 공간의 상호작용에 리듬을 추가해 독자적인 세 개 항의 관계에 관심을 가졌다. 그는 리듬(시간)이 공간을 생산하는 '에너지'라고 생각하였다.[13] 여기서 들뢰즈의 개체에 포함된 내재적 속성을 르페브르의 시공간에 존재하는 리듬을 통해 좀 더 구체적으로 확인해 볼 수 있을 것 같다. 르페브르의 리듬분석은 그의 생전 최후의 역작이다. 그는 그의 핵심 연구인 일상성 연구를 리듬분석으로 풀어보려고 했다. 맑스가 계급으로 당시 사회의 원리를 규명하려고 했듯이 그는 리듬으로 일상의 원리를 해명해 보고자 했던 것이다.

---

13 앙리 르페브르, 정기헌 역, 『리듬분석』, 갈무리, 2013, 73쪽.

르페브르가 던지는 리듬의 핵심원리는 다음과 같다.

살아있는 몸은 다양한 리듬들로 구성된다. 몸의 각 '부위', 기관 혹은 기능은 고유의 리듬을 지니며, 항상적으로 상호작용하는 그 리듬들은 장애가 발생하지 않는 한 항상 '준안정' 평형상태 속에서 절충점을 찾고 그 상태를 회복하려는 경향을 보인다.[14]

여기서 몸은 전체, 기관은 개체 혹은 부분에 해당한다. 각 개체가 '고유의 리듬'을 가지며, 이들 개체는 항상 '상호작용'을 함으로써 전체인 몸을 안정적으로 구성한다는 논리다. 들뢰즈의 논의와 닮아있으면서 논의가 좀 더 구체적으로 진행되고 있음을 알 수 있다.

그러면 르페브르가 말한 리듬은 시간과 어떤 관계인가. 그는 구체적인 시간은 리듬을 가지고 있다고 보면서, 그 자체가 시간이라고 생각했다.[15] 시간은 우리의 감각으로 직접 확인할 수 없다. 변화만으로 확인 가능하다. 리듬은 우리가 시간을 지각할 수 있게 하는 '중간 역할'을 한다.

르페브르의 리듬을 시간으로 치환해서 개체인 로컬은 '고유의 시간이 있다'로 설명 가능하다. 따라서 로컬시간이란 '로컬의 고유한 리듬 혹은 시간'으로 정의할 수 있겠다. '고유'라는 의미는 '고정되었다'는 의미가 아니라 '로컬만의'라는 의미에서 로컬의 독자적인 시간을 말한다. 전체의 부분인 개체로서 로컬은 그를 구성한 개체들로 구성되어 있다. 로컬을 구성한 개체들은 각기 고유의 시간, 즉 개체의 시간을 가지고, 이들

---

14 앙리 르페브르, 정기현 역, 앞의 책, 215쪽.
15 위의 책, 227쪽

개체들은 서로의 상호작용을 통해 로컬의 시간으로서 자격을 획득하기도 하고, 또다시 로컬을 개체로 한 고유한 시간을 만들기도 한다.

르페브르는 리듬이 시간의 반복에 의해 만들어지는 것으로 본다. 하지만 이 반복은 절대적인 반복이 아니라 반복 때마다 차이를 만들어 내는 반복이다. 그러면 이 반복은 어떤 반복일까. 그는 순환적인 반복과 선형적인 반복의 상호관계를 강조한다. 순환적인 반복은 우주적인 것, 자연적인 것 즉 자연현상을 말한다. 선형적인 반복은 사회적 실천, 즉 인간의 활동에서 비롯되는 것으로 본다.[16] 이 반복은 들뢰즈의 논의를 첨가하면 과거의 것이 사라지는 반복이 아니라 과거(잠재성)가 끊임없이 현재와 만나면서 차이를 만들어 내는 반복이다.[17] 하지만 반복은 반드시 규칙적이지만은 않다. 불규칙적이기도 하고, 또 추억이나 기억처럼 감춰진 반복도 있다.

그래서 시간 연구에서 반복은 중요하다. 반복이 시간의 체화에 얼마나 중요한가? 시간의 반복과 이에 따른 인간 행위의 반복은 길들여지는 것, 습관화 되는 것, 익숙해지는 것으로 이해된다. 때문에 반복은 다양한 시간의 조화를 설명하는데 도움을 준다. 물론 반복의 주체가 누구냐가 로컬리티 연구에서 중요하다. 로컬 내부의 구성요소들에 의한 반복은 습관화되고 익숙해진 시간을 만들어 내어 개체들을 조화롭게 하지만, 외부에 의한 반복은 간혹 내부의 개체 시간과 어긋나 충돌을 가져올 수도 있다. 시간 사이의 충돌은 '절충점'을 찾으면서 안정의 상태로 나아간다.

그러면 다양하게 존재하는 로컬시간은 어떤 방식으로 존재하는가. 르

---

16 앙리 르페브르, 정기헌 역, 앞의 책, 61~64쪽.
17 제임스 윌리엄스, 신지영 역, 『들뢰즈의 차이와 반복 해설과 비판』, 라움, 2010, 65~67쪽.

페브르가 언급한 리듬의 보충개념인 다多리듬성polyrythmie, 조화調和리듬성eurrythmie, 부정不整리듬성a-rythmie 등에서 아이디어를 얻을 수 있다.[18] 그는 개체의 다양성을 근거로 리듬의 다양성을 설명한다. 로컬시간은 이처럼 다양하게 존재하기 때문에, 하나의 공유된 기억으로 동일화 될 수 없다. 물론 특정 로컬에서 어느 한 시간이 다른 시간에 비교해 대표 시간으로 부각되는 시간이 있다. 그렇다고 하더라도 이 시간이 드러나지 않는 다른 시간을 소멸시키지는 않는다. 이 시간들 또한 적합한 현실과 만날 때 로컬의 대표 시간으로 얼마든지 부각될 수 있기 때문이다. 그리고 다양한 리듬들은 상호작용에 의해 조화를 이룬다. 이를 조화리듬성이라 한다. 하지만 이 리듬들이 항상 조화를 이루는 것만은 아니다. 내부뿐만 아니라 외부 시간의 개입은 조화로운 리듬에 자극을 가할 수 있어, 전체적인 리듬의 조화를 깨는 현상이 일어날 수도 있다. 이를 부정리듬성이라 한다.

르페브르의 논의를 빌어 로컬의 다양성에서 다양한 시간과 그 시간들의 조화와 파괴 등을 논의할 수 있을 것이다. 앞서 언급한 리듬의 세 가지 보충개념은 이 글의 구체적인 사례를 분석하는 주요 내용이 된다.

---

18 앙리 르페브르, 정기헌 역, 앞의 책, 81쪽.

3. 로컬시간의 다양성과 조화

1) 다양한 로컬시간

필자는 본 장을 분석하기 위해 전라북도 임실군 신평면 창인리에서 살았던 최내우(1923년 생)가 쓴 『창평일기』를 주요 텍스트로 하였다. 이 일기는 1969년부터 1994년까지 쓰여진 것으로, 한국 근대화 과정에서 농촌 농민들이 근대를 경험하는 과정을 잘 보여준다. 최내우는 농업을 주요 생업으로 하면서 1946년부터 처가의 지원으로 도정공장을 경영하였다. 그리고 1949년부터 1965년까지 마을 이장을 맡으면서 경제적으로 정치적으로 마을 내 권력자의 지위에 있었다. 정치적으로는 공화당원, 사회정화위원 등 친여당적 정치성향을 보였다. 이 시기 일기는 다양한 특징을 보이는데, 개인, 가족, 친족, 마을, 국가라는 다양한 단위 내에서 발생하는 개체들과의 관계, 사건 등이 정리되어 있는 기록이다. 따라서 이 일기를 텍스트로 하는 분석은 최내우가 활동한 공간과 시간의 의미를 읽어내는 데 중요한 자료가 될 수 있다.

창인리는 일기가 쓰여질 당시에는 창인리, 청운동, 필동 등 세 마을로 이루어져 있었으나, 청운동과 필동은 1986년 군부대로 편입되어 지금은 창인리만 남아있다. 일기의 내용에서 이 세 마을은 거의 동일 생활권으로 마을사람들에게 공간적 구분은 없었던 것으로 보인다. 창인마을은 역사적으로 병자호란 이후 전주에서 이주해 온 만류당 이득환이 정착한 이후 각성바지들의 삶터가 되어 왔다. 지리적으로 마을 뒤편은 산악지대이며, 마을 앞으로는 임실천과 오수천이 흘러 섬진강을 이룬다. 산과 강 사이에는 넓은 논이 형성되어 있어 논농사에 적합한 지형이다. 이 무렵 교통사정은 좋지 못한 편이나 가까운 곳에 관촌역이 위치했고, 임실군이나 신평면은 4km 이내에 위치하였으며, 임실과 전주와는 교통이 편리하였다.[19] 그리고 마을 내 마을회의나 행사, 마을사람들 사이의 네트워크는 마을이 일상의 단위로 기능을 하고 있었음을 보여준다. 이 마을은 상위의 행정단위인 신평면뿐만 아니라 이웃한 관촌면, 나아가 임실군과도 행정적인 관계뿐만 아니라 국가와 다양한 관계를 맺고 있었다.

그러면 마을의 시간이라 할 수 있는 것은 어떤 것들이 있었을까.『창평일기』에 등장하는 사례에서 찾아보자. 일기는 최내우 개인이 쓴 것이고, 그의 개인적인 시간에 맞춰진 활동들이 대부분이다. 앞서 언급한 것처럼 개체의 시간은 이웃한 다른 개체들과 상호작용을 통해 로컬시간이 된다. 최내우 개인의 시간이라 하더라도 마을사람들과 상호작용(관계)을 통해 마을의 시간, 로컬시간의 자격을 얻게 된다.

르페브르는 시간을 크게 순환적 반복(자연적인 시간)과 선형적 반복(사회적인 시간)으로 구분하였다. 전자는 우주의 원리에 의한 반복(낮, 밤, 계절, 조수 등), 후자는 인간의 사회적 활동(노동)에 의한 반복이다. 이 반복은 동일한 반복이 아니라 차이를 만드는 반복이다. 양자는 서로 충돌하면서 타협하기도 한다. 선형적인 반복과 순환적 반복이 결합한다.[20] 순환적 반복 즉 자연적 시간은 낮, 밤, 계절, 조수 등이다. 선형적 반복인 사회적 시간은 인간 노동에 의해 만들어지는 반복으로, 일반적인 생산 활동이 여기에 포함된다. 가장 중심 산업인 벼 / 보리, 양잠, 대마,[21] 사과 딸기 복

---

19 이정덕 외,『창평일기』1, 지식과교양, 2012, 112쪽.
20 앙리 르페브르, 정기헌 역, 앞의 책, 64~65쪽.

숭아 등 과일, 소 돼지 축산, 고추 배추 무 등 야채를 생산하는 데 소요되는 시간과 마을회의, 각종 계모임, 도정공장 운영, 한국전쟁 경험 등의 사회적인 관계에 의해 만들어진 시간을 포함한다. 이처럼 로컬시간은 현실에서 인지 가능한 시간이 있는가 하면, 기억이나 추억과 같이 비가시적인 형태로 존재하기도 한다.

그러면 이들 시간들이 어떻게 해서 마을의 시간, 로컬시간으로 자격을 획득할 수 있을까. 마을사람들이 위 자연적 시간이나 사회적 시간을 동시에 경험하는 것은 아니다. 로컬시간으로 자격을 획득하기 위한 전제는 개체들의 고유한 시간 사이의 '상호작용' 과정을 거쳤느냐, 그리고 그 시간이 상호간에 수용되었느냐 일 것이다. 농작물의 순환주기가 인간의 노동과 관계를 맺고, 또 마을사람들의 사회적 관계 형성에 중요한 역할을 한다면, 농사의 시간을 비롯한 이와 관련한 시간들은 모두 로컬시간의 자격을 획득하는 것이다. 농업에 필요한 농업자금을 타인으로부터 빌리고, 수확 후 채무를 변제하고, 수확한 농작물을 도정공장에서 도정하고, 농업과 관련해 비료, 물, 농로 등을 마을회의를 통해 해결하는 과정은 사회적 시간 즉 로컬시간이 될 수 있다. 마을 개체들 사이의 유기적 관계를 밝히는 작업이 마을시간, 로컬시간을 제대로 이해하는 관건이다. 이렇게 볼 때 로컬시간은 아주 다양하게 존재한다고 할 수 있다.

그러면 창인의 대표적인 산업인 농업시간이 이 마을시간으로서 어떻게 작동하고 있는지 살펴보자. 1970년대 박정희 정권은 강력한 농업개

---

21 대마는 농가의 옷감 생산을 위해 재배되었다. 4월 무렵 대마씨를 파종하여 6월 이앙 후 일정한 크기로 베어 가마에 넣어 증기로 쪄서, 삼베 원료를 만들어 낸다. 이 마을에서는 대마의 재배와 수확은 각 가정에서 수행하지만, 가마에서 찌는 작업은 마을 공동으로 진행하였다.(김판식 증언)

입정책을 구사하였으나, 1970년대 초반 농촌현장에는 전통적인 질서가 강하게 유지되고 있었다. 물론 1980년대와 비교하면 국가 혹은 자본시간의 영향력이 상대적으로 약했다.

최내우의 농사는 보리 / 벼의 이모작에 농가부업으로 잠사와 축우가 기본이었다. 여기에 1946년부터 시작한 도정공장이 최내우의 주요 수입원이었다. 농사의 순환은 벼농사(6월 하순~10월 하순)와 보리농사(10월하순~6월 하순)의 사이에 양잠업이 위치했다. 양잠업의 준비는 오랜 시간이 걸리지만, 많은 노동력이 필요로 하는 시기는 누에가 뽕을 먹고 잠견이되는 단계이다. 최내우의 경우 이들이 약간 중첩되는 경우가 있기는 하지만 큰 충돌없이 순조롭게 진행되었다.

보리 / 벼농사의 순환을 좀 더 세밀하게 보면 다음과 같다. 2월 중순 보리밟기, 3월 하순 춘맥파종, 4월 하순 벼 침종, 5월 초순 모판설치, 6월 중순~하순 보리베기, 이앙, 7월 초순 보리타작, 7월 중순 농약 산포, 8월 초순~중순 김매기, 농약산포, 9월 초순~농약산포, 10월 하순 벼베기, 보리갈이. 보리 / 벼농사의 시간은 이 시대 농촌의 대표적인 리듬이다. 이앙(약 10일)과 추수(약 7일) 때는 집중적으로 노동력이 투입되었다. 벼농사의 노동력은 머슴, 일용노동자, 고지라 해서 벼농사의 전 과정을 맡기는 고용방식이 활용되었다. 추수와 보리갈이 때에도 가족노동 이외의 노동력이 더 추가되었다. 고용자나 피고용자 사이에 인건비에 대한 불만이 항상 존재했고, 이 갈등은 마을회의에서 조정되었다.(1969.6.16) 물론 농지 소유자와 비소유자 사이의 이해관계 차이로 충돌이 있기는 했지만, 주곡 생산에 관계된 모든 사람들은 이 자연적 순환시간을 공유하고 그것에 따라 사회적 시간도 구성하였다.

벼 / 보리농사의 시간은 도정공장의 운영에도 그대로 연결되었다. 최내우는 1946년부터 도정공장을 운영하였다. 정미는 9월부터 다음 해 3월까지, 정맥은 7월부터 9월까지 거의 집중되었다. 최내우의 도정공장 수입은 그의 벼 / 보리농사에 버금갈 만큼의 수입을 가져다 줄 정도로 개인적으로는 중요하였다.[22] 최내우는 도정공장 운영 때문에 마을사람들과 관계를 잘 유지하지 않으면 안 되었다. 자주 마을사람들과 충돌하기도 하는 데 대부분 다음 날 사과를 하는 모습에서 이러한 사정을 이해할 수 있다. 벼 / 보리, 양잠 등 대부분의 수입이 자연적인 시간에 의존하던 것과는 달리 도정업은 수시로 소득을 올릴 수 있는 좋은 기회이기도 하였다.

한편 양잠업은 일제강점기 이후 농가 부업으로 장려되어 왔는데, 특히 박정희 정권이 등장하면서 견사를 비롯한 견제품의 일본 수출을 통한 달러 확보라는 과제와 맞물려 생산이 장려되었다.[23] 최내우는 봄과 가을에 한 차례씩 누에고치를 생산하였다. 양잠준비는 1월부터 시작된다. 잠망을 만들기 위한 새끼 꼬기에서 시작되어, 뽕밭 관리, 잠실蠶室 정리 등 준비가 끝나면 6월 경 누에에 뽕잎을 먹여 기르고 잠견을 생산한다. 생산된 잠견을 공판장에 보내 일정한 등급을 받고, 현금을 받으면 한 차례 양잠업은 끝이 난다. 누에고치를 공판하는 시기를 기준으로 보면 춘잠(6월 중순)과 추잠(10월 중순) 두 차례가 기본이지만, 춘잠 후와 추잠 후 뽕잎이 남

---

22 최내우는 1971년 공장수입으로 131叺663,605원, 백미 / 하맥 112叺760,000원을 올렸는데, 공장수입이 자신의 농업 생산에 못지않은 소득원이었음을 알 수 있다.(이정덕 외,『창평일기』1, 217~218쪽)

23 정부는 1962년부터 1976년까지 3차례에 걸친 잠업증산계획을 세우고, 잠견의 증산과 수출을 독려하였다.(한국농촌경제연구원,『韓國農政四十年史』上, 1989, 778~791쪽)

은 것으로 소규모로 양잠을 하기도 하였다.

임실군의 양잠업자는 다양한 부류가 있었다. 수백 매씩 생산하는 기업가적 형태와 타인을 고용해 20매 정도 하는 부류도 있었다. 이들은 대규모 업자에 해당되었다. 보통 가구에는 1~2매 정도였는데, 이것도 많은 양이었다. 양잠업자들의 면단위 조직까지 있었던 것으로 보면, 국가의 통제를 짐작할 만하다. 최내우는 양잠업자 촉진대회에서 본인의 경험을 강의(1973.6.2)할 정도로 군내에서 대표적인 양잠업자였던 것으로 보인다. 그의 양잠 실적을 보면 1971년 24매, 1972년 20매, 1973년 18매, 1974년 25매이다. 당시 일반 농가가 1~2매 정도 밖에 감당할 수 없을 정도였던 데 비하면 대규모였다.[24] 1976년 일본의 견직물 수입 규제로 농민들의 업종전환을 요구하는 대통령의 방송(1976.3.5) 뒤에도 최내우의 양잠 생산량은 그다지 줄어들지 않는다.

최내우의 양잠업이 마을 구성원들과 어떤 관계를 만들고 있는지 보자. 노동력 동원에서 두드러진다. 대규모 노동력이 투입되는 시기는 뽕밭 제초와 누에가 상족(누에올리기)할 때 뽕잎 확보 때이다. 상족단계의 노동력 투입 현황을 보여주는 사료이다.

금 2,000원을 가지고 정재택에 갓다. 어제 뽕 주워 감사한데 그래도 부족은 물론인데 다시 더 좀 달아 햇다. 금 이천원을 주고 (안 바겟다고 해서 억지로 주엇씀) 식후 상면햇다.(1970.6.17)

7일 만에 뉴예는 상족하기 시작. 마부시 제작 인부 상족 부인 합에서 13명

---

24 이 규모는 적지 않은 양이다. 1매에 누에가 보통 2만 마리였다. 보통 농가는 이 정도가 적당하였으나, 규모를 늘리려면 타인을 고용하지 않으면 안 되었다.

우리 식구 성원을 제하고는 전원 약 20명이 역할햇다. 20여 蠶箔만 남고는 전체 상족햇다. 성적은 대단히 양호한 편이다.(1970.6.19)

이 자료는 양잠의 마지막 단계에서 노동력과 뽕을 집중적으로 수집하고 있는 풍경이다. 최내우는 직접 뽕밭을 관리하지만, 최종 단계에서 뽕잎이 부족하면 타인으로부터 지원받았다. 예를 들어 1970년 6월 17일 하루 동안에만 4명으로부터 뽕 잎을 지원받았다.(1970.6.17) 누에 상족 단계에서 여성 노동자들이 참여하고 있다. 대체로 장기고용보다 하루 고용노동이다. 임금 지불방식에 '일비日費' '일공日工'이라는 표현에서 하루씩 고용되는 노동이 주로 사용되었던 것으로 보인다. 이처럼 최내우의 양잠은 단순한 개인 농사가 아니라 마을 주민 혹은 그 범위를 넘어선 다양한 구성원들과의 관계에서 이루어졌다. 매년 진행되는 양잠업의 반복은 마을 시간의 하나가 될 수 있다.[25]

2) 로컬시간의 조화

1970년대 이 마을사람들의 주요 수입원이었던 벼 / 보리, 양잠 등은 철저하게 자연적인 순환적 시간에 의존하였다. 매년 농업과 관련한 마을사람들의 사회적 관계가 합쳐지면서 차이를 보이지만, 자연적인 순환을 비

---

[25] 본 연구에서는 최내우의 양잠업과 관련한 사회적 관계를 매개로 한 시간이 보편화되는가를 분석하였다. 이 과정에는 다양한 고용인들의 시간과 최내우의 시간 관계가 발생하는데 본고에서는 검토 대상에서 제외되었다.

켜갈 수는 없었다. 반복적인 시간은 농가소득에 절대적인 영향을 미쳤다. 최내우의 소득원을 보면 1972년부터 축산이 추가되고 있기는 하지만 농업, 도정업이 중심이었다. 최내우 소득의 대부분은 6월 중하순 이후 춘양잠과 하곡 공판, 10월 하순 이후 추양잠과 미곡 공판 이후에 실현되었다. 간혹 시장에 백미나 축산물을 판매해 현금을 확보하지만, 일반적이지는 않았다. 마을사람들은 시장[26]에 판매해 화폐로 바꿀 상품이 적었다. 벼 / 보리농사 중심인 마을에서는 황토 흙이 적어 밭농사가 거의 이루어지지 못했다. 마을사람들은 장날이 오면 뭐든 가지고 나가 화폐로 바꾸려고 하였다.[27] 하지만, 그다지 큰 돈은 되지 못했다. 일기를 통해 보면 최내우는 마을 주변 시장 이용이 판매보다 구매의 용도가 많았다.

벼 / 보리농사, 이와 관련한 도정공업은 이 마을사람들의 거래방식을 일정 정도 현물거래로 존속시키는 역할을 하였다. 1970년대 중반까지 현물거래의 빈도가 높은 편인데, 1980년대 초반까지 조금씩 유지되고 있다. 채무, 토지거래, 계곡契穀, 고용인 연급年給 등에 현물거래가 유지되었는데, 토지거래의 경우 쌀값으로 환산하여 현금거래를 하기도 하였다.[28] 1971년 최내우의 채무 상환액을 보면 백미가 현금보다 많았다.[29] 현물의 차용 기간은 문제가 있기는 하지만 1년가량일 경우도 있을(1974.1.21 ~ 1974.3.28) 정도로 마을사람들에게 시간적인 여유가 있는 거래였다. 계곡은 두 가지 종류가 있었는데, 친목계의 유형으로 주로 계원이 재원을 활

---

26 마을사람들이 주로 이용한 시장은 관촌장(5일, 10일), 임실장(1일, 6일)이었다.
27 마을사람들이 장날에 가져 나가는 상품은 달걀, 닭 등 소규모 상품에 지나지 않았다.(최성호 증언)
28 이성호 · 안승택, 앞의 글, 20쪽.
29 이정덕 외, 『창평일기』 1, 217~218쪽.

용할 목적, 즉 여행 등 특별한 행사 때를 대비해 저축하는 방식과 계곡으로 목돈을 만들 목적으로 진행하는 방식이 있었다. 전자의 경우 현물을 모아 계원에게 빌려주고 이자를 늘리는 방식인데, 활용할 때는 화폐로 바꾸어 사용했다. 쌀값이 이 마을사람들에게 화폐보다 더 안정적인 기준이었기 때문일 것이지만 전통적인 농업시간 속에서 살아온 마을사람들에게는 현물이 더 익숙한 화폐였고, 관념적으로도 화폐보다 더 가치있는 것이었다. 화폐경제로 대표되는 근대화에 대응한 독자적인 자율적인 생활문화였던 것으로 보인다.[30] 이러한 양상은 급속한 근대화에 휩쓸리는 당시 현실에 포섭되지 않고 마을사람들이 오래 동안 반복된 시간 속에서 익숙해져 있는 삶의 방식대로 살아가는 흔적이다.

그럼에도 불구하고 이 마을은 도시화 근대화에 재빨리 포섭되어 갔다. 그 과정에서 주요 소비 항목인 가정 생활비, 아이들 학비, 기계수리비, 농업 생산비(뽕 구입비, 인건비), 전기세 등 각종 세금류 등은 농업의 시간과는 관계없이 현금으로 지출되어야 했다. 근대화가 진행되는 과정에서 농민은 농촌의 시간과 괴리되는 시간대와 마주하면서 나름의 대응방식을 찾아내지 않으면 안되었다.

그 대표적인 방법이 사채의 사용과 외상거래였다. 먼저 사채와 외상거래가 발생하는 이유에 주목할 필요가 있다. 『창평일기』에는 채무와 관련한 기록이 많이 발견된다. 이 일기의 성격이 장부의 역할을 한다는 점에서 예상 가능하다. 사채나 외상거래는 1970~80년대 농촌사회의 공동체적 친밀성에 기초한 신용거래였다. 마을의 경계 안쪽에 있는 사람들의

---

30 이용기, 「식민지시기 민중의 셈법과 '자율적' 생활세계 — 생활문서의 화폐기록을 통하여」, 『민중사를 다시 말한다』, 역사비평사, 2013. 231~232쪽.

보호장치였다.[31] 무엇보다 시간과 관련해서 생각해 보면, 전통적인 농업의 시간, 즉 소득이 발생하는 시간이 제한되었던 현실에서 마을사람들에게 익숙하지 않은 근대적인 화폐순환의 시간에 대응할 수 있는 방법이 사채와 외상거래였다. 사채의 필요성은 긴급한 상황에서 일어났다. 최내우의 경우를 보면, 도정공장을 가동하는 중에 파손된 기계 부품을 긴급하게 구입해야 한다든지, 자녀들의 학비를 지출해야 한다든지, 앞서 언급한 양잠업처럼 부족한 뽕 값을 지불해야 한다든지, 노동자의 노임을 지불해야 하는 등 농업의 시간에 따라 소득이 발생하는 시간까지 기다릴 수 없을 때 사채를 빌릴 수밖에 없었다. 사채를 빌리는 대상은 큰돈을 취급하는 전문 사채업자도 있었지만, 마을 내 주변 사람들이 많았다.[32] 사채나 외상거래는 긴급한 돈거래를 일시 연장하는 의미를 지녔다. 사채는 짧게는 며칠에서 길게는 몇 달간 사용할 수 있었다. 외상거래는 이자도 없고, 다음 거래가 있을 때까지 결제가 연장되었다. 채무의 청산은 중간중간 이루어지는 경우도 있었으나 대체로 주요 소득이 발생하는 수확기에 집중적으로 이루어졌다. 사채와 외상거래는 마을사람들이 일상생활 과정에서 체득된 시간과 외부에서 작동되고 있는 시간을 조절함으로써 위기를 벗어나게 하는 역할을 하였다.

---

31 이성호·안승택, 앞의 글, 26쪽.
32 위의 글, 24쪽.

4. 국가시간과 로컬시간의 갈등

1) 국가시간의 작동

로컬에는 로컬시간만이 작동하는 것은 아니다. 특히 국민에 대한 국가의 포섭이 강화되는 근대화 과정에서는 국가시간도 강하게 작동한다. 근대 국민국가는 '시간 정치'를 통해 국민을 지배한다. 이를 위한 대표적인 방법이 '표준시' 제정이며, 이는 국민의 생체 리듬을 장악한다.[33] 본 장에서는 국가가 내세우는 표준시에 의한 정치가 구체적으로 실현되는 과정을 검토해 보려고 한다. 근대화 과정에서 이데올로기 통치와 물리적인 이윤창출은 국가의 필수사항이었다. 국가의 정책은 일정한 성과를 지향하며, 이는 시간에 의해 뒷받침된다. 한국의 국민국가는 경제성장을 목표로 일, 월, 년별로 계획된 성과에만 집중했으며, 이 과정에서 발생하는 소수의견은 물리적 폭력, 이데올로기 공세로 타개하였다. 한국 근대화 과정에서 국가시간은 '성과주의'에 가장 잘 드러난다.[34] 성과주의는 기념일, 반공교육 등 동원에 의한 이념정치는 물론이고 새마을운동, 식량증산정책, 경제개발계획 등에 반영되었다. 여기서는 1970년대 대표적인 농업정책인 식량증산정책을 국가시간의 관점에서 분석한다.

33　장세룡, 「로컬리티의 시간성-국민국가의 시간 및 전지구화의 시간과 연관시켜」, 『역사와 세계』 47, 효원사학회, 2015, 247~252쪽. 장세룡은 국가의 시간은 국민적 습관과 일상 관례를 지속시키고, 국민들을 국가적 시간에 참여하도록 공시화 하며, 국가의 시간은 일상의 가정과 로컬에서도 발생한다고 하였다.

34　성과주의는 지금도 계속되고 있다. 거의 1년 단위로 집행되는 국가예산은, 대부분의 국가사업을 1년 단위로 결과물을 생산하도록 강제하고 있다. 국가사업을 수행하는 시간은 대표적인 근대적 표준시간이라 할 수 있는 달력의 시간도 무시하고, 진행되는 경우가 많다.

한국의 식량은 일제강점기 일본에 의한 쌀 수탈, 분단과 한국전쟁으로 인한 비료 부족과 생산 감소, 1950년대 원조농산물 도입에 따른 생산 위축 등으로 부족한 상태였다. 1962년부터 시작된 경제개발5개년계획에 농업 증산 5개년계획을 포함시켰을 만큼 박정희 정권에게 식량문제는 중요하였다.[35] 하지만 이 계획으로 식량자급자족과 농업근대화를 달성할 수 없다고 평가한 정부는 1965년부터 7개년 계획을 수립하였다. 이때부터 식량증산정책을 위한 고미가정책(1968), 4대강유역종합개발계획(1969), 통일벼 재배(1973) 등으로 다수확을 추진하였다.[36] 국가의 주요 농업정책은 시간 관리를 통한 지배방식인 '시한영농時限營農'에 의해 관리되었다. 증산을 위해 주요 농작의 시한을 미리 정해 놓고 강력한 행정력을 발동했다. 작물별 농작업별 이행시한 지정, 농촌 일손 돕기 운동의 전개, 모내기나 벼베기 행사, 신품종의 보급과 책임면적 시달, 청와대 상황실 운영, 공무원 비상근무제 실시, 논밭에 기를 꽂는 방식의 지도활동, 엄포성 지시사항을 담은 친서, 인쇄물이나 보도매체를 통한 홍보활동 등을 통해 시한영농정책을 강력히 추진했다.[37]

이 정책의 대표적인 사례가 모내기 앞당기기였다. 이는 1973년 식량증산시책에 역점을 두면서 통일품종재배를 위해 보온못자리는 필수적인 핵심 재배기술이었다. 보통 6월 말에 진행되었던 이앙이 한 달 정도 앞당겨지도록 강제되었다.[38] 행정기관에서는 보리 파종도 서둘러 달라

---

35 농업증산5개년계획은 1953년부터 시작되어 1, 2차는 이승만정권기에 진행되었고, 이 무렵에는 3차 계획에 해당한다.
36 한국농촌경제연구원, 앞의 책, 432~438쪽.
37 위의 책, 454쪽.
38 위의 책, 455쪽.

고 독촉하였다.(1983.10.25) 마을사람들은 이러한 국가의 시간에 동의하지 않았다. 1978년 농민들을 자극한 통일벼 계통의 '노풍사건'은 국가가 시험재배 기간을 단축시켜 농민들에게 새로운 품종에 익숙해질 수 있는 기회를 주지 않은데 있었다는 논평도 있었다.[39] 국가의 성과주의가 농민들의 시간을 고려하지 않은 결과가 어떤 것인가를 잘 보여준다. 최내우를 비롯한 마을사람들은 처음에는 통일벼 품종을 대상으로 한 시한설정 정책에 호응하지 않았다. 1979년 이앙기가 보급되면서 1980년부터 국가가 요구하는 시간에 따르게 되었으나 그것도 부분적이었고, 기존의 방식대로 모내기를 계속하였다.(1981.6.20) 당연히 수확도 10월 초로 당겨졌다. 이앙의 사례에서 국가시간 통치가 로컬시간을 어떻게 변형시킬 수 있는가를 잘 보여준다.

식량증산정책의 최종 목표는 도시 공업노동자의 저임금유지를 위한 주곡의 안정적인 공급과 가격 안정이었다. 그래서 정부는 농촌에서 식량증산정책 못지않게 수집정책에 힘을 기울였다. 수집정책의 대표적인 방법은 정부의 직접 수매였다. 이 방법은 정부의 양곡관리관이 양곡수급계획을 수립하여 각 연도별 수매계획 및 매입자금을 배정하며, 지방 행정기관이 시도별 수매계획량 범위 내에서 읍면에 수매계획량을 배정하고 집행하였다. 그리고 시장 혹은 군수가 공판 일자와 횟수를 결정하고 농협이 자금을 공급하였다. 정부의 매입가격이 낮아 농민의 공판 거부가 강해지자 읍·면 장들로 하여금 출하계획을 세우고 농가별로 배정량을 정하고 양곡출하통지서를 개별농가에 보내는 반강제적 방법이 동원되

---

[39] 「기적의 統一서 한숨의 魯豊까지」, 『동아일보』, 1978.9.11.(7).1.

었다.[40] 양잠의 경우도 누에고치가 만들어진 직후 공판을 하지 않으면 무게가 줄어들어 사업성이 떨어진다.[41] 공판은 국가의 시간을 농민들에게 강제하는 하나의 장치였다.

마을의 대표적인 시간인 농업시간과 관련한 국가의 개입을 확인해 보자. 『창평일기』에는 면장, 부면장, 담당직원이 보리와 쌀 수확 후 공판기일이 다가오면 매상 독려차 방문한 내용들이 발견된다. 이러한 행정기관의 요구는 마을사람들 특히 최내우에게는 잘 받아들여지지 않았다.

> 면에서 홍덕균 외 1인이 출장 와서 하곡을 좀 더 해달고 햇다. 거절햇다.(1971.8.20)
> 듯자 하니 하곡 독려을 성효(최내우 아들)가 하지 안키 대문에 출하 성적이 불량하다고 면장에 전햇다고 홍덕표가 그런 듯. 열이 낫다. 일후에 면장을 맛나고 말하겟다 햇다.(1972.8.7)
> 리에서 명일 동내에서 현지 공판한다고 하곡을 200여 입 수집햇다는 데 열이 낫다. 공장에는 정맥할 것 업이 전부을 내가면 나는 피해가 상당햇다.(1972.8.12)

마을사람들은 1년 단위로 계획된 공판을 위해 낮은 가격과 정해진 양을 행정기관에서 지정한 날짜에 맞춰야 했다. 공판날짜에 맞추지 못하면 농민들이 독자적으로 판매하는 것은 거의 불가능했다.[42] 정해진 양을 맞추기 위해 타작하고 포장하는 등 밤늦게까지 준비를 해야 했다.(1970.8.2) 목

---

40 한국농촌경제연구원, 앞의 책(하), 77~78쪽.
41 최성호 증언.
42 이성호·문만용, 앞의 글, 35쪽.

표량을 달성하려던 정부의 공판에 대해 마을사람들은 종종 수매를 거부하였다. 수매거부는 우선 낮은 가격 때문이었다. 그래서 낮은 등급을 받으면 공판에 불만을 품고 거부하기도 하고(1971.12.2), 가격이 불만이 있을 때는 '불공평한 처사'(1975.3.23)라고 행정기관을 비난하기도 하였다. 앞서 언급한 것처럼 매년 책정된 정부의 양곡수급계획에 맞추려는 행정기관의 강압에 대한 반항이었다. 그리고 최내우는 개인적으로는 공판량이 많아질수록 자신의 도정 대상 곡물이 줄어든다는 점에도 민감하게 반응했다.

정부의 양곡 수집량 늘리기는 수매독려에만 있지 않았다. 국가는 마을에서 정미를 금지하여 수매를 늘리려 하였다. 하지만 마을사람들은 정부의 강요를 수용하지 않았다. 최내우는 일기에 "생산자들이 정미하자고 재촉이 심하야 부득히 위반햇다. 종일 정미햇다"(1973.1.21)라고 기록하였다.

공판은 농민의 입장에서 보면 현물경제의 유지이든, 시장에 판매하여 화폐로 전환하든 농민의 시간에 맞추는 것이 아니라 1년을 단위로 하는 목표량을 달성하기 위해 국가의 계획된 시간에 강제당하는 방식이었다. 낮은 가격은 국가의 계획된 시간이 만들어낸 것이다. 시간의 통제가 가격의 통제를 가져왔다.

2) 빨라지는 로컬시간

국가시간의 개입은 농민들의 삶을 바쁘게 바꾸어 놓았다. 마을의 시간이 점차 빨라지기 시작한다. 빠르기는 상대적이다. 국가의 동원사업과 관련해 농민들의 시간이 어떻게 변하는지 보자. 대표적으로 반공교육과 새마을운동을 예로 들어보겠다. 이 시기 국가는 반공교육 / 반공대회참석은 일회성의 행사에 그치지 않고 불규칙적이기는 하지만 계속해서 반복적으로 진행하면서 마을사람들을 의식적으로 지배하는 역할을 하였다. 일기에 등장하는 반공교육 / 반공대회는 1970년대 초반과 1980년대 초반에 확인되고, 4월과 5월에 집중되었다. 한번 참석하는 날에는 아무 일도 할 수 없었다. 농민의 일상에 국가시간이 자리잡게 되었다.

한편 새마을운동은 대표적인 동원 정책으로 거론된다. 이 운동은 환경 개선이나 농업기술 향상, 의식개조에 집중하였다. 특히 부역노동의 경우 가구별 노동력의 동원은 의무였고, 이장은 가구별로 부역에 참여한 날짜와 시간을 기록하였다.[43] 마을사람들이 새마을운동에 동원된 시기는 대체로 2월, 3월, 4월이다. 간혹 농번기도 포함되기도 했으나, 타 지역의 사례를 보면 농민의 저항이 적지 않았던 것으로 보인다. 마을사람들에게 이 시기는 벼 / 보리농사의 전환시기로서 농업을 준비하는 기간이었다. 농한기에 해당했는데, 국가의 동원은 마을사람들의 여유시간을 빼앗았다.

그러면 농업의 시간에서 농민의 삶이 어떻게 변하는지 살펴보자. 정부는 기존의 벼 / 보리 이외에 농가소득증대를 위한 원예작물 재배를 장려하였다. 실제 1960년대 말 현지 조사에서도 농민들의 생활개선에 큰 도움을 주는 요인으로 소채와 과실재배를 거론하고 있는 점[44]을 주목할 필요가 있다. 벼 / 보리 중심에서 다양한 작물의 시간을 활용함으로써 농가소득 시기를 다양화 할 수 있었다. 최내우는 고추, 무, 배추(1974.4.11,

---

43 이성호 · 문만용, 앞의 글, 36쪽.
44 李萬甲, 『韓國 農村社會의 構造와 變化』, 서울대 출판부, 1973, 275쪽.

8.24), 옥수수(1978.4.8), 알타리 무, 딸기 등을 재배했다. 고추 재배를 위해서는 정기적으로 교육도 받아야 했다.(1978.12.6, 1979.1.26) 고추의 수확은 보통 7월부터 10월까지이다. 당시 이 마을사람들은 수확 후 햇볕에 말리지 않고 건조실을 만들어 말리거나 아니면 수확한 채로 수집상들에게 넘겼다. 건조를 할 수 있는 일손이 없었기 때문이었다.[45] 그만큼 더 바빠졌고, 그때그때 상인들에게 팔았기 때문에 소득도 발생했다. 농가의 소득이 벼 / 보리 중심에서 다양한 상품으로 확대될 수 있었다. 하지만 원예작물 재배는 최내우의 노동시간을 바쁘게 만들었다. 1979년 6월 최내우가 농사를 짓는 시간을 살펴보았다.

> 고초밭에 재래종 뽑아다.(1979.6.8) 막잠을 자고 첫밥을 주워서 상잠실 조생육실로 옮기엿다.(1979.6.9) (…중략…) 양잠아침부터 누예 상족을 햇다……. 모을 쩌다 노왓다.(1979.6.16) 보리베기 한바 (…중략…) 새보들 모내기(1979.6.17) 고초묘을 옮기엿다.(1979.6.18) 누예고초 따기 햇다.(1979.6.20)
>
> 2일간 몸이 불평햇는데 금일부터 작업을 시작으로 아침에 채소밭에 제초 또 속아내기 식후에는 농약 산포 우사 노변에 복토깔기 중식 후는 소깔베기 석양에는 방아 찌고 밤에는 마당에 고초 담기까지 하는데 휴식시간이 업섯다.(1983.8.31)

고추재배가 추가되면서 거의 하루마다 고추, 양잠, 모내기, 보리베기 등을 번갈아가며 노동하였다. 그리고 벼 / 보리 중심의 농업 시간에서는

---

45 최성호 증언.

<表 1> 최내우 기계류 구입 시기와 금액

기계류	구입 시기	금액	대금지불방법
현미기	1970.09.10.	3만원	
경운기	1974.4.13.	52만원	7년 상환
제분기 외 2대	1974.10.11.	13만원	4만원 외상
고추방아	1974.10.20.		
새끼꼬는 기계	1974.12.26.		
혼합기	1975.3.2.		
정미기(新案式)	1975.10.6.		
제분기	1975.10.22.		
탈맥기	1976.5.27.	16만3천원	5만입금 / 외상
벼 타작기	1976.10.12.		
탈곡기(海陸式)	1977.10.3.	19만원	
이앙기	1979.9.17.		이자 11% 5년 상환
새끼틀	1979.10.20.	4만7천원	
경운기	1980.7.21.	1,164,300원	80만원 2년거치 5년 년부 38만원 융자(20만원 25%, 18만원 15%)
탈곡기	1981.10.5.	36만원	계약금 5만원
카터기	1981.10.26.		
현미 분리기, 석발기	1982.9.11.		융자
원동기	1982.11.7.	50만원	자부담
분무기	1983.7.10.	27만원	2년 거치 3년 상환
정미기(신제품)	1983.8.8.	28만원 (14만원)	자부담
경운기	1984.4.26.	120만원	80만원 대출(연18%) 40만원 자부담
오토바이	1987.8.1.	5만6천원	

자료: 『창평일기』 각 일자.

논에서 김매기와 농약산포 정도의 작업을 하던 데서 채소밭 제초, 우사 관리, 소꼴베기 등의 일들이 추가되면서 휴식시간이 없을 정도로 바빠졌다. 소득이 발생할 수 있는 시기를 다양화했다는 점에서 기존과 달라졌으나, 그런 만큼 마을의 시간은 더 바빠지게 되었다.

농민들의 농업시간은 새로운 기계의 도입으로도 더 빨라지기 시작하였다.

〈표 1〉에서 알 수 있는 것처럼 최내우의 기계류 도입은 1970년대 말에서 1980년대 초에 집중되었다. 대부분 도정공장에 새로운 시설을 추가하면서 이루어졌다. 농기구와 관련하여 이앙기, 분무기, 이동수단으로는 경운기를 3대째 구입했다. 도정공장의 다양한 기계류 도입은 최내우와 그 가족의 노동량을 더 늘렸다. 경운기는 이용료를 받고 타인을 상대로 영업 행위를 하는 수단이 되었다.(1976.5.24) 경운기는 기존의 우차를 대체해 더 빠르게 더 많은 수익을 올려주었다. 이앙기의 사용은 이앙과 추수의 시기를 한 달씩 앞당기는 결과를 초래했다. 물론 이어지는 보리파종도 빨라졌다. 논농사와 관계를 맺고 있던 많은 노동력을 배제하는 역할을 하였다.

> 오늘은 비교적 다사했다. 성동이는 성강네 논갈리 하고 나는 고초밭에 물주고 깔 베고 대사리 좀 잡고 공장 후문 수리하고 탈곡기 수선하고 소죽 쑤고 여유는 없엇다. 종일해도 못다 하고 그래도 할 일이 만타. 노년에 무슨 일이 만한지 참으로 괴롭다. 불안하기 짝이 없다.(1983.6.10)

기계류 도입이 최내우의 농업경영을 더 바쁘게 만들면서, 동시에 농업경영비 부담을 가중시켰다. 기계류는 대부분 자부담 아니면 농협융자였다. 국가는 농협을 통해 농산물의 품종, 생산기술, 자재와 재료 등을 공급했다. 비료, 농약, 경운기, 분무기, 이앙기 등 농사 관련한 대부분은 농협이 독점하였다. 그런데 농협에서 융자받는 일은 그다지 쉽지 않았다. 선이자 떼기, 보증 세우기, 저당 설정, 출자금을 의무화하기도 하였다. 보증을 세운다는 점에서 기존 전통적인 농촌의 질서를 활용한 자금운용방식이지만,[46] 더 많은 마을사람들을 농협의 시간으로 묶어두는 절차였다. 융자를 받으면 농협이 지정한 시간에 정해진 금액을 상환해야 했다. 당연히 상환 압박도 많았다. 농협에서 '최고장(독촉장)'이 왔다느니, 채무 확인하러 왔다느니 하는 기록이 일기에서 수차례 확인된다.

농협 채무의 상환압박은 1970년대 후반에서 1980년대 초 국가의 시한 영농정책에 의해 추진된 작물재배의 실패와 관련 있었다. 미곡 흉작, 고추파동, 소파동 등은 농가수입을 축소시켰다. 농협 채무의 증가는 사채 부담까지 겹쳐 최내우를 고통스럽게 만들었다. 추곡 공판한 수입으로도 채무를 갚지 못하는 상황에 이르렀다.(1979.12.31) 더 이상 농사나 부업으로는 채무 정리를 못하고 논밭이나 심지어 공장을 팔아 채무 정리를 하려고 하였다.(1982.10.10, 1982.12.19) 하지만 전답을 사려는 사람들도 없었다. 대체로 마을에서 유지되어 오던 농업을 기본으로 하는 생활패턴이 붕괴할 조짐을 보이고 있었다.

최내우는 채무 때문에 괴로웠다. 일기에는 그런 심정을 표현하는 단어들이 자주 등장한다. '고민' '난처' '불안' '부담' '막막' '괴롭다' '고심' '두근두근' '막연하다' '한심하다' '불면증' 등. 이 가운데 '불안'이 가장 빈번하게 써지고 있다. 수입은 줄어들고, 채무의 압박이 최내우를 얼마나 부담스럽게 만들었는가를 짐작할 수 있다.

---

46 이성호, 안승택, 앞의 글, 37쪽.

매일 할 일은 태산 갓고 수입은 없고 몸은 피곤하야 대단이 괴롭다. 못 살겠다. 수입은 없는데 지출할 금액만 누적되여 갈 바를 못 찻겠다.(1983.5.30)

최내우는 소득증대를 위해 국가와 자본이 요구하는 빨리지는 시간을 스스로 선택한 결과가 오히려 자신을 더 불안하게 만들었다는 사실을 인지하였다. 그의 불안감은 정부 정책의 비판으로 연결되었다.[47] 그는 1986년부터 진행되는 농산물 수입개방과 관련하여 정부를 비판하면서 농민들이 국가로부터 '선거 시는 이용하고 끝이 나면 또 괄세'(1987.1.1)받는 존재임을 자각하였다.

결국 최내우는 농사를 지으면서 정리하던 도정업 수지장부, 경운기 작업일지, 축우사육 사업일지, 교육비 지출장 등 그의 중요한 장부를 더 이상 기재하기를 거부하고 폐기하였다.(1988.4.18) 거의 평생을 새벽에 일어나서 장부를 정리하던 개인의 시간마저도 포기하였다.

1970년대 중후반 이후 최내우의 영농은 강력한 국가시간에 포섭되는 과정이었다. 이 시기 그를 비롯한 마을사람들에게 익숙해져 있었던 시간은 상대적인 '빠름'을 요구하는 국가시간으로 대체되었다. 그 과정은 마을사람들에게 경제적 압박감과 불안감의 증폭이었다.

---

[47] 식량절약운동, 보리혼식, 맥류 증산 같은 정부 정책 '열이 안 날 수' 없었다.(1983.10.9) 정부가 추진하는 사업인 '객토 불요하다고 각 답에 써 붙였다.'(1986.1.18)

5. 로컬시간의 가능성

로컬시간을 정의하면서 들뢰즈의 전체와 부분의 논리를 활용하여, 로컬을 전체를 구성하는 부분으로 이해했다. 부분이 전체를 구성할 때 작용하는 내재적 속성 즉 에너지에 주목했다. 이러한 에너지에 대해서는 르페브르의 시간 분석에서도 발견할 수 있었다. 즉 로컬시간은 '로컬의 고유한 리듬 혹은 시간'으로 로컬 속성의 하나로 정의하였다.

로컬시간을 확인하기 위해 『창평일기』의 저자인 최내우의 경제 사회 활동에서 다양한 개인적인 시간을 찾고, 마을사람들이 공유하는 시간으로서 로컬시간을 분석하였다. 로컬시간은 하나의 로컬에 단일한 시간만이 존재하는 것이 아니라, 구성원들의 관계가 다양한 시간을 만들어 내고 있음을 알 수 있었다. 로컬 구성원들이 만들어낸 시간은 반복적이고 체화된 시간으로, 외부에서 작동하는 시간에 대응해 나름의 안전망 역할을 했음을 확인했다.

1970~1980년대 근대화 과정에서 로컬에는 로컬시간만 존재하지 않았다. 국가시간, 자본시간 등 다양한 시간이 충돌하면서 타협, 변형되기도 한다. 그 과정에서 로컬시간은 국가시간이나 자본시간에 포섭되기도 하지만, 그렇다고 사라지지 않는다. 로컬시간은 이들 외부시간이나 또다른 로컬시간 사이의 절충 혹은 상호작용을 거치면서 계속해서 현실의 시간으로 재구성되었다. 그러나 로컬시간의 재구성과 동시에 과거가 되어버린 로컬시간은 없어지지 않고 잠재된 상태로 가라앉아 현실에서는 작동하지 않는 것처럼 보이지만 특정한 시간 혹은 사건과 만나면서 언제든지 전면화할 수 있는 가능성의 시간이 된다.

최내우가 살았던 마을의 시간 또한 근대화과정에서 국가의 성과주의 시간에 포섭되었다. 하지만 국가의 영농정책과 관련한 시간운영을 무조건 수용하는 것이 아니라 적절하게 대응하는 모습을 보여주기도 하였다. 포섭된 시간 속에서 생활하는 마을사람들로서는 상상할 수 없는 일이다. 과거가 되어버린 지나간 마을의 시간은 언제나 현재의 사건과 공존하면서 필요할 때 마을사람들의 힘이 되어 주었다. 노풍사건, 소파동, 고추파동, 우루과이라운드 등 수입농정에 맞선 마을사람들의 모습에서 확인 가능하다.

우리가 1970~1980년대 로컬시간을 검토하는 것은, 이 문제가 과거로 폐기된 것이 아니라 오늘날 글로벌 시대에도 계속 유용하게 작용할 수 있는 가능성으로 존재하기 때문이다. 로컬시간을 발견하고 드러내서 로컬인들의 생활동력으로 삼을 수 있게 하는 것은 연구자의 몫이다.

참고문헌

이정덕 외,『창평일기』1~4, 지식과교양, 2012~2013.

「기적의 統一서 한숨의 魯豊까지」,『동아일보』1978.9.11.(7).1.

구술자료

김판식(90세, 남) 2016.6.11 전라북도 임실군 신평면 창인리 경로당.

최성호(79세, 남) 2016.6.11 전라북도 임실군 신평면 창인리 경로당.

김영선·이경란,『마을로 간 인문학』, 당대, 2014.

부산대 한국민족문화연구소 편,『로컬리티, 인문학의 새로운 지평』(로컬리티 연구총서 1), 혜안, 2009.

앙리 르페브르, 양영란 역,『공간의 생산』(로컬리티 번역총서 L3), 에코리브르, 2011.

앙리 르페브르, 정기헌 역,『리듬분석』, 갈무리, 2013.

李萬甲,『韓國 農村社會의 構造와 變化』, 서울大學校出版部, 1973

이성호·문만용,「'일기'를 통해 본 1970년대 농촌개발정책과 마을사회의 변화」,『지역사회연구』 22-2, 한국지역사회학회, 2014.

이성호·안승택,「1970~80년대 농촌사회의 금전거래와 신용체계의 변화-『창평일기』를 중심으로」,『비교문화연구』22-1, 서울대 비교문화연구소, 2016.

이용기,「식민지시기 민중의 셈법과 '자율적' 생활세계-생활문서의 화폐기록을 통하여」,『민중사를 다시 말한다』, 역사비평사, 2013.

이정덕 외,『압축근대와 농촌사회-창평일기 속의 삶, 지역, 국가』, 전북대 출판문화원, 2014.

장세룡,「로컬리티의 시간성-국민국가의 시간 및 전지구화의 시간과 연관시켜」,『역사와 세계』47, 효원사학회, 2015.

제임스 윌리엄스, 신지영 역,『들뢰즈의 차이와 반복 해설과 비판』, 라움, 2010.

조현수,「들뢰즈의 '존재론적-윤리학' : 들뢰즈의 '정동의 윤리학'과 그 존재론적 근거로서의 '존재의 일의성'」,『동서철학연구』78, 한국동서철학회, 2015.

질 들뢰즈, 박기순 역,『스피노자의 철학』, 민음사, 1999.

차윤정,「비동일성의 관점에서 본 로컬리티와 표상」,『한국민족문화』57, 부산대 한국민족문화연구소, 2015.

한국농촌경제연구원,『韓國農政四十年史』上·下, 1989.

로컬리티 현장에서 시간의 경험

사건의 기억과 시간의 소환*
임진왜란 기념물의 단속적(斷續的) 출현과 현재성

양흥숙

1. 1592년의 사건과 전쟁 경험

역사는 수많은 사건의 집합소 또는 사건의 연속이라고 할 수 있다. 사건은 누구에게 일어났는가, 어느 때 어느 곳에서 일어났는가 등 사건이 놓여 진 시간과 공간에 따라, 사건을 경험하는 사람에 따라 다양한 의미와 해석들이 등장한다. 사건은 일회성이지만 사건을 경험한 이들이 기억하고 기록함으로써 사건은 반복된다고 할 수 있다. 과거에 일어난 특정 사건이 특정 시기에 등장하여 재해석되면서 긴 시간 속에서도 출현을 반복하는 것들이 많다.

특히 전쟁과 같이 국가적 사건일 경우는 정치 · 경제 · 사회 · 문화 등 모든 부분에서 당대는 물론 이후 시기까지 영향을 미치므로, 사건을 기억

* 이 글은 「부산의 임진왜란 기념물 조성과 도시경관화」, 『지역과 역사』 40호, 2017.4, 291~325쪽을 수정 · 보완한 것이다.

하는 것은 규칙적이지는 못하더라도 지속적이다. 또한 사건을 경험하는 사람에 따라 기억이 재현되는 것 또한 다양하게 전개될 수 있다. 이에 따라 과거의 전쟁이라고 할지라도 현재까지 명맥을 유지하면서 도시 공간에, 도시민의 일상에 영향을 미치고 있기도 하다. 그러므로 현재적 관점에서 반복적으로 출현하는 과거의 사건을, 과거의 전쟁을 해석해낼 필요가 있다.

이러한 대표적 사례로서는 한국사회에서는 임진왜란을 들 수 있다. 1592년 발발한 임진왜란은 전라도를 제외한 조선 전역이 피해를 입을 만큼 국가적 사건이었다. 어느 지역을 가더라도 임진왜란의 기억, 기록이 많이 남아 있고 특히 의병과 관련한 인물의 현창은 현재까지도 활발하게 이루어져 오고 있다. 부산도 예외는 아닐 뿐더러 오히려 임진왜란은 한국전쟁과 함께 부산의 특별한 경험과 기억으로 재현되고 있다. 두 전쟁 모두 한반도 대부분의 지역이 전쟁터가 된 전면전이었으므로 두 전쟁의 기억을 부산만 가지고 있는 것은 아니다. 그런데 한국전쟁 때 대통령 및 정부와 국회 등 중앙 기관들이 부산으로 피란하면서 유일무이한 임시수도가 되었고, 이러한 이유로 '피난수도'라는 아젠다로 세계유산 등재를 시도하는 중이다.

임진왜란 경우 부산은 중과 부족의 상황에도 불구하고 결전을 택한 공간, 참혹한 전쟁터, 7년 일본군 주둔지라는 상황으로 전쟁 직후부터 기억을 재현해 왔다. 임진왜란 때 부산에서의 전투는 크게 다섯 전투로 구분되는데 부산진성전투, 동래성전투, 다대진성전투, 경상좌수영 의병항쟁, 부산포해전이다. 전쟁 당시 첫 격전지인데다 읍성邑城 및 전체 진성鎭城이 모두 함락되면서 성을 지키던 수많은 관군민이 희생되어 비애悲哀, 항전抗戰

을 드러낼 공간이 필요했다. 반면 전쟁의 결과로 보았을 때 부산에서 유일한 승전으로 기록되는 부산포해전이 있어 어느 지역보다도 이순신의 현창도 두드러졌다.

그렇지만 부산 지역은 임진왜란의 기념과 현창 공간임과 함께, 전쟁 이후 조일朝日 수교 재수립 등으로 일본과 교류하는 공간이 되어야 했다. 즉 부산이 놓여 있는 역사적, 국제관계적, 정치적, 사회문화적 상황 등 다수의 이유들에 따라 전쟁은 기억되고, 단속적斷續的으로 출현하면서, 부산의 도시경관으로도 자리하고 있다.

이글은 부산 지역의 임진왜란 경험과 기억이 재현되는 시간에 대해 고찰하고자 한다. 재현은 다양한 방식으로 이루어지는데 임진왜란 때 전쟁터가 된 곳은 이를 복원하고 정비하는 것으로, 전쟁 때 사망한 이들에 대한 제향祭享공간을 마련하는 것이었다. 이것은 임진왜란 직후부터 진행되었고, 마련된 공간에서의 제향은 오늘날까지 이어지고 있다. 해방 이후에는 비碑, 탑, 동상銅像·석상石像을 세워 전쟁과 관련한 인물을 기억·기념하였다. 임진왜란 기념물이라고 하는 것은 임진왜란과 관련한 문화재, 비문화재를 막론하고 전쟁터, 제향공간, 여러 형태의 조형물을 포함한다. 특히 해방 이후 이러한 기념물이 조성되고, 기조성된 것에 대한 보수·정화사업 현황을 고찰하여, 기념물에 담긴 각각의 정치적 사회적 문화적 배경을 살펴본다. 임진왜란이라는 국가적 사건, 이를 재현하는 국가적 집단기억이 여전히 강하게 작동하지만, 여기에 포섭되기도 하고, 대항하기도 하는 로컬 기억의 가능성도 고찰해 보고자 한다.

2. 조선 후기 임진왜란 기념과 제향祭享공간의 조성

1) 임진왜란 유적과 기념물 현황

임진왜란과 직접적으로 관련된 유적으로는 전쟁터였던 동래읍성, 부산진성, 다대진성, 경상좌수영성이 있다. 이 가운데에는 복원이 진행된 것도 있고, 성터를 찾을 수 없을 정도로 방치된 것들도 있다. 또한 일본군이 구축한 왜성이 다수 남아 있다. 〈표 1〉은 임진왜란 때의 조선과 일본의 군인이 주둔하였거나 전쟁터가 된 곳이다.

〈표 1〉 부산에 남아 있는 임진왜란기의 성곽[1]

연번	문화재 지정 / 미지정	문화재 지정일자	명칭	조성시기
1	기념물 5호	1972.6.26.	동래읍성지	고려말~조선초
2	기념물 6호	1972.6.26.	구포왜성	1593년
3	기념물 7호	1972.6.26.	부산진지성(자성대)	1593년
4	기념물 8호	1972.6.26.	좌수영성지	1652년
5	기념물 47호	1999.3.9.	김해죽도왜성	1593년
6	기념물 48호	1999.3.9.	기장죽성리왜성	1594년

여기에 수록되지 않았지만 치열한 전투가 치러진 부산진성은 전쟁 때 왜성이 들어서 흔적을 찾기가 어렵고, 다대진성 또한 현재 주택가에 그 흔적만 남아 있는 상태이다. 또한 표에 수록된 것 외에 가덕도, 기장군 등

---

1 〈표1〉과〈표2〉는 임진왜란 때의 인물, 인물과 관련된 묘소, 사당 및 제단 등의 장소, 전쟁터, 임진왜란 재현물을 중심으로 정리하였다. 왜성은 임진왜란 당시의 유적이긴 하나 문화재로 등록된 것만 표에 수록하였다.

지에 조성되어 성터를 알 수 있는 왜성도 있다.

동래읍성의 경우는 현재까지 복원이 계속되고 있으며, 다대진성 및 경상좌수영성은 복원·정비 계획이 추진 중이다. 성곽 유적은 전쟁의 현장을 명시할 뿐만 아니라 오늘날 축제를 통해 임진왜란을 재현하는 공간으로 역할을 하고 있다. 동래구의 경우 동래읍성축제를 통해 임진왜란 당시의 전투상황을 재현하고 항전에 대한 기억을 지속시키고 있다. 수영구의 경우도 조선시대 경상좌수영의 방어 역할을 강조하면서 광안리어방축제에서 과거 수영의 수문장 교대식이나 군기, 군복 등을 선보이고 있다.

〈표 2〉 조선 후기 조성된 임진왜란 기념물

연번	문화재 지정 / 미지정	문화재 지정일자	명칭	조성시기
1	보물 392호		동래부순절도(그림)	
2	보물 391호		부산진순절도(그림)	
3	미지정		임진전란도(그림)	
4	부산시지정 유형문화재 7호	1972.6.26.	충렬사	1605년(송공사)
5	무형문화재 5호	1979.2.2.	충렬사제향	임진왜란 이후
6	기념물 9호	1972.6.26.	윤공단	1765년
7	기념물 10호	1972.6.26.	정공단	1766년
8	기념물 11호	1972.6.26.	송공단	1742년
9	기념물 12호	1972.6.26.	25의용단	1853년
10	기념물 13호	1972.6.26.	임진동래의총	1731년
11	기념물 19호	1972.6.26.	부산진지성 서문 성곽 우주석	임진왜란 이후
12	기념물 20호	1972.6.26.	정운공순의비	1798년
13	기념물 21호	1972.6.26.	동래남문비	1670년
14	문화재자료 1호	1986.5.29.	반송 삼절사	1839년

〈표 2〉를 보면 임진왜란 이후 전쟁을 기억하는 방법은 다양하게 나타 났다. 가장 많은 것은 제향공간이다. 동래성, 부산진성, 다대진성의 경우 는 전투도가 각각 남겨져 있을 뿐 아니라 부산 지역에서 사망한 인물을 합향하는 충렬사, 수성守城한 인물을 중심으로 각각 배향하는 송공단, 정 공단, 윤공단이 있다. 또한 함께 전몰한 의병을 기억하기 위한 제단과 묘 소(의총)가 조성되었다.

2) 제향祭享공간과 기억의 순환

제향공간은 〈표 2〉의 충렬사의 사례처럼 임진왜란이 끝난 직후부터 조성되었다. 임진왜란 인물을 현창하는 일은 공신 책봉, 사당 건립 등의 방법으로 국가, 문중, 지역에서 추진되었다. 특히 국가에서는 왕권강화 라는 정치적 목적으로 이루어진 것이 많다. 국왕을 위한 희생을 하면서 충忠을 다한 충신들을 강조하고, 그 후손들에게 관직을 내리거나 후손 가 호를 복호復戶로 만들어 이러한 국가의 의도가 문중, 지역사회에 미치도 록 노력하였다.

18세기 후반 정조가 『이충무공전서李忠武公全書』를 편찬한 것도, 그가 정국을 주도해 나간 이후에 이루어진 것이며, 왕조에 귀감이 될 충신의 표상으로 이순신을 내세워 군신관계를 재정립하려고 한 왕권강화의 한 방법이었다.[2] 정조는 영조가 임진왜란 공신 후손들에게 은전을 베푼 것

---

2   임진왜란을 기억하고 인물을 현창하는 것에 대해서는 그동안 많이 연구되었다. 특히 지역사 회와 특정 가문에서의 인물 현창은 의병 가문의 지역에서의 존재 방식과도 밀접한 관련이 있

을 차용하여 자신도 이 일을 계속해 나간다고 강조하였다.[3] 정조가 처음 임진왜란 공신 후손들에 대해 은전을 베풀고자 논의를 한 것은 1788년 으로 이인좌李麟佐의 난이 발발한 지 60년이 된 해였다. 정치적 혼란을 막 고 왕권 강화를 도모하기 위한 기획이었다. 실제로 영조는 임진왜란이 발발한 지 180년이 되던 해에는 조헌·이순신·송상현·고경명 후손에 대해 관직 제수 등 특전을 베풀 것을 지시한 바 있었다.[4]

이처럼 영조와 정조의 사례를 보면 임진왜란 때의 인물을 표상으로 내 세워 왕권 재정립을 시도하고 있다. 또한 주목되는 바는 지난 일을 기억 하는 데 60년의 시간이 반복되고 있다는 점이다. 임진왜란을 기억하고 치제致祭, 후손 녹용錄用 등 그 기념사업이 임진왜란 1주갑周甲(1652), 2주 갑(1712), 3주갑(1772), 4주갑(1832), 5주갑(1892) 등 임진년壬辰年이 돌아 오는 해에 반복적으로 진행된다는 점이다.[5] 임진왜란의 임진壬辰이 회전 되는 시간으로, 반복되는 시간에 따라 전쟁에 대한 기억이 재현되어 기 념사업이 진행되었다. 임진왜란을 환기시키는 데 임진년은 뚜렷한 명분 으로 작용하였던 것이다. 또한 임진이라는 것은 국가, 지역, 문중 등 공통 으로 사용하는 동일한 시간이었기 때문에, 지역에서 문중에서도 임진년

으므로, 지역사회에서 임진왜란 당시의 인물을 기억하는 방식에 대해 연구가 진행되었다. 김강식, 「조선 후기의 임진왜란 기억과 의미」, 『지역과역사』31, 부경역사연구소, 2012; 「임 진왜란 시기 창녕 지역의 대응과 후대의 기억」, 『한국사상사학』46, 한국사상사학회, 2014 가 대표적이다. 최근에는 임진왜란의 기억사업이 조선의 문화정치 틀 속에 있음을 고찰한 민 장원, 「정조의 '忠臣'·'忠家' 현창사업과 李舜臣에 대한 기억의 재구성」, 고려대 석사논문, 2017이 발표되었다.

3　『정조실록』, 정조 12년 3월 1일.
4　『인조실록』, 인조 48년 1월 5일.
5　항왜장으로 유명세를 떨친 대구의 김충선(金忠善, 沙也可)의 경우도 임진왜란 5주갑이 되는 1892년(고종 29)에 병조판서로 추증되는 교지를 받았다. 이 외에도 이 해에는 선조(宣祖)의 존호 올리기부터 공신, 열사 등의 현창 사업 등이 활발하게 전개되었다.

이 되면 지역 사회 내의 통문, 관에 올리는 소지所持 등을 통해 관련 인물에 대한 현창사업을 확대해 나가기도 하였다.

임진년壬辰年의 임진왜란 기념사업은 동래 / 부산 지역도 예외가 아니었다. 충렬사忠烈祠는 전쟁이 끝난 지 10년이 안되어 1605년 송공사宋公祠로 세워진 사당이다. 동래부사로 부임한 윤훤尹暄이 동래성전투에서 사망한 송상현을 기리는 제대로 된 사당이 없어 송공사를 세웠다. 1622년에는 충렬忠烈이란 사액賜額을 받고, 부산진첨사 정발鄭撥도 합사하여 제향을 거행하게 되었다.[6] 그런데 송공사는 동래읍성 남문 안에 세운 것인데, 이후 땅이 좁고 습하며, 시끄럽고 누추하여 의절儀節을 갖추기에는 부족하다고 판단되었다. 1651년에 부임해온 동래부사 윤문거尹文擧는 '사祠로써 충의忠義를 표창하고, 원院으로 도道를 높인다'라고 하여 사祠로 남아 있는 충렬사를 이전하여 확장하는 동시에 서원을 세워 지역 유림이 머물도록 하였다.[7] 안락서원이 세워지고 그 안에 충렬사가 조성된 것이 1652년(효종3)이었다. 1652년은 임진왜란 발발 1주갑이 되는 해였다. 동래부사 윤문거는 안락서원을 짓고 송공사에 있던 위패들을 옮길 때 쓴 제문에 '갑자초주甲子初周'라고[8] 써 임진년이 도래한 것을 잊지 않고 언급하고 있다.

1709년(숙종 35)에는 충렬사의 별사別祠가 세워졌다. 임진왜란 동래성 전투에서 송상현과 함께 싸웠지만 충렬사에 배향되지 못한 인물들이 많아 당시 동래부사 권이진權以鎭이 별사를 세운 것이었다. 권이진이 읍성 남문 안에 별사를 세우고 앞의 동래부사 정석이 1670년에 세운 비(동래남

---

6   市南 兪棨, 「神主를 옮겨 모시는 事由를 아뢰는 글」, (재)충렬사안락서원 편, 『충렬사지』, 2011, 75쪽.
7   市南 兪棨, 「安樂書院을 창립하고 忠烈祠를 옮겨 세움」, 위의 책, 73쪽.
8   윤문거, 『石湖先生遺稿』 권6, 「告忠烈祠泉谷宋公象賢文」, 「宋廟移安祭文」.

문비東萊南門碑)를 옮기고, 비각을 지었다. 또한 그 비각 안에 동래성전투의 상황을 그린 그림을 걸게 하였다. 권이진은 '그 비각 좌우에 화공畫工을 시켜 여러 사람이 의義를 위해 죽은 모습을 그리게 하고 아울러 이각李珏이 달아나는 형상을 그 사이에 그리게 하였다. (…중략…) 사당을 세워도 부족하여 또 비석을 세우고 비석을 세우고도 부족하여 또 그림을 그려서 장차 이 이치를 함께 흠부歆賦하여 마음을 둔 자를 감격하게 한다. (…중략…) 어찌 이 그림을 보고도 임금에게 충성하고 윗사람을 위해 죽을 마음이 생겨나지 않겠는가'라고 적은 「화기畫記」의 말미에 만력萬曆 임진후壬辰後 118년 기축 겨울이라고 하여[9] 임진년이라는 시간을 자신이 주도하는 기억사업의 시작으로 삼았다. 별사를 완공한 후 위패를 봉안하는 제문에 '갑자甲子가 다시 돌아옴에 비로소 새 집(별사)을 짓고'[10]라는 것을 통해 제향공간을 조성하는 것과 임진왜란 2주갑(1712)을 연결시키고 있다. 권이진은 임진왜란 인물을 배향하는 공간, 임진왜란의 사적을 적은 비, 동래성전투 상황을 알려주는 그림 등을 통해 충과 불충, 의와 불의, 희생하는 민의 도리 등을 강조하기 위한 기억사업을 벌였다. 임진년을 기억하는 국가의 재현방식을 동래 지역에 옮겨놓는 것이었다.

임진왜란을 기억하는 시간은 간지干支에 의한 것만은 아니었다. 동래부사 박사창은 1740년 동래지역의 전반적인 내용을 정리한『동래부지東萊府誌』를 편찬하였는데, 책의 편찬목적을 적은 서문에는 변란을 대비하고, 변란이 일어났을 때 도움이 되고자 한다고 적었다. 또한 송상현 외 만

---

9 권이진, 「畫記」, (재)충렬사안락서원 편, 위의 책, 89~90쪽.
10 권이진, 「(別廟 奉安祭文 庚寅二月 府使 權以鎭) 祭學生 文公」, (재)충렬사안락서원 편, 위의 책, 92쪽.

세덕, 이순신 등 임진왜란 당시 장수들에 대해 구체적으로 기술하고 '성이 함락된 옛 치욕을 쾌히 설욕함으로써 적을 섬멸하는 위훈을 세우기를 길이 바라는 바이다'라고 하였다.[11] 동래 지역은 임진왜란 첫 격전지이자 동래성을 비롯한 모든 전투지역의 성곽이 함락되면서 민이 입은 피해가 막대한 지역이었기 때문에, 이러한 사정을 접하는 동래부사 또한 임진왜란에 대한 기억을 상기시킬 수밖에 없었다.[12]

이런 사정에 따라 송공사가 사액을 받고 충렬사가 되고, 충렬사에 주변 인물이 합사되고 서원을 세워 제향에 소홀함이 없도록 해도, 제향공간은 증가하였다. 18세기 중엽에 송공단, 정공단, 윤공단이 각기 전투가 치러진 성城별로 세워졌다. 송공단을 세운 이유에 대해 '사원祠院(충렬사)의 춘추春秋 향사享祀 외에, 또 돌아가신 날에 제를 올리는 것은 상규常規에 벗어난 일이므로 이 제사를 어느 때부터 그만두게 하였는지 알 수 없다'라고[13] 한 것으로 보아, 당시 충렬사 외에는 별도의 제례가 없었던 것으로 보인다. 그래서 1592년 4월 15일 동래성이 함락되어 죽은 이들에 대한 제사를 다시 복원하기 위해 단을 새롭게 만들었다.

그리고 조선 후기 임진왜란 기념물 중에는 부산포해전에서 사망한 정운鄭運의 죽음을 추모하기 위해 1798년(정조 22) 세운 비석이 있다. 그러나 같이 참전한 이순신의 것은 당시에는 조성되지 않았다. 이로 보면 당시의 기억사업은 승전勝戰에 대한 기억보다 충을 강조하는 가운데, 희생 또는 결사항전, 순절, 죽음에 대한 애도를 강조하였던 것이다.

---

11 『東萊府誌』, 『東萊史料』 2, 여강출판사, 1989.
12 동래부사가 동래지역을 인식하고, 임진왜란을 기억하는 방식은 변광석, 「임진왜란 이후 동래부사의 동래지역 인식과 기억사업」, 『지역과역사』 26, 부경역사연구소, 2010 참조.
13 「諱辰 祝文」, (재)충렬사안락서원 편, 위의 책, 129쪽.

〈표 3〉 해방 이후 조성된 임진왜란 기념물

연번	문화재 지정 / 미지정	문화재 지정일자	명칭	조성시기
1	미지정		이순신동상	1955.12.22.
2	미지정		정발동상	1977.3.25.
3	미지정		송상현동상	1978.3.1.
4	미지정		윤흥신동상	1981.9.10.
5	미지정		사명대사 동상	1981.10.11.
6	미지정		충렬탑	1978.5.
7	미지정		충렬사 24공신공적비	1988.5.14.
8	미지정		충렬사 정화기념비	1978.5.
9	미지정		충렬사 戰死易 假道難비	1982.5.25.
10	미지정		사상 9인 의사 연구 제단	?(1988년 재정비)
11	미지정		임진왜란 좌수영 무주망령 천도비	1999.8.25.
12	미지정		영가대기념비	1951.10.15.
13	미지정		충무공이순신영모비	1958.4.26.
14	미지정		동래읍성역사관	2007.3.
15	미지정		동래읍성임진왜란역사관	2011.1.28.

　　동래 지역에는 조선 후기 왜관倭館이 존속하면서 일본과의 교류가 일
상적이었다. 교류의 시기 또는 전쟁이 없는 시기 속에서도 조선의 관문
이라는 위치성에 기인하여, 동래 지역에서는 전쟁의 기억과 기념을 반복
하면서 지역성을 구성할 필요가 있었다. 그러므로 동래 지역에 부임하는
동래부사 마다 사당-비석-그림 등의 방법을 통해 임진왜란에 기억을 전
승하는 데 일조하였다.

3. 해방 이후 임진왜란의 기념

1) 한국전쟁기

임진왜란 관련 인물을 배향하는 사당들은 일제강점기에 접어들면서 제향을 제대로 치르기 어려웠다. 송공단 제향의 경우 동래기영회가 어려운 여건 속에서도 주도하여 지속적으로 이어온 것으로 알려져 있다.[14]

부산지역에서 임진왜란 기억사업이 대대적으로 치러진 것은 1952년 즉 임진왜란 6주갑이 되던 해였다. 이때에는 수복된 서울 충무동에서도 기념행사가 개최되었다. 그런데 한국전쟁이 끝나지 않았던 시기이고, 임시수도였던 부산에서는 혼란스런 사회상에도 불구하고 임진왜란 6주갑 사업들이 거행되었다.

1952년 5월 6일은 음력 4월 13일, 부산진전투를 시작으로 임진왜란이 시작된 날이었다. 한국전쟁이 종전되지 않아 이날의 행사명이 임진란 6주갑기념 국난극복시민대회였다. '충무공을 비롯하여 여러 선렬의 영령英靈을 추모함과 동시에 순국지사의 조국을 사랑하는 숭고한 정신을 단방에 선전함과 아울러 이 정신을 본받아 현하지렬한 멸공전을 완전승리로 이끌기 나가기 위하여 임진란 6주갑기념 국난극복시민대회 6일 하오 두시부터 충무로광장에서 거행할 것이라 한다'[15]고 하여 임진왜란 때 전몰한 인물의 희생과 애국愛國을 강조하는 행사를 하는 이유가 한국전쟁

---

14 변광석, 「동래기영회의 활동과 변화를 통해본 지역성」, 『역사와경계』 84, 부산경남사학회, 2012, 93쪽.

15 『국제신보』, 1952.5.6.

을 극복하기 위함이었다. 또한 그 장소가 부산포해전을 승전으로 이끈 이순신을 기념하기 위해 동명洞名을 붙인 충무동의 충무로광장이었다. 그런데 4월 13일은 부산진전투가 발발한 날이고 4월 14일은 부산진성이 함락된 날인만큼 부산진첨사 정발장군과 관련한 제전祭典도 별도로 기획되었다. 5월 7일(음력 4월 14일) 좌천동에 있는 정공단에서 치러 일반인의 참배도 많이 유도하였다. 정발에 대해 '임진왜란이 낳은 영장英將으로 장군의 사십四十 평생에 남긴 업적은 헤아릴 수 없는 것이다 특히 순국의 순간에 있어서는 당시의 천하를 놀라게 했을 뿐만 아니라'고[16] 하여 정발을 평가하였다.

또한 1952년 5월 8일(음력 4월 15일)은 동래성이 함락된 날로, 부산진에 이어서 동래지역에서도 기념행사가 이어졌다. 당시 신문기사를 통해 '오늘 宋公360周 享祠'가 송공단에서 거행되었음이 알려졌다. 그리고 이날 「동래송공단改築期成會」는 낡은 송공단 개축을 알렸다. '송공단이 오랜 세월의 비바람에 허물어져 있음과 과거 일제시대에 왜적들이 우리 민족정기를 꺾기 위하여 송공의 비석이 남향南向이 되었던 것을 북향北向으로 해놓은 것과 정문도 원래 남향南向을 북향으로 하는 등 가진 횡포를 다한 것을 이번에 옛날과 같이 비석과 정문을 남南향으로 뫼시고 허물어진 단壇을 개축코자 동 기성회에서는 임란 당시 송공宋公의 순절도를 판매하여 기금 약 7천 만 원을 모아 곧 개축공사를 착수케 되었다'고 하여 임진왜란 때 각 지역별로 행해진 전투의 기억, 이후 각기 조성된 제향공간 및 의례를 전승하였다.[17]

---

16 『국제신보』, 1952.5.6.
17 『국제신보』, 1952.5.9.

여기에서 주목되는 것은 충무로광장, 정공단, 송공단과 같은 장소에 관한 것이다. 일부 지역을 제외하고 한반도 전역이 임진왜란의 소용돌이에 들어갔지만, 부산에서의 임진왜란은 남달랐다. 전쟁의 시작과 끝은 물론이며 첫 격전지이자 4개의 성城이 모두 함락된 지역이므로 그와 관련한 경험적 이야기가 많았다. 임진왜란이라는 역사적 경험을 겪고, 이를 표상할 수 있도록 만든 대표적인 장소가 사당이었다. 이러한 사당이 생김으로 해서 매년 정기적으로 거행되는 제향을 전승할 수 있어, 장소에는 다시 그 지역사람들의 생각과 체험이 쌓이게 되었다. 또한 구성원이 임진왜란의 기억을 함께 공유할 수 있는, 집단기억을 만들어내는 장소가 될 수 있었다. 아울러 한국전쟁이란 현실의 문제를 타개하기 위해, 이러한 집단기억은 정치적 목적을 수행하는 데 효과적이었다. 특히 송공단 정문과 비석의 배치를 해방 이후 바로잡는 것으로 보아 식민지 극복의 일례로 임진왜란이 등장함을 발견할 수 있다.

〈표 3〉의 영가대기념비 역시 정치적 목적과 무관하지 않은 듯하다. 비는 한국전쟁 시기인 1951년 10월에 부산시 범동에 세워진 것이다. 내용은 이 지역에 있는 자성子城, 증성甑城, 정공단, 영가대 등은 나라를 지키던 곳인데, 영가대의 경우 보존이 잘 되지 않았다는 것이다. 동네 사람들이 의논하여 유적지를 지키고 영원토록 잊지 말자는 뜻으로 비석을 세워 표식키로 한다는 것이 적혀 있다. 영가대는 현재 일본으로 가던 '평화의 상징' 통신사가 출발하던 곳으로 유명하며 영가대기념비가 있는 곳을 탐방하는 사례도 증가하고 있다. 그런데 1951년 비를 세우는 목적은 전쟁과 우국충정의 공간으로 기억되기를 바라는 것이었다. 무엇보다 이 비를 세운 이들이 범이동회凡二洞會, 그리고 한청북부구단부韓靑北釜區團部. 한청구

이동단부韓青九二洞團部였다. 그리고 연명한 사람은 44명에 이른다. 한청은 한국청년단으로 이승만정권에 의해 규합된 우익청년단체였다.[18] 이승만 정권의 정치적 기반이었던 단체가 이 무렵(1952.5. 부산 정치파동 전), 게다 가 임진왜란 유적 4곳을 언급하여 비석을 세운 것은 국가 주도의 전쟁기 념사업의 연장선에 있는 것이었다. 그것도 한국전쟁 시기에 임진왜란을 재현하면서, 동洞 단위에 거주하는 사람들을 일일이 참여시키면서이다.

2) 1970년대

역사적 인물을 표상하고 기념하는 것은 고대 그리스 때부터 해오던 것 이었다. 그런데 이러한 기념사업이 어떠한 시간대를 만나는가에 따라서 그 의미는 다변화될 수 있었다. 전근대시기에는 왕권강화의 목적으로도 임진왜란 인물에 대한 현창작업이 진행되었다.

제1공화국 이승만정부 때에 이순신 동상을 세우고, 영정그리기가 확 대된 것도 정권 강화의 차원이었다.[19] 제3·4공화국 박정희정부도 정치 적 목적으로 임진왜란을 소환하였다. 부산에서 70년대에 진행된 임진왜 란 제향공간에 대한 관리 현황만 보아도, 당시 지역의 역사 문화를 보존 해 나가는 데 있어서 임진왜란을 얼마나 우선시 하였던 것인지를 살필 수 있다.

---

18 양흥숙, 「'지방화'된 국가사를 고민하다」, 『로컬리티의 인문학』40, 부산대 한국민족문화연 구소, 2014, 6~7쪽.
19 조은정, 『권력과 미술－대한민국 제1공화국의 권력과 미술』, 아카넷, 2009.

연도	공사명	공사비(원)	내용	비고
1970년	첨사청 이전보수	4,650,000	다대국민학교에서 현 위치로 이전	다대포객사
	정공단 보수	275,000	碑壇 건립	
	송공단 보수 보조	200,000	제실보수, 협문보수	
	윤공단 이전	485,000	옆(언덕)으로 이전	
1971년	독진대아문 보수	941,200	기와, 단청 목재	
	첨사청 주변 정비	595,000	석축	
	정운공 순의비 보수	475,000	철책공사	
	송공단 보수 보조	5,000,000	외삼문 및 협문, 碑壇	
1972년	송공단 보수 보조①	5,000,000	사고석 담장 및 내부 조경	
	송공단 보수 보조②	2,500,000	〃	
	온정개건비 이전	490,000	碑壇 설치, 보호책	
1973년	정운공 순의비각 건립	965,000	비각 건립	
1974년	부산성 지성 정화공사	81,480,000	將臺, 東門, 西門 건립	
	25의용단 정화	9,283,500	三門 건립, 碑壇 3개소	국비 5,650,000원 보조
	정공단 보수	3,650,000	內三門, 外三門의 단청, 기와번와	
	육총묘 이전	7,800,000	봉분 1개소, 三門 1, 挾門 3개소	

〈표 4〉는 1975년 부산직할시 문화공보실에서 작성된 '75 문화재위원회 회의록文化財委員會 會議錄'에 수록된 표를 재정리한 것이다. 이 표는 1970년부터 5년간 진행되어온 부산의 문화재 보수 현황을 적은 것이다. 송공단, 정공단, 윤공단 보수 내용이 대부분인 것을 확인할 수 있다. 또한 다대포, 동래읍성, 부산진성 등 임진왜란 때 전쟁터였고, 당시는 훼손이 많이 된 곳의 정화사업 내용이다. 이는 1972년 부산시 지정 문화재로 일괄 정리되는 상황과 무관하지 않을 것이다. 그럼에도 불구하고 부산의 많은

20 (부산직할시) 文化公報室, 「75 文化財委員會 會議錄」, 국가기록원-BA0093675.

문화재 중에서 임진왜란과 관련한 것이 유독 많다는 것이 주목된다. 이러한 점은 1975년 사업계획에도 이어진다.

이 회의록에 기록된 문화재위원회 위원장의 첫 발언 중에 '임진왜란 순절선열추념식壬辰倭亂 殉節先烈追念式과 자성대공원정화사업子城台公園淨化事業을 각하께서도 큰 관심을 가지고 계십니다'가 들어 있다. 임진왜란 사적지 보수·정화사업은 해방 이후부터 꾸준히 실시되어 왔는데 박정희 정부에 들어오면서 강화되고, 중앙과 지역이 임진왜란이란 키워드로 직접적으로 연결되어 있다는 것을 몇 가지 사례를 통해서도 잘 볼 수 있다.

회의록에 첨부된 회의 자료에는 임진왜란 순절선열추념식壬辰倭亂 殉節先烈追念式은 1974년 5월 25일에 거행된 것으로 일반 시민과 학생을 대상으로 부산 시민회관에서 열린 행사였다. 자성대공원정화사업子城台公園淨化事業은〈표 4〉에도 나와 있는 부산성 지성 개발 정화공사이다. 왜성이었던 부산성 지성에 조선식 동문, 서문, 장대를 건립함으로써 임진왜란을 계기로 생긴 왜색을 지우는 작업이었다. 또한 조선의 군인이 방어하던 부산진성을 복원하는 의미를 지닌 사업이었다.

〈표 4〉에서 주목된 것은 1974년부터 25의용단 정화사업과 육총묘六塚墓(현 임진동래의총)가 이전하면서 정비가 된다는 점이다. 그때까지 송상현, 정발, 윤흥신 등 지휘계급을 중심으로 임진왜란 인물이 현창되었는데[21] 경상좌수영 지역에서 항전한 무명의 의병, 동래읍성 전투에서 전몰한 민들의 유적지에 대한 정화사업이 시작된 점이다. 육총묘는 1974년

---

21 18세기 중엽이후 송공단, 정공단, 윤공단을 조성하면서 전투 때 함께 사망한 이들의 비도 단(壇)의 경내에 세워 제사를 거행했다. 그런데 그 단의 이름은 동래, 부산, 다대 등 지명이 아니라 수성장(守城將)의 이름을 딴 것이어서 이들을 중심으로 둔 현창사업임을 알 수 있다.

이전 후에도 수차례 보수 사업이 진행되었으나 1991년에 동래구청의 주도로 크게 정화사업이 진행되었다.[22]

〈표 4〉는 74년까지 수행해온 문화재 보수 현황인데, 이외에도 74년 사업으로 계획되었다가 추진이 되지 않았던 사업도 임진왜란과 관련된 것이었다. 임진왜란의 사적事跡을 적은 동래남문비東萊南門碑의 이전 건이었다. 마모가 심하여 조밀한 시내에 두지 못하기 때문에 박물관 등지로 옮기는 문제였다. 당시의 기술력 문제로 이전 과정에서 더 훼손이 될 것을 우려하여 추진하지 못한 건이었다.

〈표 5〉는 1975년부터 5년간 문화재를 보수하고 정화하는 계획을 정리한 것이다. 70년대 초반기와 마찬가지로 70년대 후반기의 문화재 보수, 정화사업도 임진왜란과 직접·간접적으로 관련이 있는 곳이 주 대상지였다. 국비와 시비를 기반으로 문화재를 소유하고 있는 기관의 예산으로 임진왜란 유적지가 정비될 예정이었다.[23]

1970년대는 임진왜란과 관련된 유적지가 지속적으로 보수되고 정화되는 시기였다. 안락서원 내에 있는 충렬사도 국비와 시비를 지원받으면서 1975년부터 보수가 이루어질 계획이었다. 이와 별도로 충렬사는 대대적인 정화사업이 진행되었다. 당시 신문에는 대통령의 지시로 1976년 11월부터 충렬사정화사업이 진행될 것이라고 하고, 한산도 제승당 정화

---

22 이를 기념하는 「임진동래의총 정화기념비」에는 '선열의 넋을 위로하고 얼을 기리기에 미흡하여 경역과 시설을 새롭게 하여 오늘의 모습으로 단장하였다. (…중략…) 나라를 위하여 기꺼이 목숨을 던진 의로운 선조들의 무덤이니 옷깃을 여며 그 뜻을 가슴에 새긴다'라고 되어 있다. 비는 임진동래의총 경내에 세워져 있다.

23 그런데 1975년에 수립한 문화재보수계획 외, 1978년만 보더라도 윤공단과 정공단, 금정산성, 동래읍성지, 금정산성 등의 보수 사업이 추가로 시행되는 것으로 보아 70년대 후반에도 임진왜란 유적지에 대한 보수·정화사업이 증가해왔던 것으로 볼 수 있다.

문화재 지정 번호	문화재 명	소유자	보수정화 내역	예산 國費 ○	市費 ◎	自體 ◇	75	76	77	78	79
지방유형 3호	첨사청(1970.10.8) 다대국교에서 현 위치로 이전(보수)	부산시	기와 교체 단청 목재 일부 수리		◎			◎			
6호	동래향교 (보수)	향교재단	명륜당보수 동재 보수 한식 담장 설치	○	◎	◇		○◎◇	○◇		
7호	안락서원 (보수)	안락서원	충렬사보수 내삼문건립 담장350m	○	◎	◇	○◎◇			○◎◇	
지방 기념물 11호	송공단 (정화)	부산시	내삼문건립 내부 조경 비 건립		◎			◎			
12호	25의용단 (정화)	부산시	내부 조경 재실 이전	○	◎					○◎	
13호	육총묘 (정화)	부산시	曲屛 건립 재실 건립 담장설치 내부 조경	○	◎			○◎	○◎		
지정 문화재 이외의 문화재	명부전 (보수)	범어사	기와 교체 건물 보수	○	◎	◇					○◎◇
기념물 21호	남문비 (보수)	안락서원	이전 보수		◎					◎	

사업의 후속사업임을 알렸다. 충렬사 경내에 현재 세워져 있는 「충렬사 정화기념비」(1978)에도 '이번에 박정희대통령의 분부로 문화공보부와 부산직할시가 경역을 크게 중수 확장하여 정화사업을 완수한 뜻도 이분

---

24 보수투자비계획에 관한 금액은 회의 자료에는 적혀 있으나 생략함.

선열들의 충절을 국민의 호국정신으로 받들어 총화단결로 자유와 평화를 수호하고 민족중흥의 역사적 대업을 이룩하려 함에 있는 것이니'라고 하였다.

충렬사 정화사업은 1977년 3월 8일 대통령이 직접 지시한 것으로 '우리 후손들에게 선열先烈의 향토수호정신鄕土守護情神과 자주국방自主國防사상을 다짐케하는 수련장修練場으로 삼고자 정화케 된 것'으로 1977년 5월 11일에 착공하여 1978년 7월 준공된 사업이다. 충렬사 정화사업으로 경내가 확장되었고, 이를 계기로 경상좌수영 25의용인, 부산포해전에서 사망한 정운鄭運 등을 모두 합사하였다.[25] 부산 최대의 제향공간으로 조성하게 되었고, 이에 따라 충렬사 기념관에는 동래읍성, 부산진성, 다대진성 전투의 기록화들이 모두 진열되도록 하였다. 원래 제향을 올리고 충렬의 의미를 지역 유림에게 전하고자, 충렬사를 안락서원 내에 두었다. 그러나 정화사업 이후 충렬사는 제사를 거행하는 본당, 단일 석조물로는 석굴암 다음으로 큰 정화기념비, 기록화, 각종 부대시설을 갖춘 공간이 되면서 안락서원의 경내를 훨씬 확장한 채로 준공되었다. 제향공간을 통해 애국을 고양시키는 것에서 더 나아가 정신 수련장으로의 역할을 할 수 있도록 공간을 재구성한 것이다.

---

25 『1978 시정백서』, 부산직할시, 1978, 438~439쪽; 『1979 시정백서』, 부산직할시, 1978, 286~287쪽.

4. 집단기억의 장소와 상像

1) 용두산공원과 이순신 동상

국가 위기 상황을 맞아 한국전쟁기에 임진왜란을 소환하는 일은 정치적 의도가 강한 것이었다. 이는 특정 인물을 배향하는 사당을 중심으로 진행된 것만은 아니었다. 한국전쟁이 종전되기 전, 지역 신문에는 충무공의 추도식이 1951년 4월 13일에 있다는 기사가 났다. 음력 3월 8일 이순신의 생일을 맞아 통영 충렬사忠烈祠에서 해군본부의 주도로 추도식을 거행한다는 것이다. 이 추도식의 의미를 '중공中共오랑캐가 침략侵略한 국가國家 중대위기重大危機에 더욱 공公의 유지遺志를 밧들어 우리 국민國民은 더욱 굿게 맹서盟誓하여야 될 것이다. (…중략…) 이충무공李忠武公의 정신精神을 한 층層 더 받들기 위爲하여'라고 하였다. 임진왜란 때 일본을 방어하는 '항왜抗倭'라는 전근대의 정치적 의미를 반공反共이란 이데올로기로 변용시키려는 정치적 의도를 보여주는 것이었다. 또 중공中共을 오랑캐라고 표현함으로써 임진왜란과 한국전쟁을 외적 또는 오랑캐와 싸우는 전쟁으로 동일시하였다. 이어서 대한민국농구협회에서는 예정된 상이군인 위문 겸 유엔군 친선경기 전에 13일에는 이순신 탄생 406주년 기념농구전을 통영에서 개최하기도 하였다.[26] 이순신을 기념하고 한국전쟁이라는 위기 상황 속에서 임진왜란을 기억하는 것은 군軍만은 아니었다.

부산에서는 충무공기념사업회 주최로 충무로광장에서 기념식을 가지고 시내 극장에서 이 사업회 편찬위원장이었던 이은상李殷相과 해군 준장의

---

26 『국제신보』, 1951.4.8, 4.10.

강연, 음악이 있는 행사를 가졌다. 이 기념식의 목적도 '임진왜란王辰倭難을 처물리신 공公의 위훈偉勳을 현계顯揭하고 그 충무정신忠武情神을 바드려 조국수호祖國守護에 삼천만三千萬이 궐기蹶起하자'는 것이었다.[27] 그리고 용두산공원에 충무공의 동상을 세울 것이라는 계획이 1951년 10월에 나왔다. 이순신의 160주기를 앞두고 경상남도에서는 용두산에 동상을 건립할 것이라고 밝혔다. 당시 추진 중이던 이순신의 화상이 결정되면 바로 동상을 세울 것이라고 하고 공원이름도 용두산공원에서 충무공원忠武公園으로 변경할 것이라고 하였다. 뿐만 아니라 기념관도 세울 것이라고 밝혔다.[28] 그런데 이보다 먼저 세워진 것은 1952년 진해의 것으로 해군에 의해 1950년 11월에 계획된 것이었다. 부산은 1953년 통영에 이어 1955년 세워졌고, 통영과 부산의 동상은 모두 조각가 김경승金景承에 의해 제작되었다.

부산의 이순신 동상은 계획을 수립하고 조각가가 작업에 착수한 지 무려 5년 만에[29] 완공되었다. 5년보다 늦어지게 된 것은 동상 조성을 위한 기금 부족에서 초래되었다. 도민, 중고등학생 등에게 강제 기부에 가까운 모금을 벌였지만 전쟁 직후의 상황으로 빠르게 진행되지 못했기 때문이었다.[30]

부산 용두산공원에 세워진 이순신 동상은 1955년 12월 22일 제막식을 가졌다. 그날은 우남공원 명명식과 우남공원비를 제막하는 날이기도 하였다.[31] 당초 경상남도가 충무공원으로 하려던 계획이 무산되고, 대통령

---

27 『국제신보』, 1951.4.13.
28 『국제신보』, 1951.10.15. 신문에 160주기라고 쓴 것은 360주기의 오기로 보인다.
29 『동아일보』, 1955.12.17.
30 조은정, 앞의 책, 212~213쪽, 226~227쪽.
31 『대한뉴스』 제73호.(1956.1.1 제작) 충무공원으로 계획된 용두산공원이 우남공원으로 명칭이 바뀐 것은 이승만대통령의 80세 생일을 기념하기 위함이었다.(『동아일보』, 1955.3.23)

의 호를 딴 공원이 되었다. 특히 이 날은 육군 2군사령부 창설 1주년 행사를 하는 날이었기 때문에 군인들 또한 1주년 행사 이후 동상제막식에 참여하였다.[32] 제막식에 동원된 부산지역 학생들이 들고 나온 현수막에는 '충무정신忠武精神 받들어 북진통일 완수北進統一 完遂하자'[33]라는 글귀가 쓰여 있는 것이 뉴스로 방송되었다. 임진왜란을 빌어 한국전쟁을 잘 극복하자거나 승리를 이끌자는 인식들이 전쟁이 끝난 후에는 반공이데올로기에 기반한 통일 논의로 변용되었다. 군과 학생 뿐 아니라 이날 제막식에는 정부 고위 관료들이 참석하였다. 함태영 부통령, 이기붕 민의원의장, 국방장관이 참석하였다. '충무공이순신상忠武公李舜臣像'이란 동상의휘호를 이승만이 직접 썼을 뿐 아니라[34] 대통령의 호를 붙인 우남공원비가 제막된다는 상징성이 있었기 때문이었다.[35] 이순신 동상을 용두산공원에 세운 이유는 '임진왜란 때 왜적이 이 땅에 첫발을 올려놓은 곳이 바로 여기였기로 그날의 고난을 뼈저리게 기억하자 함이요 (…중략…) 7년동안 싸우던 중에서도 부산 앞 바다의 큰 승첩이 가장 결정적이었기로 (…중략…) 여기가 이 나라의 관문이라 (…중략…) 국토수호의 피어린 정신을 안팎으로 나타내자 함이니'라는[36] 말 속에서 알 수 있다. 즉 부산포

---

32 『동아일보』, 1955.12.22.

33 『대한뉴스』 제73호(1956.1.1 제작).

34 현재 동상 아래에 있는 동상 휘호에는 우남(雩南)이란 호가 선명하게 남아 있다.

35 우남공원비는 현재 비신(碑身)은 그대로 두고, 글씨만 바뀐 채 용두산공원비가 되어 있다. 1960 년 419혁명 이후 우남공원이란 글씨를 깎아내고 돌을 재가공하여 용두산공원이라는 글씨를 새겼다. 현재 용두산공원비석 뒤편에는 돌이 재가공되었음을 알려주는 흔적이 남아 있다.

36 이순신 동상 아래에 부조가 되어 있는 건립문.(단기 4288년(1955) 12월 22일) 건립문에는 글은 이은상, 글씨는 오제봉, 조각은 김경승, 주조(鑄造)는 한국기계주물제자주식회사 대석 최학수가 담당했다고 적혀 있다. 동 건립문에 따르면 당시 경상남도 지사인 이상룡은 '도민 전체의 힘과 정성을 모아 여기에 동상을 세운다'라고 하여 도민들에게 기부 모금을 하였음을 간접적으로 전하고 있다.

해전 승전의 기억, 국토수호 인식이라는 목적이 깔려 있었다. 또한 충무공 동상이 제막되자 부산항 내에 정박 중이던 국내 선박들은 일제히 고동을 울려 남해의 수호신守護神으로[37] 이순신을 기념하였다.

대통령의 글씨와 대통령의 호를 붙인 공원, 부통령 이하의 정부 관료의 등장, 육해공군의 제막식 참석 등으로 보아 이순신 동상을 세우는 일이 국가가 얼마나 적극 개입했던 행사였는지를 짐작하게 한다. 또한 이러한 상징성으로 매년 발행되는『시세일람市勢一覽』부록에는 부산시의 명승과 고적古蹟의 수록 순위가 바뀌어져 있다. 1955년『시세일람』에는 부산 송도松島가 첫 번째 명승·고적으로 수록되어 있는데, 1957년『시세일람』에는 우남공원雩南公園이 첫 번째로 기록되고 송도는 두 번째로 기록되어 있다.[38]

국가 차원에서 임진왜란을 기억하고 이순신 동상을 세움으로써 부산 지역의 역사와 장소의 의미를 확인하게 하고 국가 안위 및 승전을 위한 상징물로 인식하도록 하는 한편, 선원들에게 수호신으로 승격시킴으로써 국가이데올로기가 약화되더라도, 우남공원이란 명칭이 사라지더라도 이순신 동상은 현재까지 지속될 수 있었다.

반면 식민지의 잔재를 청산하기 위해서 국가 차원이 아닌 지역 차원에서 이순신을 동원하기도 하였다. 동상이 세워지고 난 3년 후 부산의 충무동 광장에 충무공이순신영모비忠武公李舜臣永慕碑가 세워졌다. 충무경로회 즉 충무동에 거주하던 동민들이 이순신의 부산포해전을 기념하기 위해,

---

37 『동아일보』, 1955.12.24.
38 『市勢一覽 檀紀 四二八八年 編纂版』, 부산시, 4289(1956), 부록 1쪽;『市勢一覽 檀紀 4290年 版』, 부산시, 4291(1957), 부록 1쪽. 우남공원 뿐 아니라 이후 시기에 다른 명소가 조성되면 부록의 맨 앞자리를 장식하게 된다.

1958년 4월 26일(음 3월 8일) 이순신의 생일을 맞아 제막식을 거행하였다. 흥미로운 것은 원래 이 비는 1930년대 일본인 자본가에 의해 부산 남항 매축이 종료되고, 이를 기념하기 위한 남항수축기념비南港修築紀念碑였다. 1948년 동명을 바꿀 때 일본식 동명 대신 이곳을 충무동으로 바꾸었지만 남항수축기념비는 여전히 남아 있었다. 충무경로회에서는 왜색이 짙은 비석을 철거해야 하지만 물자절약의 의미로 비석은 그대로 두고, 대신 비석에 새겨진 글자들은 지우고 비신碑身 내부를 깎아내어 한반도 모양으로 만들었다. 다른 지역에서도 충무공 기념사업을 많이 하고 있지만 충무동에서 충무공을 현창하는 것이 뜻있다고 비신에 충무공이순신영모비를 새겼다.[39] 해방 이후 일본식 동명을 바꾸는 시책에 따라, 이 공간은 부산포해전과 이순신을 기념하기 위해 동명을 충무동忠武洞으로 하였다. 부산포해전이 어디에서 일어났는지 불분명하고, 또한 해전의 특성상 한정된 범위 내에서만 치룰 수는 없다. 그렇다고 해도 기왕에 충무동이란 지명이 있으므로, 지명을 자신의 삶터 명으로 삼게 된 주민들은 그곳을 임진왜란을 기억하는 장소로 각인하게 되고 이순신을 소환하게 되는 것이다. 국가 차원의 임진왜란을 재현하는 방식을 닮아가면서 지역에서도 임진왜란을 재현하였다. 특히 비석 내부에 새긴 '한반도'에서 볼 수 있듯이 이곳을 국가의 장소로 만들어 나가고자 한 의도도 있었다.

이순신 동상은 용두산공원에 세워진 뒤, 이순신의 생일이 매년 반복될 때마다 탄신기념식이 치러졌다. 1973년 4월 28일 이충무공 제428회 탄신기념식에 세워두는 안내탑에는 '충무공정신 이어받아 유신과업 완수

---

39 「忠武公李舜臣永慕碑」 관련 서류(충무동 충무경로당 소장)

하자', '충무공정신 선양하여 조국통일 이룩하자'라고 적혀 있었다.[40] 이 승만이 이순신 동상을 세우고 국가에 충성하는 국민 만들기라는 정치적 목적을 수행하려고 한 것과 박정희 정부가 이순신으로 유신을 홍보하는 것이나, 조국통일을 위한 애국심을 높이는 데에 동원한 것은 유사하다. 즉 정부가 처해있는 현실이나 정권이 필요로 하는 현실 문제에 대응하는 정치적 수단으로 각각 임진왜란을 이용해 나갔다.

2) 부산 중앙대로변 세 개의 상像

해방 이후 임진왜란과 관련하여 부산을 대표할 수 있는 상징적 장소에 이순신 동상을 세우고, 인물을 배향하는 사당을 적극 보수하면서 충忠, 애국愛國, 수호守護 등 국가 차원의 집단기억을 만들고자 하였다. 부산지역이 임진왜란의 경험을 얼마나 철저하게 도시경관으로 조성하였는지는 이순신 외 인물들의 동상을 통해서도 알 수 있다.

현재 부산의 중앙대로에는 임진왜란 때 부산진성, 동래읍성, 다대진성 전투에서 사망한 정발, 송상현, 윤흥신의 동상 및 석상이 서 있다. 세 개의 상이 세워질 때는 1970년대 후반으로 부산시에서 임진왜란 기념사업이 활발하게 진행될 때였다. 정발과 송상현 동상의 글씨, '충장공정발장군상', '충렬공송상현선생상'을 쓴 것이 대통령이란 점이고 동상을 세우는데 주도적인 역할을 한 이들은 부산시장(박영수, 최석원)이었다.

---

40 부산직할시 문화공보담당관, 「李忠武公誕辰記念式擧行」.(국가기록원-BA0093659)

이런 점에서 국가 주도 하의 제향공간을 정화하는 것과 동상·석상을 세우는 정치적 목적은 비슷했다고 할 수 있다. 특히 세 상像 모두 동남해를 바라보고 있는 점에서, 이미 한일수교를 이룬 시기였지만 임진왜란은 부산에서 여전히 가라앉을 수 없는 기억이었다.

〈표 6〉 중앙대로변 동상 / 석상 조성에 참여한 사람들

	정발 동상	송상현 동상	윤흥신 석상
제작 시기(제막식 일자)	1977.3.25.	1978.3.1.	1981.9.10.
題字	박정희	박정희	
건립주도			부산시
헌납	박영수	최석원	
조각	한인성	김정숙	
건립문	허만하, 정중환	김정한, 김석희	
건립문 글씨	배재식	오제봉	
기타			

〈표 6〉를 보면 정발, 송상현, 윤흥신 중에서는 정발장군 동상이 가장 먼저 세워졌다. 당시 신문에는 '오륙도 앞바다를 지켜보고 섰는 정鄭장군의 동상은 부산釜山지방에서는 최대 규모의 것. (…중략…) 1976년 10월에 6,918만원의 예산을 들여 1977년 3월 25일 완공하였다' 하고 하였다. 지금까지 세워져 있던 동상 중에는 부산에서는 가장 큰 규모로 세워졌다.[41] 건립의 이유를 기록한 건립문은 '우리는 오늘 임진왜란 때 이곳 부산을 지키다 순국하신 정발장군의 호국정신을 받들어 장군이 지키시던 옛 성터의 남쪽에 장군의 모습을 동상으로 모셔 그 뜨거운 순국충절을 자손만대에 전하려 한다'로[42] 시작하고 있다. 정발 동상 제막식에는 부

---

41 『부산일보』, 1977.3.25.

산시장과 국제신보사 사장 등 지역 인사들이 대거 참석하였다.

정발장군 동상을 이곳에 세운 것은 부산항에서 부산진으로 올 때의 초입해 해당되는 길목이었기 때문이었다. 그리고 동상이 가지는 시각적 효과를 크게 높일 수 있는 곳이 중앙대로변이었기 때문이다. 이러한 장소 선정은 인근에 조성되는 윤흥신장군 석상(1981년)에서도 알 수 있다.[43] 이러한 곳을 동상을 세워, 동상이 있는 곳은 임진왜란을 재현하는 성스러운 장소가 된다.

동상은 매일 시민의 눈이 노출이 되지만, 사람들은 그 광경이 너무 익숙해서 제대로 인지하지 못하고 지나칠 때가 있다. 특정 사건이 일어나면 동상에 대한 이해와 동상이 세워진 장소에 대한 담화들이 재구성된다.

1988년 올림픽이 개최될 때, 정발 동상이 있는 중앙대로로 성화가 지나갔다. 범민족올림픽추진동구협의회에서 세운 '성화봉송로聖火奉送路' 조형물에는 이곳의 장소의 의미가 적혀있다. '대항도 부산大港都 釜山의 발상지發祥地 이곳 부산성釜山城 옛터에 연면連綿히 이어온 개항開港의 웅지雄志가 영글어 이제 태평양시대太平洋時代를 주도主導할 우람한 민족民族의 대행진大行進이 펼쳐진 것이다. (…중략…) 성화聖火가 지나간 이 역사歷史의 거리를 지날 때마다 힘겹게 걸어온 우리들의 발자취를 되돌아보고 다시 걸어가야 할 내일의 꿈속에 위대偉大한 항도港都의 웅지雄志를 담아 전진前進할 지어다'라고 적혀 있다. 이 글의 지은이는 채낙현, 글씨는 배재식, 조각은 한인성이 담당하였다. 채낙현은 당시 부산 동구청장이며, 재배식과

---

42 정발 장군 동상 주변에 세워진 건립문.

43 2016년 윤흥신장군 상을 다대포로 이전하자는 논의가 본격화되었을 때이다. 1981년 당시 순국선열을 선양하는 차원에서 유동인구가 많은 초량동이 설치 장소로 정해졌기 때문에 윤흥신과 무관한 초량동에서 이전해야 한다는 의견이 많았다.(『국제신문』, 2016.11.3)

한인성은 정발장군 동상의 글과 글씨를 담당한 이들이다.

정발장군 동상이 서 있는 장소의 역사성을 부각시키고, 올림픽이라는 세계적 행사를 관련지음으로써 동상이 서 있는 장소에 또 다른 기억을 더해 놓은 것이다. 그 뿐 아니라 새로운 공간이 조성되면 공간 주변의 사람들은 관심을 갖게 되면서 개개인에게도 새로운 기억을 부과하게 된다. 특히 동상과 같은 경우는 인근 학교, 회사 등에 지시하여 주변 정비, 주변 청소를 시키는 일이 많았기 때문에 이를 경험한 사람들에게는 또 다른 기억이 생겼다.

정발 동상이 세워진 후 송상현 동상, 윤흥신 석상이 차례로 세워졌다. 송상현 동상은 부산진에서 동래로 가는 초입에 세워져 있다. 동상을 세운 목적은 정발의 경우와 흡사하다. 후손들이 그의 충절을 본받고 불굴의 의지를 배우고 솔선수범, 대의를 위해 사는 사람으로 되기를 바라는 것이었다.[44]

윤흥신 석상은 정발 동상이 얼마 떨어지지 않는 곳에 위치하고 있다. 석상 아래에 있는 「다대포진첨절제사 윤흥신 장군 사적기」를 보면 '근자에 부산시는 다시 관내의 선열유적을 정화하고 송공 정공 윤공의 동상과 석상을 세우게 되니 이에 공의 사적을 석상에 부쳐 추모의 뜻을 표하는 바이다'라고 하였다. 윤흥신 석상은 부산시 차원의 전적지 기념사업의 일환으로 정발-송상현에 이은 것이라는 의미이다. 또 석상 아래에 새겨

---

[44] 윤흥신 석상을 세울 때에는 파평윤씨 문중에서도 대거 참석하였다. 송공단, 정공단, 윤공단 제사에도 문중들이 참여하고 있다. 파평윤씨가 참석한 사실은 윤희수, 「대천일기」, 1981.9.10. 참조(『대천일기』(양흥숙 외편, 부산대 출판부)는 1971년분까지 출판되었고, 이후 시기의 일기는 근간 예정이다) 윤희수는 문중의 세 사람과 함께 윤흥신의 석상 제막식에 참여하였다고 하였다.

져 있는 「다대포진첨절제사 윤흥신 장군상 건립문」 끝에는 '모든 후대인에게 나라사랑하는 크나큰 거울로 삼고자 한다'라고 하여, 앞에 서술한 동상을 세운 이유들과 비슷함을 알 수 있다.

한편 동상이나 석상 외 탑을 세우기도 하였다. 지금까지도 볼 수 없는 새로운 형식으로, 충렬사 앞에 충렬탑이 세워졌다. 충렬사 정화사업의 일환으로 1978년 5월 조성되었다. 충렬탑 건립을 주도한 인물들은 탑 뒤편의 새겨져 있는데 당시 부산시장인 최석원이 역시 주도하였다. 충렬사가 박정희대통령 직접 지시에 의해 대대적으로 정화가 되었기 때문에 충렬사 앞에 세워진 충렬탑 역시 '각하의 뜻을 받들어'라는 말을 새겨 넣었다. 충렬탑 위의 조각상은 정발 동상을 만든 이와 같다. 탑 뒤에 붙여져 있는 「충렬탑에 새기는 글」에는 '삼세기 반을 경과한 오늘에도 우리들의 새마을과 새나라 대한민국을 우리 힘으로 안보하고 발전시켜야 되겠다는 신념과 각오가 너무 긴요한지라 새삼 이 충렬사의 모든 시설을 정화하여 그토록 숭고했던 조상들의 빛난 얼을 오늘에 되살리고자 한다'라고 하여 당시 추진되고 있던 새마을 사업과 국가수호에 대한 국민의 인식을 강조하고 있다.

이외에도 부산에는 임진왜란 기념물이 많이 조성되어 있다. 70년대까지 국가나 관 주도로 행해지던 것이, 이후 줄어들고 90년대 이후가 되면 시민단체, 공익단체나 기초지자체 단위로 세워진 기념물도 있다. 1988년 재정비된 사상 9인 의사 연구 제단, 1999년 임진왜란 좌수영 무주망령 천도비 등이다. 이는 동래읍성, 부산진성, 다대진성, 경상좌수영 등 큰 성곽으로 중심으로, 그 성곽에서 전몰한 인물을 중심으로 논의되던 임진왜란 기념사업과 달리 지역사회 차원에서 진행된 것이다. 국제전인 임진왜란이라고 해도 기억이 단일하지도 않고 지역 내부에서도 이질적인 기억이 존재하고 있음을 보여주는 것이다.

5. 로컬 기억의 가능성

임진왜란은 조선과 일본이라는 국가간의 전쟁으로 조선의 거의 모든 지역은 전쟁터가 되었다. 동래(부산) 지역은 전쟁의 참혹한 경험, 전쟁 이후의 일본과의 역사적 관계 속에서 임진왜란이 강조되어 왔다.

임진왜란은 종전 이후부터 부산에서 사당, 동상, 비, 탑 등 다양한 방식으로 재현되면서 도시경관 속에 자리하고 있다. 가장 주목되는 점은 시내를 관통하는 중앙대로에 임진왜란 인물의 동상과 석상 모두 3기가 존치해 있다는 점이다. 가장 민족적인 인물로 표상되는 이순신 또한 시민의 공간인 용두산공원에 동상이 세워져 일상적으로 임진왜란이 경험되고 있다. 모두 지난 정부의 애국 국민 만들기, 반공이데올로기 확대 등의 정치적 목적에 의한 것이 많았다. 임진왜란이란 동일한 경험을 집단적으로 기억화하여 시민들에게 인식하도록 하는 것이다.

매일 경험하게 됨으로써 시민들에게 익숙한 공간으로 자리하고 있다. 특히 중앙대로변이고 또한 교차로에 인접해 있는 송상현 부사와 정발 장군 동상은 일반 시민들이 평소에는 인지하지 못할 정도로 낯익은 풍경이 되었다. 교차로에 세워져 있는 것이 누구의 동상인지를 모르지만 그 자리에는 매우 낯익은 동상들이 배치되어 있다. 평소에는 이슈화되지 못하다가 사건이 발생하면 동상이 있는 장소는 그 의미가 크게 부각되고 임진왜란이 상기되고 있다.

임진왜란이라는 국가적 사건 후에 집단기억을 만들어내고, 정기적·부정기적으로 기념사업이 수행되었다. 임진왜란의 재현은 충, 의, 희생, 반공, 통일로 이어지는 국가의 시간 속에 있었다. 지역차원에서 임진왜란의 인물을 재현하더라도 국가의 방식 및 목적과 다르지 않는 자발적 포섭의 시간이 이어졌다. 1980년 제정된 부산시민의 날이 부산포해전 승전일인 것도 같은 맥락이다.

그러므로 기억을 누가 무엇으로 어떻게 재현하는가는 로컬 정체성과 관계가 있으므로, 로컬 정체성을 확보하는 과정이 로컬의 시간인 것이다. 최근 국가의 기억에 대항하는 로컬 기억의 가능성을 발견하는 사건이 있었다. 지금은 '송상현광장'으로 이름이 확정지어진 이 공간이 계획단계에 있을 때였다.

이 공간은 일본군 훈련장 15헌병대, 해방 직후 미군 주둔, 미군 이후 한국군 15헌병대가 주둔하던 공간이었다. 군부대 주변은 주택지대로 개발된 밀집 지역이었다. 군부대 앞은 모너머 고개로 불리운 얕은 고갯길로, 과거 동래에서 부산포, 부산포에서 동래로 왕래하던 넓은 길이자 생활의 공간이었다. 군부대와 생활의 공간이 따로 나란히 존재한 곳이었다.

지역 내부에서 경합을 벌인 것은 두 가지였다. 첫 번째는 군부대가 이전한 이 공간을 어떻게 조성할 것인지 계획을 세움에 있어 바로 옆 도로에 있는 송상현동상을 새롭게 만들어질 공간 안으로 넣는 문제였다. 두 번째는 이 공간의 이름을 어떻게 명명할 것인지의 문제였다.

첫 번째 군부대가 이전한 후 가칭 '부산중앙광장'을 조성하게 되면, 새로 조성된 광장에는 시민의 소통과 세대를 연결하며, 현대를 살아가는 도시민의 문화를 고려한 가치 재현이 필요하다는 의견이 나왔다. 그러나 부산의 역사적 정체성 정립을 위해서 송상현 동상은 광장 안으로 이전해야 한다는 주장도 나왔다. 이 주장은 국가 기억에 포섭된 기억의 반복이라고 볼 수 있다. 이 공간이 가지고 수많은 장소의 의미와 기억 중에서, 부산을 대표하는 것으로 임진왜란을 다시 부각시키는 것이었다. 결국 동상은 광장 안으로 들어오지 않고 대대적인 정비 사업을 통해 기존의 장소를 성역화하는 것으로 타협이 되었다. 동상이 있는 장소가 제대로 된 이름을 가지지 않고 '송공삼거리'란 도로명으로 남아 있다가, 정비사업 이후 '송상현기념광장'으로 그 이름을 얻었다.[45]

두 번째는 이 광장의 이름을 짓는 것에서의 경합이었다. 2012년 4월 부산시는 '부산중앙광장'의 이름을 시민들에게 공모하였다. 광장이 들어설 곳 바로 옆에는 송상현 동상이 있었고, 동상이 광장 안으로 들어오지 못한다는 의견이 나왔을 때였다. 부산시 또한 군부대가 이전한 자리에 시민이 소통하는 광장을 조성하겠으니 시민들은 이름을 지어달라고 한 요청이었다. 시민들이 적극 참여할 수 있도록 몇 가지 의미들도 보여주었다.

이 사업은 부산시의 직할시 승격 50주년(2013)에 맞추어서 진행되는 것이므로, 시민들에게 광장의 이름에는 ① 부산을 대표하는 시민열린광

---

45 서울시의 경우는 동상건립운동으로 1960년대 말부터 1970년대 초반에 집중적으로 설립된 동상들이 교통망의 발달과 도심의 개발로 이전된 것도 있다.(정호기, 「박정희시대의 '동상건립운동'과 애국주의―'애국선열조상건립위원회'의 활동을 중심으로」, 『정신문화연구』 30(1), 한국학중앙연구원, 2007, 356쪽) 물론 이순신 동상은 이전되지 않고 광화문 앞에 서 있다. 부산의 경우 동상이 이전될 부지를 확보하지 못하고 기념광장으로 조성되었는데, 결과적으로는 동상이 차지하는 공간은 더 확대되었고 제향의식을 치르는 공간까지도 갖출 수 있게 되었다.

장의 의미 ② 국제도시 부산의 브랜드가치 ③ 부산의 중심에 설치되는 지리적 특성이 담길 수 있도록 하였다. 500여 개가 수집되었고, 부산시 부산중앙광장 명칭선정위원회에서는 5월에 7개의 명칭을 선정하여 발표하였다. 1차 선정된 7개의 이름은 시민광장, 중앙광장, 누리광장, 송상현광장, 6월광장, 시민의뜰, 모너머광장(이 고갯길의 명칭이 모너머고개임)이었다. 시민광장, 누리광장, 시민의뜰은 시민을 위한 광장임이 드러나고 6월광장이란 이름은 부산의 역사적 경험과 민주주의에 대한 기억이었다. 부산시에서는 7개를 가지고 다시 여론조사를 벌였다. 2012년 10월에 최종 3개로 압축되었는데 시민의뜰, 송상현광장, 모너머광장이었다. 여론조사에서는 시민의뜰이 23%의 지지를 얻어 1위를 차지하였다. 그러나 최종 선정되어 부산중앙광장의 새 이름이 된 것은 송상현광장이었다. 당초 시민들에게 공모를 할 때 국제적으로 열려 있는 광장이라는 의미는 사라지고, 국제적인 갈등이 최고조에 이른 임진왜란을 기억시키는 이름이 선정되었다. 부산의 특별한 역사, 임진왜란을 보여주는 이름이 선정된 것이다. 국제화시대 초현대화된 광역도시에 거주하더라도, 부산중앙광장 명칭선정위원회라는 지역엘리트 그룹은 부산의 특성을 보여준다는 명분으로 시민의 여론도 무시한 채 임진왜란에서 답을 찾았다. 임진왜란은 국가 간의 전쟁이며 송상현은 순절하면서 영웅이 된 인물이다. 전쟁 대신 평화와 교류를 확대하고 영웅 대신 시민이 자리해야 할 광장에 송상현이란 이름이 획득되었다.

송상현 동상이 있는 곳을 송공삼거리라고 부르면서 귀에 익숙하고 동상은 낯이 익다. 그렇더라도 동상을 광장 안으로 들어오지 못하게 하고, 시민을 적극 불러들이는 이름이 다수 제안된 것은 수많은 기억과의 경합을 벌이는 로컬 기억이었다. 국가의 기억은 화석처럼 굳어져 견고하여 평소에는 드러나지 않지만, 사건이 생길 때, 장소를 재구성할 때 불쑥불쑥 개입하고 있다. 광장의 이름이 송상현광장으로 결정된 후 송상현이 남긴 '싸워서 죽기는 쉬워도 길을 비키는 것은 어렵다[戰死易假道難]'는 다시 회자되었고, 임진왜란은 스토리텔링 중이다.

참고문헌

『인조실록』,『정조실록』

『충렬사지』((재)충렬사안락서원 편, 2011)

박사창,『東萊府誌』

윤문거,『石湖先生遺稿』

『국제신보』,『동아일보』,『부산일보』,『대한뉴스』

김강식,「조선 후기의 임진왜란 기억과 의미」,『지역과역사』 31, 부경역사연구소, 2012.

_____,「임진왜란 시기 창녕 지역의 대응과 후대의 기억」,『한국사상사학』 46, 한국사상사학회, 2014.

민장원,「정조의 '忠臣'·'忠家' 현창사업과 李舜臣에 대한 기억의 재구성」, 고려대 석사논문, 2017.

변광석,「임진왜란 이후 동래부사의 동래지역 인식과 기억사업」,『지역과역사』 26, 부경역사연구소, 2010.

_____,「동래기영회의 활동과 변화를 통해본 지역성」,『역사와경계』 84, 부산경남사학회, 2012.

부산직할시 문화공보실,「75 文化財委員會 會議錄」,(국가기록원-BA0093675)

부산직할시 문화공보담당관,「李忠武公誕辰記念式擧行」.(국가기록원-BA0093659)

부산시,『市勢一覽』, 1956~1957.

부산직할시,『시정백서』, 1978~1979.

정호기,「박정희시대의 '동상건립운동'과 애국주의-'애국선열조상건립위원회'의 활동을 중심으로」,『정신문화연구』 30(1), 한국학중앙연구원, 2007.

조은정,『권력과 미술-대한민국 제1공화국의 권력과 미술』, 아카넷, 2009.

노년 친족의 초국가 및
트랜스로컬 육아 노동의 시간적 경험*

레이첼 조우

1. 중국인의 캐나다 이민

1990년대 이후, 중화인민공화국PRC은 캐나다로 가는 이민자가 가장 많은 나라였다.(캐나다 통계, 2008) 중국으로부터의 높은 교육을 받은 전문가, 기업가 엘리트, 대학생 이주의 새로운 물결은 중국인들의 캐나다 이민을 "인식 이상"으로 변화시켰다.[1] 예를 들어, 지난 10여 년 동안 (2005~2014) 중국 이민자의 수는 314,090명[2](CIC 2014)에 달했다. 대부분은 중

* 이 글은 캐나다 정부 산하 인문사회과학 연구위원회(Social Sciences and Humanities Research Council)의 표준 연구 보조금의 도움으로 수행되었다. 이 논문은 부산대에서 2016년 6월 16~17일에 걸쳐 개최된 로컬리티의 인문학 관련 제8차 국제심포지움 (the 8th International Symposium for Locality and Humanities)에서 발표되었다.

1   F. N. Pieke, "Editorial introduction : Community and identity in the new Chinese migration order", *Population, Space and Place* Vol.13 No.2, 2006, p.86.
2   CIC (Citizenship and Immigration Canada). 'Facts and Figures : Immigrant Overview Permanent Residents'. Retrieved from

화인민공화국에서 성장한 도심지역 중산층 출신의 교육을 잘 받은 전문가들이다.[3] 이 그룹은 종종 '숙련된 이민자들'이라고 언급되는데 캐나다에서 전문적 이력을 쌓는데 여러 가지 장애에 직면하게 되었다. 이를테면 중국에서의 자격증이 인정이 되지 않는다든가 언어 장벽, '캐나다인으로서의 경험 부족'이 이에 해당된다. 공식적이든 비공식적이든 간에, 이와 상관없이 육아는 어머니인 여성의 노동력 시장으로 진입의 성공여부에 혹은 교육을 지속하는데 매우 중요한 역할을 수행했다.[4]

캐나다에서 1980년대 시작된 신자유주의 복지 체계의 구조조정 이후, 육아를 포함하여 초기에는 든든히 보장되었던 공공 돌봄 서비스가 제공 규모를 상당히 제한적으로 축소하거나 민영화되었다. 이런 상황의 결과들은 활용 가능한 재정 및 사회적 지원에 접근이 제한된 새로운 이민자들을 포함하여 사회경제적 불이익을 받는 이들에게 심각하게 받아들여졌다. 서방국가(곧, 오스트레일리아와 캐나다)에서 중국 이민자 가족들에게 육아 자원이 부족한 현상은 종종 두 가지 유형의 초국가적 육아 관계를 야기하였다. 즉, 중국 가족들은 어린아이를 중국에 계신 조부모에게 보내든지 육아를 위하여 이민을 온 국가로 조부모들을 초청하는 선택을 하게 되었다.[5]

http://www.cic.gc.ca/english/pdf/2014-Facts-Permanent.pdf.(2014)

3   p.S. Li, "Immigrants from China to Canada : Issues of Supply and Demand of Human Capital", In L. Suryadinata Ed., *Migration, Indigenization, and Interaction : Chinese Overseas and Globalization*, Hackensack, NJ : World Scientific Publishing, 2011, pp.73~95.

4   George, U., Tsang, K. T., Man, G., & Da, W. W. *Needs Assessment of Mandarin-speaking Newcomers*. Toronto : The South East Asian Service Centre, 2000.

5   W.W. Da, "Transnational Grandparenting : Child Care Arrangement among Migrants from the People's Republic of China to Australia", *Journal of International Migration and Integration* Vol.4 No.1, 2003, pp.79~103.

최근 숙련된 중국 이민자들의 캐나다 주요 도시로의 유입은 중화인민
공화국의 노인이민자들의 증가에 따른 것이다. 노인들은 가족사, 육아,
일, 학업을 모두 감당하는 일에 어려움을 느낀 그들의 성인 자녀의 가정
에서 가사를 돕거나 육아를 전담한다. '국제 육아(돌봄) 시장'을 배경으
로 주목 받는 초국가적 돌봄을 맡은 노동자들과 달리, 국가들 사이를 이
동하는 친족기반의 돌봄 노동자들(여기서는 조부모)은 그들의 '전통적'(곧,
문화적, 비경제적, 비공식적, 비세계적) 속성 때문에 제도권과 학술적 담론의
사각지대에 위치해 있다.[6] 가족애와 효도와 같은 일부 핵심적인 문화적
이상이 근본적으로 변화하고 있는 그들 인생의 마지막 시기에 자녀들의
이민 때문에 발생하는 이들 조부모들의 초국가적 이동은 숙련이주와 신
자유주의 복지 체계 구조조정 형식이 세계 경제 운용 과정에 미치는 파
급효과spillover effect에 질문을 제기한다.

　　이 논문은 중국 숙련 이민자 가족의 캐나다에서의 초국가적 육아 경험
에 대한 실증적 연구를 바탕으로, 이론적 수준과 실증적 수준에서 트랜스
내셔널리즘과 트랜스로컬리티의 접점에서 작동하는 시간성의 문제를 살
펴보고 있다. 두 개념 모두에 유의 하는 것은 나에게 캐나다에서의 중국
인 숙련 이주자 정착에 대한 구조적 장애를 극복하고자 국가를 초월한 자
원(물질적 및 비물질적 자원 모두)을 동원하는 가족의 전략으로서, 그리고 국
가의 지질학적 영토를 초월하는 새로운 형태 가족의 등장을 통한 사회공
간적 과정으로서 친족기반의 초국가적 돌봄을 이해할 수 있게 이끌었다.

6　Y.R. Zhou, "Toward Transnational Care Interdependence : Rethinking the Relationships be-
　　tween Care, Immigration and Social Policy", *Global Social Policy* Vol.13 No.3, 2013, pp.280~
　　298. "Rethinking transnational care from a temporal perspective", *Time and Society*, Vol.24
　　No.2, 2015, pp.163~182.

이와 같은 이론적 구조 틀은 또한 우리가 전지구화, 트랜스내셔널리즘, 트랜스로컬리티 간의 관계를 더욱 잘 이해하는데 도움을 줄 수 있다. 이 연구에서의 발견은 조부모의 육아 경험을 초국가적 가족의 맥락에서 봄으로서 한 측면으로는 숙련이주 가족의 이동성 구성에 국가의 중요성, 다른 측면으로는 지리적으로 문화적 가치와 자원으로 고취된 유연한 친족 관계를 가진 가족집단이 끊임없이 변화하여 최근 한창 논의 중인 이동성을 넘어서 재구성되고 있다는 점을 밝혀주었다.

2. 이민자 여성 도우미에 관한 문헌 고찰

서방 복지 국가(캐나다 포함)에서 정체성 형성 과정에서 육아는 사랑과 의무의 개인적 관계가 내재한다. 그럼에도 경제적 빈곤 국가 출신 이민자 여성 육아 도우미가 많은 국제 육아(돌봄) 시장은 '육아 서비스 부족' 문제 해결책으로 국가의 육아 체계에 통합되고 있다. 그 결과 여성의 노동시장 참여가 증가하였다.[7] 예컨대, 유럽에서 국가들은 국제 육아(돌봄) 시장을 통하여 직업과 인생의 균형을 추구하는 여성들을 돕고자 세금 공제, 수당, 보조금 형식으로 가족의 현금 지불을 가능케 하며 이를 독려 한다.[8] 미국의 각 가정에서 남반부의 저개발 국가 출신의 이민자 육아 도우

---

7   N. Yeates, "Global care chains : A state-of-the-art review and future directions in care trans-
     nationalization research", *Global Networks*, Vol.12 No.2, 2012, pp.135~54.

8   F. Williams & Gavanas, A.. "The intersection of childcare regimes and migration regimes : A
     three-country study", In H. Lutz & J. W. Goethe eds., *Migration and Domestic Work : A Euro-
     pean Perspective on a Global Theme.* Burlington, VT : Ashgate, 2008, pp.12~28.

미 고용을 선택하는 것은 육아에 대한 국가 지원이 부재한 현실의 직접적 결과로 비추어 진다.[9] 1980년대 이후, 캐나다 가정에서 초국가적 이민 노동자(곧, 필리핀인 유모)들은 충족되지 않은 육아수요에 캐나다 정부의 대응이 크게 작용 했다.

육아제도와 이민제도의 접점을 논의하면서, 윌리엄은 육아 노동자의 수요에 지리적 중심성과 제도적 힘을 강조했다. 육아 서비스의 상품화와 국제 육아(돌봄) 시장은 국가가 사회 비용지출을 삭감하고 육아 이민을 사회 정책에 통합시켰다.[10] 그러나 육아노동자들의 국제 이민 방향과 역학은 국가를 초월한 육아 서비스의 수요와 공급의 단순한 결과가 아니라 북반구와 남반구 사이에 불공평하게 배분된 정치경제적 권력의 산물이다.[11] 남반구 국가들의 관점에서, 이민과 육아의 접점은 '가족들이 내부적이든 초국가적 이민을 통해서든 재구성 압력을 받는' 지역 육아 시스템을 만들어낼 수 있다는 것이다.[12] 호치스차일드는 아직 공평하지 않은

9   M. Kilkey, H. Lutz, and E. Palenga-Möllenbeck, "Introduction : Domestic and Care Work at the Intersection of Welfare, Gender and Migration Regimes : Some European Experiences", *Social Policy and Society*, Vol.9 No.3, 2010, pp.379~84 : A. R. Hochschild, "Global care chains and emotional surplus value", *On the edge : Living with Global Capitalism,* In W. Hutton & A. Giddens eds., London, 2000, pp.130~146 : Cape, Jonathan. R. Parreñas, *Servants of Globalization : Women, Migration, and Domestic Work.* Stanford : Stanford University Press, 2001.

10   F. William, *Claiming and Framing in the Making of Care Policies : The Recognition and Redistribution of Care.* Geneva : United Nations Research Institute for Social Development, 2010a : "Migration and care : Themes, concepts and challenges", *Social Policy and Society*, Vol.9 No.3, 2010b, pp.385~396.

11   D. Sainsbury, "Immigrants' social rights in comparative perspective : Welfare regimes, forms in immigration and immigration policy regimes", *Journal of European Social Policy,* Vol.16 No.3, 2006, pp.229~44 : Y. Yeates, "A global political economy of care", *Social Policy & Society*, Vol.4 No.2, 2005, pp.227~234 : F. Williams, "Toward a transnational analysis of the political economy of care", In R. Mahon & F. Robinson eds., *Feminist Ethics and Social Policy : Towards a New Global Political Economy of Care* Toronto & Vancouver : UBC Press, 2012. pp.21~38.

12   S. Razavi, "Rethinking care in a development context : An introduction", *Development and*

육아 서비스 상관관계의 전형적 연결회로를 설명 한다. 그리고 '자신의 형제자매를 돌보는 가난한 가정의 성년 딸과 부유한 국가에서 한 가족의 아이를 돌보는 이민자 유모의 자녀를 돌보는 그녀의 엄마'로 구성되는 '글로벌 케어 체인global care chain' 개념을 도입했다. 본래 이 개념이 유급과 무급의 육아 노동을 포함한 것이기는 하지만[13] 급료를 받지 않는 초국가 적 육아들은 무시되는 경향이 있다. 그러나 '초국가적 가족'이라는 최근 두드러진 연구 분야에서[14] 친족 기반 돌봄(다른 표현으로 아동과 노인 모두) 이 주의를 끌기 시작하고 있다. 예컨대 오스트레일리아 이민자들의 육아 관련 생각과 관습에 대한 초국가적 이민이 끼치는 영향 연구에서 발다사르, 발독, 윌딩은 다양한 제도적, 개인적 제약에도 불구하고(곧, 이민 정책, 고용 상태, 수입) 지리적 거리가 다양한 인종-문화적 배경을 가진 이민자들이 본국에서 자신의 부모를 돌볼 책임의 완수를 가로막지 못한다는 것을 발견했다. '거리와 국경을 초월하여 돌봄과 지원을 교환하는 것'을 통하여(방문, 송금, 선물, 전화 등의 형태로) 새로운 형태의 가족, 즉 초국가적 가

Change, Vol.42 No.4, 2011, pp.873~903.

13 A. R. Hochschild, "Global care chains and emotional surplus value", In W. Hutton & A. Giddens eds., *On the edge : Living with Global Capitalism*, London : Jonathan Cape, 2000, pp.130~146.

14 L. Baldassar, C. Baldock, & R. Wilding, *Families caring across borders : Migration, aging and transnational caregiving*. Basingstoke : Palgrave Macmillan, 2007 : H. Goulbourne, T. Reynolds, J. Solomos & E. Zontini, *Transnational Families : Ethnicities, Identities and Social*. London, Routledge, 2007 : p.Landolt & W. W. Da, "The spatially ruptured practices of migrant families : A comparison of immigrants from El Salvador and the People's Republic of China", *Current Sociology*, Vol.53 No.4, 2005, pp.625~53 : M. L. S. Lie, "Across the Oceans : Childcare and Grandparenting in UK Chinese and Bangladeshi Households", *Journal of Ethnic and Migration Studies*, Vol 36, 2010, pp.1425~43 : J. Treas, & S. Mazumdar, "Caregiving and kinkeeping : Contributions of older people in immigrant families", *Journal of Comparative Family Studies*, Vol 35, 2004, pp.105~122 : J. Treas, *Transnational older adults and their families*. Family Relations, Vol 57, 2008, pp.468~478.

족이 탄생했다.[15]

현대의 세계화의 맥락에서, 초국가적 가족은 대개 통신과 교통기술의 발전에 의하여 촉진된 새로운 가능성으로 개념화되었다. 그러나 초국가적 가족의 유대를 유지하려는 이민자의 욕구는 종종 다양한 전통적 규범 (혈통 보존, 자녀 양육, 세대 간 통합, 문화 학습, 노인 돌봄)이 영속화되고 자원(즉, 문화적, 정서적, 경제적)이 세대에 걸쳐 교환되는 중요한 제도로서 가족을 바라보는 것을 선호하게 한다.[16] 더욱이, 비판적 관점에서 볼 때, 이민자들의 초국가적 가족의 구현은 또한 이민자가 국내에서 개인과 그들의 가족이 경험한 사회적, 경제적, 문화적, 정치적 제약과 기회를 반영한다.[17] 예를 들면, 19세기 후반에서 1970년대까지 한 중국인 가족의 초국가적 이력 연구에서 리우는 초국가적 가족의 삶이 중국에서의 사회적 불안과 미국에서의 적대적인 인종적 환경에 대응으로서 2대 또는 3대 가족이 중요한 하나의 사회적 존재 형태가 된 점을 발견했다. 동아시아 이민자 사회(중국과 한국 포함)와 특히 북미에서 고학력 부유한 이민자들에서 관찰되는 기러기 가족astronaut family 현상 역시 가족의 집단적 이익을 극대화하는 가족지향적 전략을 제시한다. 여기서 집단이익이란 이민 국가에서 자녀교육 기회를 보장받고 본국에서 더 나은 고용과 사업 기회 향유를 의미한다.[18]

---

15 Ibid., p.14.

16 J. Mason, "Managing Kinship over Long Distances : The Significance of the 'Visit'", *Social Policy and Society*, Vol 3, 2004, pp.421~429 : J. Treas & S. Mazumdar, "Caregiving and kinkeeping : Contributions of older people in immigrant families", *Journal of Comparative Family Studies*, Vol 35, 2004, pp.105~122.

17 J. Dreby, & T. Adkins, "Inequalities in transnational families", *Sociology Compass*, Vol.4 No.8, 2010, pp.673~689.

18 N. Abelmann, N. Newendorp, & S. Lee-Chung, "East Asia's astronaut and geese families : Hong Kong and South Korean Cosmopolitanisms", *Critical Asian Studies*, Vol.46 No.2, 2014, pp.259~286 : L.N. Chiang, ""Astronaut Families" : Transnational Lives of Middle-class

이것이 초국가적 돌봄의 로컬리티(곧, 국가가 특정 유형의 초국가적 불안정성을 대면하는 상황에서 공간적으로 정의된 관계)를 무시하지만 본 논문은 결코 육아 노동자를 포함하는 이민자들과 파열된 부모관계를 포함하여, 공간적으로 조각난 가족구성원 간에 널리 수용된 제도를 채택하지 않는다.[19] 더욱이, 이민을 받아준 국가에서 성인 이민자 자녀와 재결합이 가능한 노년 부모들은 새로운 국가에서 그들 자녀와의 관계가 변화를 포함하여 여러 곤경에 처한다. 란돌트는 캘리포니아에서의 대만과 홍콩의 중산층 이민자 가족 연구에서 이민자 성인 자녀들은 부모 공양을 실천할 수도 실천할 의사도 없음을 발견했다. 대신, 그들은 노인 돌봄 노동자 고용으로 부모에 대한 의무를 떠넘기며 효도라고 생각했다.

미국 내 한국 노인 연구 역시 노인들이 자신들의 가족 간에 긍정적인 세대 관계를 유지하려면 자녀의 효도 의무 기대를 낮추어야 했다는 것을 밝혀냈다.[20] 가족이 어느 정도 국제 이민의 맥락에서 노동력의 사회적

Taiwanese Married Women in Canada", In : *Social and Cultural Geography,* Vol 9, 2008, pp.505~518 : Y. J. Lee, & H. Koo, "'Wild geese fathers' and a globalised family strategy for education in Korea", *International Development Planning Review,* Vol.28 No.4, 2006, pp.533~553 : A. W. Shik, "Transnational Families : Chinese-Canadian Youth between Worlds", *Journal of Ethnic and Cultural Diversity in Social Work,* Vol.24 No.1, 2015, pp.71~86.

19 J. K. Bernhard, P. Landolt, & L. Goldring, "Transnationalizing families : Canadian immigration policy and the spatial fragmentation of care-giving among Latin American newcomers", *International Migration,* Vol 47 No.2, 2009, pp.3~31 : p.Boccagni, "Practising motherhood at a distance : Retention and loss in Ecuadorian transnational families", *Journal of Ethnic and Migration Studies,* Vol.38 No.2, 2012, pp.261~77 : J. Dreby & T. Adkins, "Inequalities in transnational families", *Sociology Compass,* Vol.4 No.8, 2010, pp.673~689 : K. M. Zentgraf & N. S. Chinchilla, "Transnational family separation: A framework for analysis", *Journal of Ethnic and Migration Studies,* Vol.38 No.2, 2012, pp.345~366.

20 T. Kauh, "Intergenerational relations : Older Korean-Americans' experiences", *Journal of Cross-Cultural Gerontology,* Vol 12, 1997, pp.245~271 : "Changing status and roles of older Korean immigrants in the United States", *The International Journal of Aging and Human Development,* Vol 49, 1999, pp.213~229.

재생산에 중요한 유연하고 탄력 있는 지원시스템을 제공하지만 이런 초
국가적 가족들(이민을 떠난 가족뿐만 아니라 본국에 남겨진 가족까지)이 세계경
제에서 주요한 제도적 구조로서의 입지를 강화하는 동시에 부식시키는
모순적인 압력에 놓이게 된 연유를 거의 아는 바 없다.[21]

본 연구는 중국-캐나다 간 숙련 이민 가족의 노인들이 시간의 경과에
따라서 담당하는 초국가적 돌봄의 경험을 예시로 삼아 이동성과 로컬리
티 간의 연관 관계를 조명하는, 트랜스내셔널리즘과 트랜스로컬리티 이
론의 분석적 구조 틀에 위치한다. '국경을 초월하고 동시에 두 개의 국가
가 개입되는 사회적 과정'인 트랜스내셔널리즘은 중국과 캐나다 양국에
'이중적 입지'를 둔 이민 가족이 육아 방식의 조건과 경험(불평등 포함)을
변화시켜 온 과정을 이해하는 개념적 렌즈를 만든다.[22] 반면, 여러 측면
을 가진 사회 공간적 관계의 맥락에서 로컬리티에 중점을 두고 대두된
트랜스로컬리티 개념은 유럽 중심과 북반구 중심의 관점을 넘어 초국가
적 돌봄에 대안적 서사를 구성하고 국제와 지역의 이분법 개념을 극복하
려는 전망을 보여준다.[23] 여기서는 새로운 속성과 초국가적 돌봄에 대한

---

21 J. Smith, I. Wallerstein & H. Evers, *Households and the World-economy*. London & New Delhi, Sage, 1984. Y. Yeates, "A global political economy of care", *Social Policy & Society*, Vol.4 No.2, 2005, pp.227~234.

22 p.Levitt, & N. Glick Schiller, "Conceptualizing Simultaneity : A Transnational Social Field Perspective on Society", *International Migration Review*, Vol 38, 3, 2004, pp.1002~1039 : L. Basch, N. G. Glick Schiller. C. S. Blanc, 'Transnational Projects : A New Perspective' and 'Theoretical Premises.' In S. Khagram & p.Levitt eds., *The Transnational Studies Reader : Intersections and Innovations*. New York : Routledge, 2008, pp.261~272 : S. Vertovec. *Transnationalism*. New York : Routledge, 2009 : T. Tsuda, "Whatever Happened to Simultaneity? Transnational Migration Theory and Dual Engagement in Sending and Receiving Countries", *Journal of Ethnic and Migration Studies*, Vol.38 No.4, 2012, pp.631~649.

23 U. Freitag & A. Achim, Oppen, 'Introduction : Translocality : An approach to connection and transfer in Area studies.' In U. Freitag & A. Von Oppen eds., *Translocality : The study of globalising processes from a Southern perspective*. Leiden : Brill, 2009, Vol.4, pp.1~21 : C. Greiner, &,

연구 문헌에서 거의 찾아볼 수 없는 속성으로서 트랜스로컬리티가, 1990
년대 이후 국제 이민 연구에 통합되어 왔기에 상대적으로 정보가 풍부한
트랜스내셔널리즘보다 훨씬 상세하게 설명될 것이다.

트랜스내셔널리즘 이론의 맥락에서, 국제 이민은 A지점에서 B지점으
로의 단순 이동이 아니라 정착으로 끝나는 사건이다. 이민은 이민자의
본국과 이민국에 대한 동시적 개입에 연관된 평생 사업이다.[24] '사회의
컨테이너 이론', 곧 국가적으로 제한된 사고에 도전하면서 레빗과 글릭
실러는 초국가적 사회관계를 초국가적 이민 연구의 중심으로 삼았다. 이
들은 '이민자들이 이동하는 자와 남는 자 모두를 포용하면서 종종 다층
적 다중위치에 존재하는 초국가적 사회 영역에 끼워'지기에 그렇다.[25]
트랜스내셔널리즘이 종종 비제도권적 행위자(즉, 사회 이동 수단, 지역 사회,
가정, 개인)에 관심 탓에 '아래로부터의 세계화'(대^對 '위로부터의 세계화')로
비추어 짐에도 불구하고, 이 이론적 관점은 또한 국가를 사회 조직의 자
연스러운 기본 범주로 취급한다.[26]

돌봄 서비스 부족 현상과 부유한 북반구 국가들과 가난한 남반구 국가
들 간에 글로벌 케어 체인의 사회적 비용의 불균등한 분배의 비대칭적

    P.Sakdapolrak, "Translocality : Concepts, applications and emerging research perspectives",
    Geography Compass, Vol.7 No.5, 2013, pp.373~384.

24 p.Levitt, & N. Glick Schiller, "Conceptualizing Simultaneity : A Transnational Social Field
    Perspective on Society", *International Migration Review*, Vol.38 No.3, 2004, pp.1002~1039 :
    S. Vertovec. *Transnationalism*. New York : Routledge, 2009 : T. Tsuda, "Whatever Happened
    to Simultaneity? Transnational Migration Theory and Dual Engagement in Sending and
    Receiving Countries", *Journal of Ethnic and Migration Studies*, Vol.38 No.4, 2012, pp.631~
    649.

25 Ibid., p.1003.

26 p.Levitt & N. Glick Schiller, "Conceptualizing Simultaneity : A Transnational Social Field
    Perspective on Society", *International Migration Review*, Vol.38 No.3, 2004, pp.1002~1039.

지리적 해법을 고찰하면서, 윌리엄은 '불공평한 국제 육아 서비스의 상호 의존적 관계가 개인적 상호 의존성의 불평등 관계로 번역되었다'고 주장한다. 육아 서비스를 세 가지 수준 — 미시(개인적 경험), 중간meso(국가 또는 초국가적 대응), 거시macro(국제 정치 경제) — 로 분해하면서, 윌리엄은 초국가적(세계적임의 반대) 접근법이 특히 글로벌 케어 체인의 중간/거시 관계에 유용성을 강조한다. 그러므로 국제 사회 정의의 추구에서, 국가 정책 입안자들은 '대개 국가 상태에 영향을 미치는 사람, 장소, 기관 사이의 연결, 유대, 과정'을 인식하고 국가와 시민들을 넘어서는 정책적 영향을 고려해야 한다.[27]

'트랜스내셔널리즘' 위에 구축된 트랜스로컬리티의 개념은 '국경 초월의 다양한 다른 차원 — 이를 테면 로컬-로컬 협상, 사회 공간적 구성, 초 지역적 상상 — 에 집중함으로써 분석의 초점을 국가 상태의 한계' 너머로 확장 한다.[28] 이것은 또한 꼭 지리적 위치만이 아니라 보다 중요한, 상이한 지역에 걸친 동시적 존재성 또는 이동 중의 위치구속성situatedness에 해당하는 로컬리티의 주장으로 볼 때, 이것은 트랜스내셔널리즘 보다는 지상에 근거를 두거나 영토화한 개념으로 보인다.[29] 지금까지 다양한 분야의 저자들(즉, 지리학, 문화 연구, 인류학)이 트랜스로컬리티의 상호 연

27 N. Yeates, 'The idea of global social policy' In N. Yeates ed., *Understanding Global Social Policy*. Bristol, UK : The Policy Press, 2008, pp.1~24; Y. R. Zhou, "Toward Transnational Care Interdependence : Rethinking the Relationships between Care, Immigration and Social Policy", *Global Social Policy*, Vol.13 No.3, 2013, pp.280~298.

28 C. Greiner, S. A. Peth & p.Sakdapolrak, "Deciphering migration in the age of climate change. Towards an understanding of translocal relations in social-ecological systems", *TransRe Working Paper* No. 2, *Department of Geography*, University of Bonn, Bonn, 2015.

29 C. Greiner, & p.Sakdapolrak, "Translocality : Concepts, applications and emerging research perspectives", *Geography Compass*, Vol.7 No.5, 2013, pp.373~384.

결된 힘을 이론적 관점으로 식별했다.

첫째, 특정한 로컬리티들과 그들 상호관계에 주의가 장소, 공간, 국경의 역할 보다 세심한 의미의 이해를 가능하게 하였으며 로컬리티의 유의성, 물질성, 독자성을 토론의 장으로 끌어들였다.[30] 예컨대, 초국가적 가족의 맥락에서, 트랜스로컬리티는 성인 자녀의 이민이 어떻게 가정과 가족을 여러 지역에 존재하는 구조로 변화시키는지와 그들의 생계와 관계를 국경에 걸친 다양한 형태의 연관을 통하여 어떻게 여러 지역에 뿌리를 내린 것으로 변형시키는지 이해를 돕는다.

둘째, 로컬리티가 다중규모적, 사회 공간적이며 시공적 역학의 생성물이라는 것을 볼 때, 초지역적 관점은 한편은 이동성, 이동, 흐름과 연관된 유동성fluidity과 불연속성discontinuity의 혼합개념, 다른 면은 특정 환경에서 고정성fixity, 현실성groundedness, 위치구속성situatedness의 개념을 추구 한다.[31] 이런 복잡한 접점은 또한 이동성과 지역성 간의 긴장을 드러낸다. (곧, 대립, 초월, 분리, 붕괴) 달리 표현하면, 세계는 붕괴되어, 획일적이거나 외부적인 것이기 보다는 평행적인, 관련된 지역 상황의 중요한 일부이다.[32] 이런 측면에서, 트랜스로컬리티는 보다 덜 선형적이고 보다 공개적이며 포용적인 '다양성의 방식'의 이해를 가능토록 한다. 다양성은 세계가 구성되는 방식이며, 이를 통해서 매우 다른 규모와 유형의 공간 간

---

30 C. Greiner, S. A. Peth & p.Sakdapolrak, "Deciphering migration in the age of climate change. Towards an understanding of translocal relations in social-ecological systems", *TransRe Working Paper* No. 2, *Department of Geography,* University of Bonn, Bonn, 2015.

31 C. Greiner, & p.Sakdapolrak, "Translocality : Concepts, applications and emerging research perspectives", pp.373~384.

32 G. E, Marcus, "Ethnography in / of the world system : the emergence of multi-sited ethnography", *Annual Review of Anthropology*, Vol 24, 1995, pp.95~117.

236 로컬리티의 시간성

의 경계를 초월하고 이를 통해서 공간 간의 '로컬'이 생성 된다.[33]

셋째, 사회공간적 현상의 미시적 수준과 로컬 대 로컬의 역학을 강조하는 반면, 이 이론은 국가 상태의 압도적 구조로부터 거리를 두고, 토착의 역사, 문화, 삶과 정서의 구조에 대한 서구인의 가정에 역행하는 서사생산이 가능하다.[34] 더릭의 지적처럼, '초국가적임'과 다른 '초지역적임'이란 단어는 우리를 국가와 문명의 개념영역으로부터 장소에 대한 다른개념영역으로 이동시킨다. 지배하는 북반구와 경제중심주의적 활동과서사에 도전하는 대안적 국제성을 만들어 내는 것에 더하여, 이 관점은또한 행위자와 생계가 여러 지역에 뿌리를 내리는 것으로부터 발생하는실제적 가능성(곧, 대처하기, 자원에 대한 접근, 저항)을 시사한다. 예로서, 이민자와 남겨진 자 모두 똑같이 초지역적 전략의 활용이 가능한 생계 수단에 대한 선택 사항과 멀리 떨어진 장소의 자원에 접근(물질적과 비물질적모두)을 통한 기회의 폭을 넓힐 수 있어서 지역이나 미시적 맥락에서 국제시장이 제기한 제약을 극복하는 것이 가능하다.[35]

---

33 U. Freitag & A. Achim von Oppen, 'Introduction : Translocality : An approach to connection and transfer in Area studies.' In U. Freitag & A. von Oppen eds., *Translocality : The study of globalising processes from a Southern perspective*, Leiden : Brill, 2009, Vol.4, pp.1~21.

34 A. Appadurai, *Modernity al large : Cultural dimensions of globalization*(Vol. 1). Minneapolis & London : U of Minnesota Press, 1996. Y-H. Lee, "Toward 'Translocal' Solidarities : The 'Comfort Women' Issue and the Spatial Politics of Resistance" *Localities*, Vol 5, 2015, pp.159~169 : L. Ng, "Translocal Temporalities in Alexis Wright's Carpentaria", In M. Munkelt, M. Schmitz, M. Stein, & S. Stroh eds., *Postcolonial Translocations : Cultural Representation and Critical Spatial Thinking*, Leiden : Brill, 2013, pp.109~126.

35 A. Benz, "Mobility, multilocality and translocal development : Changing livelihoods in the Karakoram", *Geographica Helvetica*, Vol.69 no.4, 2014, pp.259~270 : D. McKay & C. Brady, "Practices of place-making : Globalisation and locality in the Philippines", *Asia Pacific Viewpoint* Vol.46 No.2, 2005, pp.89~103.

3. 초국가 또는 트랜스 로컬적 돌봄의 사례연구

이 섹션은 중화인민공화국에서 캐나다로 이동한 조부모가 실행한 초국가적 돌봄 사례를 집중적으로 살펴본다. 이들은 숙련된 이민 부모, 특히 엄마가 적극적으로 노동시장에 참여하여 정착 속도를 높이고자 육아를 떠맡았다. 제시된 데이터는 개인들을 심층 면접하여 수집했다. 여기에서 인터뷰 대상인 개인들에는 캐나다에서 손자와 손녀의 육아를 책임지는 36명의 중국인 조부모과 캐나다에서 자녀양육을 돕는 부모나 시부모가 있거나 조부모의 도움을 요청할 것을 고려하는 34명의 숙련된 중국 이민 여성이 포함된다. 이들 가운데 31명은 여성이고 5명은 남성이다. 연령미상의 한 명을 제외하고 평균연령 64세였으며 54~77세의 연령 분포를 보였다. 이민 상태는 '캐나다 방문 비자 보유자'(27 / 36, 영주권을 신청한 12명의 조부모 포함)와 '캐나다 영주권자'(7 / 36), '귀화한 캐나다 시민'(2 / 36)으로 구분되었다. 5명은 공공재정 운영 양로원에 살고 12명은 자녀와 손녀, 손자와 공유 임대 아파트, 다른 19명은 자녀 소유 집이나 아파트에 살았다.

모든 이민자 엄마는 27~43세의 기혼여성이었다. 교육 상태는 '전문대졸'(5 / 34), '학사학위'(15 / 34), '석사학위'(6 / 34), '박사학위'(1 / 34), '박사과정 학생'(7 / 34)으로 나뉘었다. 14명의 여성만이 현재 고용 중이고, 대학에서 학업 중(10 / 34)이거나, 실업상태(9 / 34), 출산휴가(1 / 34) 중이었다. 7명은 2명의 자녀, 3명은 3명의 자녀, 24명은 한 명의 자녀를 두었다. 자녀 연령은 5개월에서 13세로 평균은 4.5세였다.

1) 중국 대 캐나다 – 격차, 변화, 그리고 감각 형성

본 연구에서 인터뷰는, 고국인 중국과 이민 대상국인 캐나다는 참여자들의 대화 구조와 감각 형성에 이중적 참조 대상으로 활용되었다. 캐나다를 더 많은 기회를 가진 부유한 국가로 보면서, 숙련된 이민 여성은 그들이 '더 나은 삶을 추구하고', '자기 계발을 위한 더 큰 공간을 찾으며', '아이들의 교육을 위하여' 왔다고 설명했다. 중국에서 조부모 특히 작은 마을의 노인들에게 자녀들의 캐나다 이민은 하나의 성취이자 가족의 명예로 여긴다. 일부 참가자들은 두 국가 간의 격차 인식을 시간적 맥락에서 생생하게 설명했다. '내 아이가 2001년 캐나다로 이민을 했을 때, 그들이 말하길 중국은 사실 캐나다보다 50여 년 정도 뒤쳐졌다더라고요', '결국, 캐나다는 선진국이잖아요, 중국이 따라잡으려면 수십 년이 걸릴 거예요'(강조 추가) 그들은 또한 캐나다 입국비자를 얻는데 존재하는 다양한 장애들과 그들에게 부과된 시간적 제약을 포함해서 제한적이며 차별적인 국경 통제 정책을 두 국가 간의 발전 수준 차이 탓으로 돌리는 경향이었다. 한 할머니가 말한다.

> 우리 모두는 왜 그렇게 비자 얻기가 어려운지를 궁금해 했습니다. (…중략…) (비자 발행 사무국)은 우리에게 은행 입·출금 내역서와 주택 소유 증명서와 같은 것들을 요구했어요. 캐나다 측은 우리가 중국이 상대적으로 가난하기 때문에 캐나다에 체류하려 하는 것인지를 궁금해 했는데 우리가 상대적으로 가난한가요? 하지만 그들은 우리가 자녀들을 그렇게 사랑하는 것을 이해하지 못했어요. 우리가 원하는 것은 캐나다에 사는 것이 아니라 우리 애들입니다.(GM30, 65세)

그러나 지난 10여 년 동안 중국의 빠른 경제 성장과 중국의 숙련공 이민자들의 꾸준한 캐나다 사회 내에서 신분의 하향 이동은 많은 인터뷰 참가자들의 발전 격차에 대한 원래의 이해를 점차 변화시켰다. 일부 조부모들은 캐나다의 큰 도시 내 편의시설(곧, 지하철과 건물)이 중국과 비교하여 원시적인 것 같아 보이며 캐나다에서의 작업 속도(예컨대, 건설과 고객 서비스)가 중국보다 느린 것 같다고 보았다. 그들의 형제자매들을 비교하거나 자신의 발전과 중국 동료들의 경력 개발 상황을 비교하면서, 숙련된 이민자 어머니는 종종 캐나다에서 재출발로 감당했던 수고 탓에 전문적 이력 성취가 지연되거나 심지어 중단되었다고 후회했다. 캐나다에서의 재출발은 영어공부에 캐나다의 자격증을 따고, 경험을 얻고자 노력하고, 가족의 경제적 생존을 자기계발보다 우선시하는 것들을 포함한다. 그러나 캐나다에서 지낸 몇 년이 전문적 이력과 경제적 부의 축적에서는 손실이었다고 느끼면서도 대부분의 이민자 어머니들은 귀국이 비현실적이라고 느낀다. 이것은 부분적으로 그들의 이전 지위가 사라진 지 오래되어 중국에서도 재출발해야 하기 때문이었다. '잃어버린 시간'에 대한 생각을 일부 할머니들은 다음과 같이 설명했다.

> 캐나다에서 내 맏딸의 삶은 캐나다에서 사는 동생의 삶보다 훨씬 낫습니다. 나이든 아이는 지금 큰 회사의 재무담당 최고책임자이고 그 아이의 남편은 중간직급 공무원이에요. 그 애들은 월급도 많이 받고 차와 집도 있죠. 하지만 어린 딸애(캐나다)는 아직 경력을 쌓아야 하는 어려운 시기를 보내고 있죠. 나는 그 아이의 가족에 대해 계산을 해 보았어요. 동생이 언니가 현재 캐나다에서 누리는 삶의 질을 따라잡으려면 최소한 10년은 걸릴 거예요. (GM19, 69세)

중국에서의 주거는 우리 아이들과 같이 높은 교육을 받은 이들에겐 문제가 아닙니다. 내 사위는 이미 이민 전에 박사학위를 땄고 내 딸도 중국에서 매우 좋은 직업을 가지고 있었죠. 지금까지 그들(캐나다에 있음)은 8~9년 정도 캐나다에 살았어요. 하지만 그 애들이 빌린 이 아파트를 보세요. 솔직히 그 애들의 삶은 중국에서만큼 좋지 않아요.(GM35, 55세)

그럼에도 불구하고 많은 인터뷰 참가자들이 캐나다를 '살기 좋은 곳'으로 인식했고 중국보다 '아이들 양육에 좋은 곳'으로 꼽았다. 이것은 뛰어난 자연 환경과 사회복지시스템 때문인데 일반적인 사회 환경이 덜 경쟁적이고 더 평등한 것으로 평가되었으며 그 외에도 많은 요인들이 있었다. 비교하자면, 중국은 급변하는 사회 경제적 변화와 관련하여 '바쁘고', '경쟁적'이며, '부패의 정도가 심하고', '스트레스'가 많다고 묘사되었다. 잠시 동안 캐나다에 살아 본 일부 참가자들 역시 캐나다 사회의 더 느린 속도의 삶을 장점으로 재해석을 시작했는데, 이는 캐나다에서의 삶이 진정으로 조급하지 않고 삶을 즐기며 대부분의 중국 사람들이 아직 영위할 형편이 안 되는 삶이기 때문이다. 캐나다에서 자신들의 자녀의 미래를 그들의 이주 경험에서 핵심적 균형 요인이라고 언급하면서 일부 이민자 어머니들은 정착 과정이 일시적일 것이며 그들의 자녀들이 똑같은 정착 과정(예, 해외로 나가서 다시 시작하는 것)을 겪게 하지 않을 것이라고 강조했다. 이런 측면에서, 그들은 장기적으로 자녀들의 시간을 절약하고 있다고 인식했다.

2) 두 국가에서의 한 가족─국경, 관계의 변화, 그리고 분리

정착 과정 중의 여러 어려움들, 예를 들면 고용, 경제적 생존, 문화 변용 때문에 종종 중국의 숙련된 이민자 가족들은 경력 추구와 가족에 대한 책임 사이의 충돌과 직면한다. 질 좋은 육아 서비스에 접근 문제를 인식하면서 많은 가족들이 자녀 양육에 도움을 받고자 부모를 초청하는데 이것은 크게 다음의 두 가지 이유에서 비롯한다. 첫째, 은퇴 노인들은 상대적인 시간 여유가 있다는 것, 둘째, 이민자 부모와 어린자녀들의 분리를 피하기 위해서이다. 첫 번 단계인 비자 신청 과정은 통상 매우 복잡하고, 제한적이며, 차별적이고 고비용이라고 인식된다. 그들은 신체검사 통과가 필수이고 캐나다에 불법 체류 의사 부재를 입증하고자 여러 종류의 증거를 제시해야 한다.(예, 공증된 은행 입출금 내역서와 증거자료 혹은 주택 소유증명서 등) 비자 발급 거절을 걱정하거나 실제 경험을 겪는 것은 '하나의 가족이 두 국가에 살고 있다'는 점 때문에, 그들의 국경에 대한 감각과 분리감을 재강화 했다. 이것은 아래와 같이 다시 자세히 설명 된다.

우리는 중국의 도시 W에 산다. 하지만 비자를 신청하기 위해서 베이징까지 가야만 했다. 신청을 하고 다시 우리의 도시로 돌아와 결과를 기다렸다. 이것은 매우 불편한 일이었다. TV 1에서 나는 항상 서양인들이 어디로 가고 싶을 때 그 냥 비행기 표를 사는 것을 보아왔다. 그것은 마치 내가 중국 내 다른 도시에 살고 있는 아들을 보러 가는 것과 똑같았다. 표를 사면 갈수 있는 것이다! 하지만 중국인이 캐나다로 가는 것은 확실히 이런 경우는 아닌 듯하다. 우리는 이곳에 자녀의 육아를 돕기 위해 왔고 바로 그 아이는 캐나다 시민이다! 그래서 나는 왜

우리[조부모로서]가 이런 식으로 대우를 받는지 모르겠다.(GM30, 65세)

도착하자마자, 노인들은 훨씬 빠른 속도의 삶에 즉시 적응해야 했다. 아이들의 나이에 따라, 그들의 작업량은 다양했다. 어떤 이들은 완전히 하루 종일 육아를 전담하여 아이의 엄마들을 직장이나 학교로 출근시키는 반면, 다른 이들은 주로 캐나다에서 제공하는 육아 서비스가 끝난 이후의 손자와 손녀를 돌본다. 배우자와 함께 온 이들은 육아와 가사를 나누는데 어떤 이유든 홀 노인들은(예, 그들의 배우자가 직장이 있거나 중국에 다른 자녀의 육아 약속이 있는 경우) 종종 신체적 피로를 경험한다. 노인들은 대개 자녀 가족에 그들의 기여가 캐나다 정착을 앞당기는 것을 돕는 방법으로 본다. 노인들은 의미 없는 가사 노동을 하지만 자녀들은 절약한 시간을 경력 개발이나 자녀와 보내는 시간으로 활용할 수 있다고 생각한다. '그래서 내가 두 손자들을 잘 돌본다면', 63세의 할머니가 말한다. '내 딸은 마음에 평화를 얻게 되고 일에 집중하여 장래 더 나은 삶을 살 것이다.'

조부모의 도착은 또한 이민자의 핵가족을 3대 가족으로 변모시킨다. 어떤 이들은 새로운 삶의 방식에 만족하지만, 다른 이들은 좁은 주거 공간 거주, 시부모와 갈등, 문화와 연령 차이에서 의사소통 문제 같은 난관에 대처해야 한다. 일부는 전통적 부모의 권위자 역할을 맡으려 시도하지만 저항에 직면한다. 예컨대, 딸의 직업과 부부관계에 간섭의 부정적 영향을 경험한 65세의 할머니는 마침내 캐나다에서 노인으로 사는 법을 배워야 함을 깨달았다.

많은 이들이 성인 자녀와 불충분한 의사소통으로 소외감이나 이질감을 느끼는데, 이는 노인들이 외부 세계와 상호작용에 제한이 있다는 사실과 더불어 노인의 고립감을 악화시켰다. 어떤 이들은 '(세가지의 무엇이 아닌 정체성three nots identity)'이란 새 단어로 농담한다. 이 단어는 자녀의 집에서 육아 담당 노인들 사이에서 회자되는데 조부모는 주인도 아니고(그들이 가족에 대한 결정을 내리지 않기 때문에), 손님도 아니며,(그들은 육아 노동과 가사 노동을 하기 때문에) 하인도 아니다.(그들은 급료를 받지 않기 때문에) 자세한 사항은 아래에서 설명한다.

가끔 가족들이 어떤 일에 대해 서로 대화를 하지만 나는 이런 대화에 끼는 것이 어렵다는 것을 느낀다. 가족들은 자신들의 세계에 대하여 이야기를 하는데 나는 이방인인 것과 같다.(GM18, 64세)

(내 아이의 가족)은 나에게 잘 대해 주지만 나는 그들의 삶에 복종해야 되는 느낌이다.(GM21, 73세)

나는 캐나다에서 아웃사이더처럼 느껴진다. 내 아이들은 지금 캐나다인이고 나는 단지 그들을 방문하는 손님이다.(GM30, 65세)

자녀와의 관계가 변함에도 불구하고, 모든 노인들은 손자, 손녀와 보내는 시간이 영적으로 풍부해지는 시간이라고 69세의 한 할머니는 설명한다.(GM24) '나는 손주들과 있을 때, 보다 천천히 나이를 먹는 것처럼 느낀다.' 많은 노인들이 불확실함을 표현하며 심지어는 그들의 캐나다 방문 비자에 부과된 시간 제약에 불안을 표현한다. 비자 갱신이 거절되면 노인들은 귀국해야 하고 육아를 맡을 이가 나타나지 않으면 어떤 노인들은 손자손녀들을 데리고 본국으로 귀환한다. 36명의 조부모 가운데 26명이 육아를 위해 한 번 이상(2번에서 4번까지) 캐나다에 왔는데 이는 비자의 유효기간 제한 탓이다. 슬프게도 이들이 손주들과 2, 3년 동안 떨어져 지낸 뒤, 한 때 자신들이 돌보았던 아이들과 중국어로 의사소통이 어렵다는 것을 발견하는 일은 드물지 않은 일이다.

4. 효도, 파괴된 시대적 상호성

부모는 자녀를 사랑하고 자녀는 부모에게 효를 행한다上慈下孝, shang ci xia xiao는 중국의 고사성어를 인용하면서 노인들은 종종 효도를 단순하게 부모를 사랑하고 돌보는 것이 자녀의 책임이라고 보지 않고 매일의 삶 속에서 시간이 만들어낸 세대 간의 상호성의 연속으로 본다. 많은 이들이 효심을 기르는 것을 전통적인 다세대 가족에서 기인한다고 생각한다. 예를 들어, '네 명의 자녀 중 세 명은 할머니가 길렀어요 그래서 그 애들은 어려서부터 어른을 공경하는 법을 잘 배웠죠' 그리고 '내 딸은 매일 내가 나의 어머니를 어떻게 돌보는지를 보며 성장 했어요.' 이런 이유로 육아를 도와달라는 자녀들의 부탁을 받을 때, 연구 대상이었던 노인들 중 어느 누구도 캐나다에 오지 않는 것을 선택요소로 생각하지 않았다. 이는 '내 아이를 도와주고 싶은 억제할 수 없는 충동' 때문에 자녀를 도와주지 못하면 죄책감이나 갈등이 일어난다. 예로서, 65세의 은퇴한 중국인 의사는 캐나다로 온 뒤 상실감에도 불구하고, 자신의 딸이 자신보다 더 중요하고 딸이 캐나다에서 더 나은 삶을 살 수 없다면 자신도 행복할 수 없기에 가치 있는 희생이라고 자기설득에 노력했다. 초국가적 육아는 또한 노인들에게 그들의 '어버이로서의 사랑'과 '조부모로서의 사랑'을 충족시킬 기회로 여겨졌으며 가족의 개념을 포함하여 중국 문화를 어린 세대들에게 가르칠 기회로 여겼다. 어떤 조부모들은 다음과 같이 말한다.

> 나의 할머니는 우리를 돌봄으로 나의 어머니를 도왔다. 그리고 나의 어머니는 내 자녀를 돌봄으로 나를 도왔다. 이것은 세대에서 세대로 이어지는 것이다. 나는 이것이 가족의 의미라고 생각한다. (GM28, 61세)

> 중국에서는 ge dai qing(세대간 내리 사랑)이라는 말이 있다. 즉, 부모는 자신의 사랑을 자신의 자녀들을 사랑했던 방식대로 그들의 손주에게 넘겨준다는 것이다. (…중략…) 이것이 내가 우리 부모로부터 배운 중국의 전통이다. (…중략…) 나는 나의 아이들과 손주들의 삶에 기여하고 싶다. 이는 나를 매우 행복하고 자랑스러우며 만족스럽게 만든다. (GF25, 60세)

그러나 노인들은 자기 자녀들이 효도의무나 은혜를 갚는 일에 그다지 열의를 내지 않는 것으로 보였다. 그들은 세대 간 관계의 변화와 3대 가족의 일시적 속성 인식으로 이를 합리화하는 경향이었다. 그들은 다음과 같이 말했다. '내 아이의 가족이 그럴 생각이 있다 해도 그런 생각을 실행에 옮길 때 필요한 물질적 자원이 부족하다', '경제적 생존이 현재 아이들의 최우선 순위다. 그러니 효도 할 생각이 있는 것만으로도 충분하다', '변한 것은 아이들이 아니라 환경이다.' 숙련된 이민 여성들은 그들의 부모에 대한 효도를 떠올리면서, 장기간의 정착을 위한 노력과 세대 관계의 상이한 규범 그리고 캐나다에서의 노인 돌봄을 생각할 때, 그들의 자녀들이 자신들에게 똑같이 행하길 기대하지 않는다고 말하였다. 대신, 그들은 같이 살기, 매일의 돌봄, 재정적 지원과 같은 실질적이고 물질적인 면보다 사랑, 돌봄, 행복과 같은 효도의 이상이나 정신적 측면에 주의를 더 기울였다. 어떤 이들은 효도를 다음과 같은 표현으로 재정의했다.

물질적 보상은 필요 없다. 아이들이 나를 걱정하고 나를 생각하는 것으로 충분하다.(GM30, 65세)

아이들의 삶, 경력, 가족이 좋으면 우리도 행복하다. 우리에게 자식이 되어 준 것은 그들이다.(GF26, 65세)

나에게 최고의 보상이란 나의 손자가 잘 자라고, 내 딸과 사위가 그들의 학업에 전념하며, 우리의 가족 관계가 좋은 것이다.(GM09, 연령은 알려지지 않음)

손주들 세대에 대해서 보자면 대부분의 노인들은 그러한 '어린 캐나다인들'이 효도를 할 수 있을지에 대하여 확신을 하지 못하는데 이는 캐나다인 손주들은 그들의 부모들과의 매우 다른 환경에서 성장하였기 때문이라고 생각한다. 캐나다에서의 체류를 정리하면서, 60세의 할머니와 그녀의 67세 남편은 자신들의 딸이 캐나다에서 태어난 손주들이 장래에 딸을 돌볼 지의 여부는 불확실하더라도 필요해지면 중국으로 돌아와 자신들을 돌볼 것이라고 확신하였다. 그들은 또한 손주들이 중국어로 '조부모zhufumu, 祖父母'와 '가족yijiaren, 一家人'의 의미를 이해하는지도 걱정했다. '우리가 같이 살 수 없게 되면 가족은 결국 추상적 단어가 될 거에요.' 그 대신, 일부 조부모들은 가족과 중국인의 정체성에 대한 전통적 개념을 손주 세대에게 영원히 주입하고자 자녀들에게 효도의 의무를 강조한다. 이들은 자녀들이 손주들에게 조부모는 가족의 일부라고 가르치고 (GM24, 69세), 손주들은 중국인의 유산을 기억하고 대가족과 중국어로 말하며 의사소통하기를 희망한다.

1) 노인 돌봄 방법 – 사이의 삶을 항해하기

더 큰 초국가적 이동성과 자녀에 대한 근접성을 확보하기 위하여, 이 연구에 참여한 조부모들의 절반 이상이 캐나다로 이민가거나 이민을 신청했다. 영주권자의 지위는 노인들이 캐나다의 보편적 의료시스템에 접근 가능할 수 있게 된다는 것을 의미했다. 의료시스템의 접근을 통하여 이들은 기본적이지만 중요한 건강을 보장 받을 수 있었으며 예측 불가능한 건강 문제로 자녀의 가족에게 파산을 초래할 공포에서 안심도 가능했다. 어떤 이들은 캐나다에 거주하는 자녀가 형제가 없는 외동 자녀거나, 모든 자녀들이 이민을 갔거나, 고국에서의 삶의 조건이 이상적이지 않아서 이민을 장래에 노인 돌봄에 유일한 선택으로 인식했다. 한 예로서 이민을 선택이 아니라 딜레마로 보는, 남편과 사별한 할머니는 이렇게 설명하였다.

아들은 미국에 있고 딸은 캐나다에 있다. 아들과 며느리가 나에게 이민을 재촉한다. '우리는 어머니가 중국에 계시면 연세가 드셨을 때 모실 수가 없어요. 어머니가 중국의 양로원에서 돌봄을 받으실 수 있다 하더라도 어머니를 찾아뵙고자 그렇게나 멀리 가는 것은 너무 우리에게 불편한 일입니다'. 중국에서의 생활은 불편함이 없다; 내 친구와 자식들이 모두 그곳에 있고 나는 그들이 매우 그립다; 자식 중 하나라도 중국에 남아 있었다면 이민을 신청하지는 않았을 것이다. 그래서 나는 선택의 여지가 없었던 것 같은 느낌이 들었다.(GM10, 65세)

확실히 이민을 고려하지 않는다고 말하는 이들은 중국에서의 생활 여건이 더 나은 경우가 많았고 이민이 캐나다에 있는 자녀들의 삶의 질을 더 떨어트리지 않을지를 걱정했다. 캐나다가 일반적으로 훌륭한 자연환경, 잘 발달된 의료시스템, 뛰어난 생활 여건으로 격찬을 받지만 많은 노인들은 중국에서 연금, 주택, 사회지원 등을 이용할 수 있기 때문에 훨씬 더 독립적이고 자율적인 삶을 살 것이라고 생각했다. 그들의 연금이 환전하면 캐나다에서는 별 가치가 없지만, 중국에서 거주형 돌보미를 구하기에는 충분한 액수이다. 이민 붐 시절에 중국과 세계 다른 국가들 모두의, 특히 대도시 거주 일부 노인들은 '텅 빈 둥지'와 노인 돌봄 서비스 부족을 필수불가결한 경향으로 보았다. 예를 들어 '요즘 (우리 아이들의) 직업상의 스트레스가 너무 많아서 아이들이 우리를 돌볼 시간을 낼 수 있을 것으로 기대하지 않는다.' '내 딸이 나를 돌보고자 직장을 관둘 정도의 효녀라도, 수입 없이 어떻게 생활을 할 것인가?' 한 명은 중국 내 다른 도시에 살고 한 명은 캐나다에 이민을 간 두 명의 자녀를 둔 한 할머니는 더 심도 있게 이렇게 말한다.

내 친구 중 몇몇은 노인 돌봄 서비스 계획에 대하여 이야기를 한다. 우리는 자녀들이 믿을만하지 못할 수 있어서 나이든 친구 몇몇이 서로를 도와주고 같이 도우미를 고용해서 같이 살아야 한다고 느낀다. 이런 방식으로 우리는 자녀에게 부담을 주지 않고 그들도 원하기만 하면 언제나 우리를 방문할 수 있다. (…중략…) 하지만 딸이 캐나다에서 돌아오는 것은 매우 성가신 일이다. 그래서 지금 나는 나중에 나를 돌보러 딸이 돌아올 것이라 기대하지 않는다.(GM30, 65세)

이미 캐나다 이민에 성공한 이들에게도 언어 장벽, 사회적 고립, 주택, 재정적 문제들 때문에 타국에서 생활을 하며 늙어가는 것은 어려운 일이다. 영어를 모르면 노인들이 쇼핑, 대화, 의사 진료받기, 아이들과 손주들의 생활에 좀 더 참여하기와 같은 사소한 일을 성취해내는 것을 어렵게 한다. 따라서 많은 교육을 받은 할머니들도 캐나다에서는 '문맹에, 귀머거리에, 장님'인 것 같은 느낌이 든다. 이런 불편에도 불구하고, 소수의 노인들은 핵가족의 서양식 개념을 점차 수용하고 있다는 사실을 표현한다. '성경에 나와 있듯이, 나는 조부모로서 가족에 추가된 한 사람으로 생각한다' '캐나다에서는 보험이나 복지조차 조부모는 아니고 아이들만 보장해 준다.' 공공양로원에 사는 5명의 노인들 역시 캐나다에서 10년 동안 살게 될 때까지 최소 수입 프로그램인 노령연금을 받는 자격이 되지 않기 때문에 이민자 자녀의 재정 부담(주택임대료와 기타 생활비)을 걱정했다.

일상에서 노인의 제한된 독립성은 가족이 고용 문제로 이사할 때 복잡한 문제를 야기한다. 그들의 자녀들이 직업상의 이유로 미국에 갔을 때 몇몇 노인들은 그들이 사용가능한 의료보험 보장과 사회복지 프로그램

탓에 캐나다에 홀로 머물렀다. '캐나다는 아이들의 천국이지만 노인들에게는 아니다'라는 생각을 가진 몇몇 이민자 노인들은 결국 노인 돌봄 서비스를 받고자 감행하는 귀국이 보다 더 가능성이 있는 일이라고 인식하고 있다. 이들은 고국에서 죽거나 묻히고 싶다는 마음을 표현하려고 자주 다음과 같은 문화적 고사성어를 인용한다.

luo ye gui geng 落葉歸根

나무에서 떨어진 잎이 결국 그 뿌리로 돌아가는구나

5. 돌봄 이주에서 트랜스 로컬의 시간

경제의 세계화와 신자유주의 복지체계 구조조정은 육아에 투입가능한 시간과 육아자원을 공급하는 국가의 역량이나 의지를 포함하여 육아와 돌봄노동을 저해했다. 정착 과정에서, 숙련 이민자 가족들, 특히 이민여성은 종종 캐나다 인들보다 많은 육아 자원을 요구받고 유연성이 떨어지는 경험을 한다. 공공 육아 서비스 공급이 원활하지 못하고 접근이 어려울 때, 가족갈등을 유발하는 여성의 육아 부담은 국제육아(돌봄) 서비스 시장을 통해서 유급 육아노동자에게 옮겨가거나 혈족 관계 가족구성원에게 옮겨 간다.[36] 캐나다로 이주한 중국계 숙련 이주자들은 중국의

---

36 F. Williams, "Markets and migrants in the care economy", *Soundings*, Vol.47 No.8, 2011, pp.22~23 : N. Yeates, "Global care chains : A state-of-the-art review and future directions in care trans-nationalization research", *Global Networks*, Vol.12 No.2, 2012, pp.135~154 : Y. R. Zhou, "Toward Transnational Care Interdependence : Rethinking the Relationships between Care,

전통적 육아 복지 시스템 역할을 수행해 온 확대 가족에게 의지한다.

그러나 주로 남반구 출신 여성이나 친족 노인에게 육아 노동을 맡기는 것은 육아노동의 전통적 재분배에 내재하는 불평등한 정치적, 경제적 육아 관계를 양산했고, 그것의 해결을 모색해 온 국가의 역할을 포괄하며 육아와 정의에 대한 도덕적 문제를 국제적 규모로 확장 한다.[37] 그 결과 이민자와 본국 잔류 가족으로 구성된 국제적 가정이 일상의 생산 현장으로 전환되었고, 그것이 총계적인 경제적 가치를 가지는 바 그 이유는 부분적으로 가족이 지리적으로 분산 되어있는 상태임에도 불구하고 가족 구성원의 경제적, 정서적 상호 의존성을 가지기 때문이다.

유급 육아 노동자가 북반구 국가들의 지원으로 국제 육아(돌봄) 서비스 시장을 통하여 동원되는 반면, 친족 기반의 초국가적 돌봄 방식은, 주로 '가족'과 '가족 의무'라는 문화적 개념에서 동기를 제공받고 이민 대상국 캐나다가 적극 금지하지 않는 한, 구조화 되었다. 정책 담론에서는 친족기반 돌봄의 비가시성과 노인 육아노동자들의 캐나다 사회에 기여도에 체계적 인식 부재로 이들 노인의 불안정한 비자발적인 여행과 분리, 물리적, 정서적 소진, 고립, 불안감, 불확실성의 특징이 소홀히 취급되고 있다. 이민자들이 캐나다 외부에서 친족기반의 돌봄 자원을 동원하는 것은 국가적 지원의 실패가 가족과 초국가적 수준에서 육아의 불평등성과 착취성(성, 연령, 인종을 바탕으로)을 초래함을 드러낸다. 서구 자본주의 국가들은 체계적으로 현대의 핵가족과 임금 노동자 가정을 육성하고 지원

Immigration and Social Policy", *Global Social Policy*, Vol.13 No.3, 2013, pp.280~298.

37 F. Williams, "Toward a transnational analysis of the political economy of care", In R. Mahon & F. Robinson eds., *Feminist Ethics and Social Policy : Towards a New Global Political Economy of Care*, Toronto & Vancouver : UBC Press, 2012, pp.21~38.

하는 반면, 친족 기반 돌봄 자원인 노년들은 무급 육아를 통해 은폐된 방식으로 국제 경제에 통합되었다. 육아 부담이 해외의 조부모들에게 전가될 때, 캐나다의 제한적이며 차별적인 국경 통제 정책은 노령이민자들과 가족의 사회경제적 위험과 불평등을 증가시킬 것이다.

국제 이민은 가족 개인들과 원격 거주 집단 간에 평생 복잡한 상호작용으로 가족에게 큰 영향을 끼친다. 캐나다의 중국인 숙련이민자의 핵가족 뿐 아니라 처음에 중국에 살다가 나중에는 초국가적이며 다 지역 규모로 살게 되는 그들의 나이 든 부모까지 영향을 미치게 된다. 국경은 지리적 분리와 국경횡단과 같은 결과로서 이민자와 가족의 이동성에 영향 끼칠 뿐 아니라 토착 문화 제도인 가족의 구조와 의미를 변화시켰다. 전통적 가족을 여러 지역에 걸친 다 지역적 구조로 변형시키는 것은 이민자 가족의 자녀 육아 준비와 부모의 황혼 노인화로 전환(노인 돌봄 포함)이 발생하는 세대 간 상호성과 지리적인 가족의 근접성과 같은 사회경제적 조건을 유의미하게 변화시켰다.

여러 지역에 뿌리를 내린 가족과 생계의 분열적 속성은 세대에 걸친 상호적 책임을 강조하는 중국의 전통에서 벗어나는 이행을 어렵게 한다. 현대화와 이민은 중국의 도시들과 해외의 중국 이민자들 간에 현금 용돈, 다세대 동거, 돌봄과 같은 효도의 일부 측면을 침식시켰다.[38] 어느 정도는 중국 문화 규범(예, 조부모는 자녀를 도울 의무가 있지만 성인 자녀들은 부모를 돌볼 의무 준수 필요는 없음)의 전략적 관례를 통하여 이민자 가족들은 사실

---

38 p.Lan, "Subcontracting Filial Piety : Elder Care in Ethnic Chinese Immigrant Families in California", *Journal of Family Issues*, Vol 23, 2002, pp.812~835 : E. Lieber, K. Nihira, & I. T. Mink, "Filial Piety, Modernization, and the Challenges of Raising Children for Chinese Immigrants : Quantitative and Qualitative Evidence", *Ethos*, Vol.32 No.3, 2004, pp.24~347.

상 문화의 재창조와 변형의 대리인이 되었다.[39] 예컨대 노인의 초국가적 돌봄과 이민이 전통적 가족의 개념으로 동인을 제공받았는데, 이 생각은 점차 성인 자녀들에게는 선택의 대상이 되어갔지만 손주 세대에서는 추상적 개념에 지나지 않았다. 사회 복지의 관점에서, 이러한 문화의 붕괴는 일방적인 비공식 자원(감정과 무료 육아)의 세대 간 재분배를 의미하는 착취일 뿐만 아니라, 이민자 간 격차가 가족 구조 변화에 연관된 돌봄과 이런 변화에 대한 뒤늦은 정책적 대응 요구를 시사한다.

그러나 이러한 변화에도 불구하고, 효도는 문화적 정체성과 노인들의 삶의 질과 직접 연관성 탓에 노인과 성인 세대에 중요하게 자리 잡고 있다[40] 이민국가 캐나다에서 통합은 그들의 미래 삶의 성공에 중요한 숙련된 이민자 자녀와는 달리, 이들 노인들과 캐나다와의 관계는 주로 자녀 및 손주들과 관계로 중재된다. 주류사회와 상호작용 능력이 제한되었다는 것은 그들의 성인 자녀 가족 또는 가정이 일상 생활을 영위하고 황혼에 접어든 정체성과 씨름하는 주요 장소가 된다는 것을 의미한다. 따라서 노인들의 자녀의 가족과의 관계는 그들의 행복감에 중요한 요소로 남는다.

노인들의 말년 삶에서 노인들의 이민자 지위와 그들이 생을 마감하게 될 국가의 지원에도 불구하고, 자녀의 가족과의 관계와 자녀 가족의 이민 해당국가의 유대감이 중요하다. 캐나다에서 노인들에게 고국은 일상적 의사결정, 감각 형성, 정체성의 재구성에 대한 판단 과정에서 캐나다

---

39 S. Vertovec. *Transnationalism.* New York : Routledge, 2009.
40 J. H. Liu, S. H. Ng, A. Weathrall & C. Loong, "Filial Piety, Acculturation, and Intergenerational Communication among New Zealand Chinese", *Basic and Applied Social Psychology*, Vol.22 No.3, 2000, pp.213~223.

보다 더 중요한 참조 시스템으로서(예, 문화적 선호도, 기억, 행수, 개인적 포부와 같은 형태) 기능한다. 그들의 트랜스로컬적 생활은 자녀들의 이민으로 야기된 다양한 변화에 적응과 더욱 관련된다. 마찬가지로, 귀환한 노인들에게 자녀와 손주들의 고향 캐나다는 국경과 지역을 넘어서 일정한 인지적, 정서적, 실제적 연계로서 그들의 일상에 지속적인 영향을 미친다. 결국, 이런 노인들이 어디에 살지라도 그들은 동시에 고향으로부터 떨어진 고향, 즉 이곳과 그곳에 동시에 살아온 것이다.[41]

전지구화는 근원적으로 우리의 시간, 장소, 공간의 관계에 영향을 미쳤다. 세계의 경제적 격차를 배경으로 서방국가로의 이민은 새로운 경제가 요구하는 인적 또는 재정적 자본을 가진 이 들의 경제적 격차를 해소하기 위한 지름길 가운데 하나가 되었다. 이민의 맥락 속에서 나이 든 부모들과 그들의 성인 자녀의 삶 사이에 증대하는 상호 연관성은 대개 특수한 영토 공간 또는 지리적 부동성의 맥락에서 고려되었던 사회 조직(예, 가족)에 관한 새로운 통찰을 제시한다. 그러나 이런 사회경제적 생존을 위하여 이민자 가족이 확대 가족에 의존한 것은 분명히 세대와 지형에 걸친 정책 효과의 부작용과 전지구화, 트랜스내셔널리즘, 트랜스로컬리티의 복잡한 연관관계의 부작용을 보여준다. 나는 트랜스내셔널리즘과 트랜스로컬리티의 접점의 탐색이 이동성과 지역성간의 복잡하고 역동적인 상호작용을 해독할 뿐 아니라 이민 후의 삶에서 다양한 변화(하향 사회경제적 이동성, 직장과 육아의 갈등, 효도의 붕괴와 같은 것들)에 대한 이민자 가족의 트랜스 로컬적 적응에 내재하는 구조적 불평등성 이해에 도움을

---

41 S. Lamb, "Intimacy in a Transnational Era : The Remaking of Aging among Indian Americans", *Diaspora : A Journal of Transnational Studies*, Vol.11 No.3, 2002, pp.299~330.

줄 것이라고 주장한다.

이런 사례 연구에서 발견된 사실은 숙련 이민과 신자유주의적 전지구화의 맥락에서 가족의 공간적 구성과 초국가적 돌봄의 관습을 더 잘 이해하려면, 자원, 관행, 생각의 순환을 용이하게 하여 그들이 연결하는 특정 지역성을 변형하는, 이민으로 생성된 다방향적 중첩 네트워크의 등장으로 정의되는 트랜스로컬리티의 중요성을 확인시킨다.[42] 한편, 이민자의 다국적 업무와 사회적, 문화적, 경제적, 정서적, 인지적 관계가 그들의 가족들이 세대와 국가에 걸쳐 육아 자원을 동원하는데 '유연성'을 얻게 한다. 다른 면으로, 이런 먼 거리에 걸친 초국가적이며 다국적 연관관계는 고정된 장소를 넘어서 트랜스로컬리티를 구성하며, 특정한 물질적 맥락에서 사람들의 활동, 생각, 사회적 상호의존성에 영향을 미친다.[43]

숙련된 이민과 초국가적 돌봄은 가족의 경제 발전을 가속화하고, 젊은 세대의 미래를 위하여 자본을 축적하고, 연구 대상 가족에 의하여 전략적으로 활용되어 왔다. 그럼에도 우리는 이와 같은 영향을 통해 세계에서 로컬리티의 붕괴를 경계의 초월로 보았으며 제도적 대응의 모순, 가족의 분열, 효도의 붕괴, 존재와 소속 사이의 분리로 보았다. 그럼에도 초국가적 돌봄의 관행은 신자유주의적 경제 전지구화의 역학을 넘어서는 문화적 역학임을 입증한다. 따라서, 육아와 가족, 숙련 이민에 대한 유럽 중심적이며 경제 중심적인 주류적 담론에 도전할만한 잠재력을 가진 대안적 담론을 제공한다. 이 논문에 제시된 전지구화, 트랜스내셔널리즘,

---

42 C. Greiner, "Migration, Translocal Networks and Stratification in Namibia", *Africa : Journal of the International African Institute*, Vol.81 No.4, 2011, pp.606~627.

43 D. McKay, & C. Brady, "Practices of place-making : Globalisation and locality in the Philippines", *Asia Pacific Viewpoint*, Vol.46 No.2, 2005, pp.89~103.

트랜스로컬리티 간의 무게감 있는 상관관계는 전지구화 된 국가 상태의 소멸이 아니라 국가 상태 내에서 시간에 따라서 세계의 동요하는 존재성을 의미한다. 따라서 이동성과 지역성 사이에, 그리고 국가와 초국가 간의 상관관계 재고를 요구한다.

번역 : 김숙경

참고문헌

Abelmann, N., Newendorp, N., & Lee-Chung, S., "East Asia's astronaut and geese families : Hong Kong and South Korean Cosmopolitanisms", *Critical Asian Studies*, Vol.46 No.2, 2014.

Appadurai, A., *Modernity al large : Cultural dimensions of globalization* Vol. 1, Minneapolis & London : U of Minnesota Press, 1996.

Aronson, J. and Neysmith, S., "Obscuring the costs of home care : Restructuring at work", *Work, Employment and Society*, Vol 20, 2006.

Baldassar, L., Baldock, C., & Wilding, R., *Families caring across borders : Migration, aging and transnational caregiving.* Basingstoke : Palgrave Macmillan.

Basch, L., Glick Schiller. N. G., Blanc, C. S., "Transnational Projects : A New Perspective' and 'Theoretical Premises". In S. Khagram & P. Levitt eds., *The Transnational Studies Reader : Intersections and Innovations,* New York : Routledge, 2008.

Benz, A., "Mobility, multilocality and translocal development : Changing livelihoods in the Karakoram", *Geographica Helvetica*, Vol.69 No.4, 2014.

Bernhard, J. K., Landolt, P., & Goldring, L., "Transnationalizing families : Canadian immigration policy and the spatial fragmentation of care-giving among Latin American newcomers", *International Migration,* Vol.47 No.2, 2009.

Boccagni, P., "Practising motherhood at a distance : Retention and loss in Ecuadorian transnational families", *Journal of Ethnic and Migration Studies*, Vol.38 No.2, 2012.

Cheung, C.K. / Kwan, Y. H., "The Erosion of Filial Piety by Modernisation in Chinese Cities", *Ageing and Society*, Vol.29 No.1, 2009.

Chiang, L. N., "'Astronaut Families' : Transnational Lives of Middle-class Taiwanese Married Women in Canada", *Social and Cultural Geography*, Vol 9, 2008, pp. 505~18.

Clarke, J., "Welfare states as nation states : Some conceptual reflections", *Social Policy and Society*, Vol 4, 2005.

CIC(Citizenship and Immigration Canada), "Facts and Figures : Immigrant Overview Permanent Residents", 2014. Retrieved from

http://www.cic.gc.ca/english/pdf/2014-Facts-Permanent.pdf

Da, W. W., "Transnational Grandparenting : Child Care Arrangement among Migrants from the

People's Republic of China to Australia", *Journal of International Migration and Integration*, Vol.4 No.1, 2003.

Desai, V., & Tye, M., "Critically Understanding Asian Perspectives on Ageing", *Third World Quarterly*, Vol 30, 2009.

Dirlik, A., "Performing the World : Reality and Representation in the Making of World Histor(ies)", *Journal of World History*, Vol.16 No.4, 2005.

Dreby, J., & Adkins, T., "Inequalities in transnational families", *Sociology Compass*, Vol.4 No.8, 2010.

Freitag, U., & Achim Oppen, A., "Introduction : Translocality : An approach to connection and transfer in Area studies", U. Freitag & A. Von Oppen eds., *Translocality : The study of globalising processes from a Southern perspective* Vol.4, pp.1~21. Leiden : Brill, 2009.

Friendly, M., "Can Canada walk and chew gum? The state of child care in Canada in 2009", *Our schools / Our selves*, Vol.18 No.3, 2009. Retrieved from www.policyalternatives.ca/sites/default/files/u ploads/publications/Our_Schools_Ourselve/OS_OS_95_Martha_Friendly.pdf

Man, G., "Globalization and the Erosion of the Welfare State : Effects on Chinese Women. *Canadian Women Studies*, Vol 21 / 22 No 4 / 1, 2002.

Fudge, J., "Global care chains, employment agencies, and the conundrum of jurisdiction : Decent work for domestic workers in Canada", *Canadian Journal of Women and the Law* Vol.23 No.1, 2011.

George, U., Tsang, K. T., Man, G., & Da, W. W., *Needs Assessment of Mandarin-speaking Newcomers*, Toronto : The South East Asian Service Centre, 2000.

Goulbourne, H., Reynolds, T., Solomos, J., & Zontini, E., *Transnational Families : Ethnicities, Identities and Social*, London : Routledge, 2010.

Greiner, C., "Migration, Translocal Networks and Stratification in Namibia", *Africa : Journal of the International African Institute*, Vol.81 No.4, 2011.

Greiner, C., & Sakdapolrak, P., "Translocality : Concepts, applications and emerging research perspectives", *Geography Compass*, Vol.7 No.5, 2013.

Greiner, C., Peth, S. A. & Sakdapolrak, P., "Deciphering migration in the age of climate change. Towards an understanding of translocal relations in social-ecological systems", *TransRe Working Paper* No. 2, Department of Geography, University of Bonn, Bonn, 2015.

Hochschild, A.R., "Global care chains and emotional surplus value", W. Hutton & A. Giddens eds., *On the edge : Living with Global Capitalism,* London : Jonathan Cape, 2000.

Hodge, J., "'Unskilled Labour' : Canada's Live-in Caregiver Program", *Undercurrent*, Vol.3 No.2, 2006.

Kauh, T., "Intergenerational relations : Older Korean-Americans' experiences", *Journal of Cross- Cultural Gerontology*, Vol 12, 1997.

_____, "Changing status and roles of older Korean immigrants in the United States", *The International Journal of Aging and Human Development*, 49, 1999.

Kilkey, M., Lutz, H., and Palenga-Möllenbeck, E., "Introduction : Domestic and Care Work at the Intersection of Welfare, Gender and Migration Regimes : Some European Experiences", *Social Policy and Society*, Vol.9 No.3, 2010.

Lamb, S., "Intimacy in a Transnational Era : The Remaking of Aging among Indian Americans", *Diaspora : A Journal of Transnational Studies*, Vol.11 No.3, 2002.

Lan, P., "Subcontracting Filial Piety : Elder Care in Ethnic Chinese Immigrant Families in California", *Journal of Family Issues*, Vol 23, 2002.

Landolt, P. & Da, W. W., "The spatially ruptured practices of migrant families : A comparison of immigrants from El Salvador and the People's Republic of China", *Current Sociology*, Vol.53 No.4, 2005.

Lee, Y-H., "Toward 'Translocal' Solidarities : The 'Comfort Women' Issue and the Spatial Politics of Resistance", *Localities,* Vol 5, 2015.

Lie, M. L. S., "Across the Oceans : Childcare and Grandparenting in UK Chinese and Bangladeshi Households", *Journal of Ethnic and Migration Studies*, Vol 36, 2010.

Lee, Y. J., & Koo, H., "'Wild geese fathers' and a globalised family strategy for education in Korea", *International Development Planning Review*, Vol.28 No.4, 2006.

Levitt, P., & Glick Schiller, N., "Conceptualizing Simultaneity : A Transnational Social Field Perspective on Society". *International Migration Review*, Vol.38 No.3, 2004.

Lewis, J, & Giullari, S., "The adult worker model family, gender equity and care : The search for new policy principles and the possibilities and problems of a capabilities approach", *Economy and Policy*, Vol.34 No.1, 2005.

Li, P. S., & Li, E. X., "University-educated immigrants from China to Canada : Rising number and discounted Value", *Canadian Ethnic Studies*, Vol.40 No.3, 2008.

Li, P. S., "Immigrants from China to Canada : Issues of Supply and Demand of Human Capital", In L. Suryadinata ed., *Migration, Indigenization, and Interaction : Chinese Overseas and Globalization,* Hackensack, NJ : World Scientific Publishing, 2011.

Lieber, E., Nihira, K., & Mink, I. T., "Filial Piety, Modernization, and the Challenges of Raising Children for Chinese Immigrants : Quantitative and Qualitative Evidence", *Ethos*, Vol.32 No.3.

Liu, H., *Transnational History of a Chinese Family : Immigrant Letters, Family Business, and Reverse Migration*. London : Rutgers University Press, 2006.

Liu, J. H., Ng, S.H., Weathrall, A., & Loong, C., "Filial Piety, Acculturation, and Intergenerational Communication among New Zealand Chinese", *Basic and Applied Social Psychology*, Vol.22 No.3, 2000.

Lunt, N., "Older people within transnational families : The social policy implications", *International Journal of Social Welfare*, Vol 18, 2009.

Man, G., "Globalization and the erosion of the welfare state : Effects on Chinese women", *Canadian Women Studies*, Vol 21 / 22 No 4 / 1, 2002.

Marcus, G. E., "Ethnography in / of the world system : the emergence of multi-sited ethnography", *Annual Review of Anthropology*, Vol 24, 1995.

Mason, J., "Managing Kinship over Long Distances : The Significance of the 'Visit'". *Social Policy and Society*, Vol 3, 2004.

McKay, D., & Brady, C., "Practices of place-making : Globalisation and locality in the Philippines", *Asia Pacific Viewpoint*, Vol.46 No.2, 2005.

Ng, L., "Translocal Temporalities in Alexis Wright's Carpentaria", In M. Munkelt, M. Schmitz, M. Stein, & S. Stroh eds., *Postcolonial Translocations : Cultural Representation and Critical Spatial Thinking*. Leiden : Brill, 2013.

Parreñas, R., *Servants of Globalization : Women, Migration, and Domestic Work*. Stanford : Stanford University Press, 2001.

Pieke, F. N., "Editorial introduction : Community and identity in the new Chinese migration order", *Population, Space and Place*, Vol.13 No.2, 2006.

Razavi, S., "Rethinking care in a development context : An introduction", *Development and Change*, Vol.42 No.4, 2011.

Safri, M. & Graham, J., "The Global Household : Toward a Feminist Postcapitalist International Political Economy", *Signs : Journal of Women in Culture & Society*, Vol.36 No.1, 2010.

Sainsbury, D., "Immigrants' social rights in comparative perspective : Welfare regimes, forms in immigration and immigration policy regimes", *Journal of European Social Policy*, Vol.16 No.3, 2006.

Shik, A. W., "Transnational Families : Chinese-Canadian Youth between Worlds", *Journal of Ethnic and Cultural Diversity in Social Work*, Vol.24 No.1, 2015.

Smith, J., Wallerstein, I., & Evers, H., *Households and the World-economy*, London & New Delhi : Sage, 1984.

Statistics Canada, 2006 Census : Ethnic origin, visible minorities, place of work and mode of transportation, 2008. Retrieved from

http://www.statcan.gc.ca/daily-quotidien/080402/dq080402a-eng.htm

Treas, J., & Mazumdar, S., "Caregiving and kinkeeping : Contributions of older people in immigrant families", *Journal of Comparative Family Studies*, Vol 35, 2004.

Treas, J., "Transnational older adults and their families", *Family Relations*, Vol 57, 2008.

Tsuda, T., "Whatever Happened to Simultaneity? Transnational Migration Theory and Dual Engagement in Sending and Receiving Countries", *Journal of Ethnic and Migration Studies*, Vol.38 No.4, 2012.

Vertovec. S., *Transnationalism,* New York : Routledge, 2009.

Williams, F., & Gavanas, A., " "The intersection of childcare regimes and migration regimes : A three-country study", In H. Lutz & J. W. Goethe eds., *Migration and Domestic Work : A European Perspective on a Global Theme*, Burlington, VT : Ashgate, 2008.

William, F., *Claiming and Framing in the Making of Care Policies : The Recognition and Redistribution of Care,* Geneva : United Nations Research Institute for Social Development, 2010a.

_____, "Migration and care : Themes, concepts and challenges", *Social Policy and Society*, Vol.9 No.3, 2010b.

_____, "Markets and migrants in the care economy", *Soundings,* Vol.47 No.8, 2011.

_____, "Toward a transnational analysis of the political economy of care", In R. Mahon & F. Robinson eds., *Feminist Ethics and Social Policy : Towards a New Global Political Economy of Care,* Toronto & Vancouver : UBC Press, 2012, pp. 21~38.

Yeates, Y., "A global political economy of care", *Social Policy & Society*, Vol.4 No.2, 2005.

Yeates, N., "The idea of global social policy", In N. Yeates ed., *Understanding Global Social Policy,* Bristol, UK : The Policy Press, 2008.

_____, "Global care chains : A state-of-the-art review and future directions in care transnationalization research", *Global Networks*, Vol.12 No.2, 2012.

Zentgraf, K. M. & Chinchilla, N. S., "Transnational family separation : A framework for analysis", *Journal of Ethnic and Migration Studies*, Vol.38 No.2, 2012.

Zhou, Y. R., "Toward Transnational Care Interdependence : Rethinking the Relationships between

Care, Immigration and Social Policy", *Global Social Policy*, Vol.13 No.3, 2013.

_____, "Rethinking transnational care from a temporal perspective", *Time and Society*, Vol.24 No.2, 2015.